疯狂阅读
珍藏版

杜志建 / 主编

U0703235

青春卷

QINGCHUNJUAN

青春
是夏日夜空中的一片繁星
是闯入你耳膜的阵阵蝉鸣
是陪你度过漫长岁月的温暖的弦

汕头大学出版社

图书在版编目(CIP)数据

疯狂阅读:珍藏版.青春卷/杜志建主编.--汕头:汕头大学出版社,2023.5
ISBN 978-7-5658-5019-6

Ⅰ.①疯… Ⅱ.①杜… Ⅲ.①阅读课—中学—教学参考资料 Ⅳ.① G634.333

中国国家版本馆 CIP 数据核字（2023）第 090558 号

疯狂阅读:珍藏版.青春卷　FENGKUANG YUEDU ZHENCANGBAN QINGCHUNJUAN

主　　编	：杜志建
责任编辑	：闵国妹
责任技编	：黄东生
责任校对	：刘葭露
封面设计	：马俊洁
封面绘图	：starry 阿星
出版发行	：汕头大学出版社
	广东省汕头市大学路 243 号汕头大学校园内　邮政编码：515063
电　　话	：0754-82904613
印　　刷	：河南新华印刷集团有限公司
开　　本	：787mm×1092mm　1/16
印　　张	：10
字　　数	：280 千字
版　　次	：2023 年 5 月第 1 版
印　　次	：2023 年 5 月第 1 次印刷
定　　价	：22.80 元

ISBN 978-7-5658-5019-6

版权所有，翻版必究
如发现印装质量问题，请与承印厂联系退换

声明

基于对知识和创作的尊重，本书向所选文章、图片的作者给予补贴。因条件所限未能及时联系的作者，我们在此深表歉意，当您看到本书时，请与我们联系，以便我们向您支付补贴和赠送样书。因篇幅有限，部分文章有删节，敬请谅解。

联系方式：0371-68698032

目录 CONTENTS

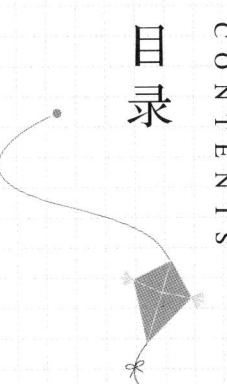

星座是写给夜海的信

002　第八页回信　　　　　　　　/ 方栀柒
004　骑士男孩　　　　　　　　　/ 张晓晗
005　我要去看夏天的海了　　　　/ 吴梦莉
006　河流缓慢　　　　　　　　　/ 淡蓝蓝蓝
008　有风吹过青春　　　　　　　/ 花大钱
010　在单车上疾驰的中学时代　　/ 连　城
012　最好的时光，都用来浪费　　/ 亦青舒
014　当时年少春衫薄　　　　　　/ 程则尔

目录 CONTENTS

月光走漏了喜欢

016	青梅泡汽水	/ 桀宁
020	秋日告白	/ 顾水行舟
028	十万毫升泪水	/ 惟念
031	致春来的小情书	/ 青生雨
038	春风十里洞庭路	/ 蒹葭苍苍
045	姗姗来迟	/ 钟意你
048	再见了，我的少年	/ 呦呦鹿鸣

蝴蝶路过你流浪的星球

052 当我们开始怀念夏天　　　　　　／边　月
054 莫比乌斯环　　　　　　　　　　／顾一灯
062 我的猛虎是你的蔷薇　　　　　　／夏　眠
064 那个教我写"鬼故事"的女老师　／闫晓雨
066 我怕有天你忘记了世界和我　　　／潘云贵
070 茉莉粉替去蔷薇硝　　　　　　　／张秋寒
078 今日阳光明媚　　　　　　　　　／林舒蓝

后来你被我写在诗里

082 季望　　　　　　　　　　　　　／鹅　打
085 暮色温柔　　　　　　　　　　　／孟一柯
091 无风之境　　　　　　　　　　　／何满子
099 送你一杯芝芝桃桃味的日落　　　／苏小城
102 月球暗面　　　　　　　　　　　／血血理
110 虚构者的解药　　　　　　　　　／李明尔

我们是小小的尘埃,也是光

118 我们都曾迷恋"抑郁症" /李柏林
120 你是这个世界上,另一个我 /草帽鹿
122 孤独从不是穷途末路 /何 安
124 还以为你最好的朋友是我 /snow
126 年轻人,你就是做得太少但等得太多 /陶瓷兔子
128 做塌鼻子里的九十分女生 /阮文星

第一千零二个夜晚

132 食梦 /岳初阳
141 美人如宓 /叶 嘉
147 升龙诀 /橘文泠

三 星座是写给夜海的信

第八页回信

方栀柒

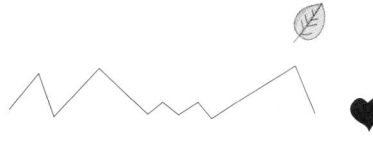

韩寒在《三重门》里写道：因为距离而产生的美感与思念都是暂时的，都是源于一方不在身边的不习惯，一旦这种不习惯被习惯了，距离便会发挥其真正作用——疏远。

因为这段话，我心情低落地将书搁置了好久。

长大后，我渐渐习惯了悄无声息的离别，可以坦然笑着感慨一句"物是人非"。可是，在最单纯热烈的青春期，面对距离的骤然拉远，我就像是遭受了致命的背叛，态度恶劣，以至于伤害了最亲近的朋友。

中考后的某一天，谭予安到我家楼下找我。

他站在玉兰树下，身体消瘦，只穿着简单的白T恤也分外好看。细碎的阳光照亮了他额上清透的汗珠，看起来风尘仆仆，又有种盛夏独有的美好。

我后来反复梦见这个画面：梦见他笑着和我说话；梦见他接过我写的"高中必做一百件事"，有些头疼地感慨：这要到大学才能做完吧。

梦醒后，恍然想起真实的场景，后悔便不受控制地翻涌而来。

那天，他的确笑了，见我过来便将手中那袋桃子递给我，小声说："这是我家里最好的一棵桃树结的桃子，虽然样子不好看，但吃起来又脆又甜。"

他家离我家有十几里路，袋里起码有七八斤桃子。盛夏赶路，怪不得流了那么多汗。

我将他拉进屋里，让他坐在风扇下。我洗了五六个桃子，生怕他以为我不喜欢，口出狂言要两口吞掉一个。

他被我逗得哈哈大笑，满心欢喜地和我分享另一个好消息：他爸爸妈妈忙了半年终于给他办好了借读手续，等9月开学，他就是A市一中的学生了。

我愣了好久，本该为他开心的我，突然不知所措地流下了眼泪。说好的一起上高中，说好的一直当同桌，为什么他却要离开了？

年少的我无法分辨这眼泪中复杂的情感，只是生气地将他和桃子一起赶了出去。等我抽抽搭搭地反应过来，门外已经失去了他的身影。

门前台阶上和桃子一起被留下的是一封信。他在信中回忆了我们初中时的相处，说他本来成绩不好，在我的帮助下才提起对读书的兴趣。他还说，因为进步很大，他爸妈才咬牙决定，将他接去A市接受更好的教育。

"你知道的，我很想念我的爸爸妈妈，能够待在他们身边，我很开心。"

他说的我都知道，但我远没有信中描述的那么美好。

我不是一个热心的人，在与他做同桌的第一个星期，甚至因为莫名的骄矜没有主动与他说过话。直到某天午休，他因为看了一篇关于留守儿童的文章悄悄抹眼泪，被我发现了，我们的关系才缓和起来。

那时他嘴硬说："是我眼睛进沙子了。"

狡辩得很拙劣，但眼泪是滚烫又真实的。

看着他红红的眼眶，我突发奇想："要不我给你补课吧，你爸爸妈妈看到你的成绩变好，一定会对你更加上心的。"

他拒绝了。可没过两分钟，他又别别扭扭地给我递了张小纸条，问我：真的吗？

我很认真地回复：当然啦。

就这样，我成了他的"小老师"，他成了我的"小徒弟"。

他是个聪明的人，找到学习的乐趣和方法后，成绩进步飞快。我也在这个过程中，感受到了奇特的成就感。朝夕相处几年后，我理所当然地将他纳入了我的未来计划中。

可是，他突然的告别就像误入盛夏的一场冬雪，将我的热情与真心全都冻结在那个假期。我向所有人都高兴分享的"小徒弟"，竟然在取得进步后潇洒地抛下我走了。

他在信里写道："我很高兴与你同桌，也很抱歉我失约了。若是可以，我们一起考同一所大学好不好？"

深感被背叛的我没有给他回信。直到高二他回老家时主动找我，我们才恢复联系。可惜，不同的生活环境与过远的距离，导致我们已经无话题可聊。

渐渐地，我们变成了所谓的"点赞之交"。

我最开始将与他的疏远归结于他的"背叛"，后来认为是过远的距离导致了这样的结果。我不愿意承认，在这件事情上我也有错，是我的冷漠和任性伤了他的心。

他拎着桃子长途跋涉而来，与我分享一个渴求许久的好消息，我却硬生生将他推出了我的世界。

他比我更无措，所以蹲在我家门外，认认真真写了一封长信留给我，试图用真心换取我的祝福和谅解，却只得到了拒绝与失望。

少女的骄傲就像仙人掌上的刺，包裹着脆弱内心的同时，也刺伤了另一颗坦诚的心。

我只记得我对他的付出，记得自己为了当好"小老师"，课上课后都不敢懈怠；记得我牺牲休息时间，一遍又一遍地给他讲题目；记得我买资料都是买双份；记得我说过的一句句鼓励他的话；记得因他成绩飞跃，连老师都认可了我的能力。

我似乎忘了他为此做出的退让和努力，忘了他包容我所有的坏脾气，不管我怎么大声都乖乖听着，最大限度地维护了我的"权威"；忘了他常常给我带好吃的零食——饼干、果冻、旺仔牛奶、棒棒糖、辣条和冰棒，让我的课余生活过得分外滋润；忘了当我与别人争吵时，他无条件地站在我身后，给予我无穷的底气与自信。

不，也许我没忘，所以在笨拙地伤害他以后，我不敢主动寻求他的原谅。

现在，那封足有七页的信似乎成了我身体的一部分，只要我控制不住脾气，它就会发出灼热的火光，将我的负面情绪焚烧干净。

在一次次的夏去秋来里，我学会了反思，学会了理解他人，学会了更好地处理生活中的不如意。可是，谭予安却如同我的青春般，从我的生命中缓慢抽离了。

我寄不出回信，也找不回最初的我们了。

骑士男孩

❋ 张晓晗

看《致我们终将逝去的青春》的时候我就在想，这根本不是我的青春啊——哪敢明目张胆地喜欢一个男生到如此直白赤裸的境地。实际情况是，心里想了一千遍，还是不敢看着他的眼睛。

其实只有在青春期极其自信又漂亮的女孩才会以郑微那样的方式去喜欢一个男生。我十四岁的时候，也曾喜欢过一个男孩。那时我刚转学，在新学校没有朋友，对全新的教材更是一窍不通。更可怜的是，所有老师都喜欢点我的名回答问题，于是我一次次站起来，红着脸小声重复了无数次"不知道"。

那是一节数学课，老师用上海话问我问题，我根本连老师在说什么都没听懂。我的尴尬是没有悬念的，全班同学对我的回答全无期待，各自聊天。当我哆哆嗦嗦站在那里时，他轻轻戳了我一下，递过来一张纸，上面写着：照着读。后面跟着一大串答案。

女生呢，总是很容易喜欢上救你于水火的骑士吧。

他是我的同桌，是学生时代全校的男神。学校里追他的女生都是有组织的，像是现在的粉丝后援会。后来他也常常帮我，抄作业、回答问题、解决人际关系问题。不过他是惯性完美的人，对谁都十分得体亲切。我呢，为了融入集体，每天拿一大堆零食分给同学，而这所有的零食不过是为了给他的那份打掩护。

春心荡漾却又无处宣泄使然，我干了一件特别蠢的事——默默记录他的生活点滴，在一个论坛里假装是小说写出来，写了至少一年吧。后来有同学看见，传到他那儿。他没有说穿。只是拿给我看，说很有趣的文章。我盯着自己写的每一个字，看了一节课，然后把手机还他，说，嗯，如果我身边有这样一个人，我也会喜欢他的。

这是暗恋过的人才知道的卑微。不过托他的福，我走上了写小说之路。故事到这儿有了反转。初中毕业，我们一起出去旅游。大家挤在一个房间玩"真心话"。我躺在床上背对着大家酝酿睡意。有一局他输给五个人，每个人问他一个问题，步步逼近，最后他说出了喜欢我。我的心怦怦直跳，想这一天终于来了呀。故事到这里，我本应转身微笑说些我也喜欢你之类的话，谈段短命的青春期恋情。可是我没有，我闭上眼睛，假装睡得像头死猪，就像他假装无意看到我的日志，当网络小说拿给我一样。直到游戏结束，大家各自回房间睡觉，我都不敢再次转身。

后来，我们保持朋友关系。再之后，他一直所向披靡地优秀着，我当然也没闲着，渐渐地，这座曾经陌生的城市变成我的主场，我开始写能发表的小说，写很多别人的故事，又喜欢了一些男生，其中不乏骑士。一次聊天，他开玩笑似的提起当初写关于他的日志的事，说："是你写的吧。"我正儿八经地回答他："可能很像，可惜不是我写的。"

知道为什么吗？我不愿意以后大家说起我们时，说他是被我暗恋最终在我默默使劲下和我有过一段的男生，而要把他说成非常优秀但被我拒绝的人。这就是传说中的自尊心吧。可能是因为颠沛流离的经历，我从小就明白做一个搞笑随和的人才能融入一个又一个圈子里，所以我需要这种伪装。

我的青春期是一个持续自卑的过程，情书、漂亮的校服裙、死心塌地的男孩，这些都没有。只有肥大的运动装、学不好的数理化、不敢开口表达的喜欢。所以虚荣变得尤为重要，有些人为了被注意，谎称自己得了白血病或者出身豪门，我特别能理解。今天我第一次说出这件事，大概证明我已经彻底摆脱青春。

说真的，我从不为长大这件事伤感。我不用再担忧迟到，不用绞尽脑汁做几何题，不用想方设法讨好别人。直到今天，想起这个故事，我才有那么一点儿难过。因为变得强大，所以再也不会有一个人，对你来说那么重要，递给你一张纸，上面写满了教你抗衡未来生活的答案，而我又可以坦然地不说感谢。

几年前的8月,我在泰国的象岛住了近一周的时间。

彼时正当雨季,天空蓝得浑浊,雾霭仿佛自深邃的海底涌起,笼在茫茫的海面上,像一团郁郁的梦境。那是我第一次看海,不觉得壮阔,只觉得寂寥:无非是一朵浪花吞没掉另一朵浪花,一个人追逐着另一个人的影子。

不只是海,整个岛似乎都铺上了一层寂寥的底色。但是,这份寂寥并不令人厌恶,相反,它蓬松、温柔,像亟待开刃的刀锋。每天清晨,我都会穿过长长的绿色篱笆墙,去酒店的自助餐厅吃早餐。餐厅亦是半开放的,面朝大海,墙侧种了许多馥郁的花,常常有拇指盖大小的甲虫朝着花蕊攀爬。于是,当我享用我的早餐时,虫子们也同我一起,蚕食那个漫长得仿佛没有尽头的夏天。

吃过早餐后,我会去沙滩上散步,走累了,便坐到不知何人扎起的海边秋千上,摇摇晃晃地看书。书是我从国内带过去的,数量多,类型杂,每次挑一本带出去,可以看半个多钟头。我最喜欢看的是海桑的诗集《不如让每天发生些小事情》,其中有一首短诗,因为看的次数够多,几乎能够倒背如流——

世界巨大

我以渺小来爱它

时间悠长

我以短暂来爱它

我急切,滚烫

配得上慢慢活着

也配得上突然死亡

其间常有皮肤黝黑的当地人过来,向我兜售水果。庞大的竹篮,因为使用时间太久,篮底的竹青色被浸出一种润透的黑色,里面盛着椰子、菠萝与山竹,个头儿浑圆,色泽明亮,光是看一眼便心生欢喜。在众多水果中,我买得最多的是菠萝,成人的拳头大小,颜色赤黄,香气浓烈,咬一口,汁水四溢,稍不留意便淌了一手。

不远处,大海幽蓝深沉,细碎的浪花开了又碎,仿佛少年时代的重重心事。我捧着菠萝看海,左边嚼嚼,右边嚼嚼,吃到最后,好似吃的不是菠萝,而是寂寞,而这寂寞也是香甜的。

我忽然想起了学过的一篇课文——《在山的那边》。

我生在内陆,长在内陆,见过的最广阔的水域,是屋后那条没有名字的大河。某个夏天,年幼的我跟着村里的大孩子蹚水过河。我们从平缓的滩涂下水,朝着河对岸走去。很快,冰凉的河水便没过我的脚踝、小腿、腰际、胸口,等到了河中央时,河水已经淹到了我脖子的位置,冰凉凉的,明晃晃的,像一条宽阔的白绸,将我束得动弹不得。

最后是怎么走出去的呢?我记不太清了。唯一记得的是河对岸的大山,高耸、巍峨,有不知名的细碎的小花挤满枝丫。天空中,太阳热烈地燃烧,我们的衣服很快便干了,可人仿像走在水中,有种近乎通透的喜悦——山的那边是什么呢?我想,应该如课文所写的那样,是海吧。一片如夏天般热烈明亮的海。

后来,我如父母期望的一般,上大学,然后在一线城市找到了一份相对体面的工作,并且在充足的空调冷气下,逐渐遗忘了夏天,忘记了自己曾心心念念着要去看山那边的海。大海只在山的那边澎湃,正如人只能在少年时代孤勇。

我老了,我想,在人生的四季里,我的夏天早已经结束——它明亮,但短暂——我不再试图去改变些什么,而是理所当然地在生活中融化:我选择了顺从。可是,直到真的去了泰国,站在那片大海面前时,我才发现,大海未必汹涌热烈,它可以寂寥,可以温柔,可以容纳一个漫长得看不到尽头的夏天……

只要少年不死,夏天便永不消亡。

我要去看夏天的海了

✽ 吴梦莉

河流缓慢

※ 淡蓝蓝蓝

五月春暮，蔷薇花始盛。

她照例等在篮球场旁边，捏着一张卷子折来折去，愁眉不展。直到他过来，甩着被汗浸湿的头发，大大咧咧地弹她的脑门儿："笨壳，想什么呢？"

若是从前，她早怒了，她最讨厌他喊自己的小名，还偏要在前面加一个"笨"字。但又没办法，他们从小在一个大院子里长大，从幼儿园一直共读到高中，连她爸妈都不再喊她的小名，就只有他，还会固执地在人群里嚷嚷——笨壳！

她举起卷子，哭丧着脸："我物理只考了17分，我该怎么说服我爸妈，让他们同意我选理科呢？"

他诧异地看了她几秒，旋即捧腹大笑："你去理科班？那不是天大的笑话吗？"

全年级的人都知道，她是政史地一条龙，数理化一条虫。

她突然抬头看他："那你呢？你去文科班还是理科班？"

男生得意地摆了个姿势，抛起手中的篮球："那还用问吗？"

她在某一瞬间有那么一丝丝惊喜："文科班？"

随即，他的手盖住她的脸，毫不留情地说："我这种数理化天才去读文科班？亏你想得出来啊。"

天仿佛是一下子黑下来的，夕阳消失得无影无踪，天幕变成深沉的蓝。她慢悠悠地走在他后面，看他轻松跃动的背影，良久，苦苦一笑。

忘了是从什么时候开始，对这个从小一起长大的玩伴有了不一样的情感，和他说话的时候心跳会加速，会时刻想要在人群里看见他，其实明明已经朝夕相伴十几年。

结果毫无悬念，他选了理科，她报了文科。

夏天的晚上，几家人在葡萄架下纳凉，爸妈们聊得热闹。他从远处走过来，蹲在她面前，后知后觉地问："你这几天为什么生气啊？"

她看着一脸无辜的他，只是叹了口气，说道："文科班在三楼，理科班在二楼，离得那么远，我以后还怎么抄你的物理作业啊？"

他松了一口气，笑她："这也算事儿？我给你送过去就行了啊。"

有些情绪不能轻易说出口，轻飘飘的，她怕一说出来就会被风吹散，都来不及落到对方心里。

文理分班之后，他们之间多多少少还是受了一些影响。两个人的课程时间不同，班级活动不同。他打篮球的时候，她必须留在教室里上课；她在操场发呆的时候，他也许正在做化学实验。

他大概觉得这些都无所谓，依然会在放学后等在校车门口。等她来了，和她坐同一排座位。对他而言，一切都只是习惯。

她却觉得一切都开始慢慢变得不一样了，就像两个同行了一路的人，终于在某个十字路口左右分散了。

十七岁这年，她沉静了许多，邻居们都说她越来越有女孩的样子。他只当笑话来听，还会毫不留情地用手揉乱她的头发，依然把她当成最初认识的小女孩。

她也察觉到了自己的变化，她开始感受身体里的另一个自己，敏感、细腻、内敛。那个自己有一个名字，叫灵魂。

第二年春天，她开始写诗，写美好的句子，写在五月的丁香叶子上，然后夹在他借给她的物理作业本里。

他后来忍不住指责她："笨壳，你再这样摘树叶，树都要秃顶了。"

真是个糟糕的笑话。

她气鼓鼓地看着他，最终还是沉默地走开了。

暑假之前，文理班之间有一场篮球友谊赛，她大声给他喊加油，惹得全班同学要对她"拳脚相向"。中场休息时，她拿了自己班的水去给他喝，起哄声此起彼伏。他却信手接过同班女生递来的水，对着

她说："我们班又不是没有水喝！"

她看看他，再看看他旁边的女生，转身走了回去。

他还是不明白她为什么又生气了，她却渐渐懂得，他们就像两种植物。他是向上生长的乔木，无拘无束；而她是一旁的花朵，敏感又拘谨。即使有幸相伴在同一块土地上，他们也有着两种属性。

于是，她变得更沉静。那年秋天，她的小说发表了，谁都知道她是文科班声名赫赫的才女。但没有人知道，她的内心被一只小兽啃咬着，灵魂里的自己每天都在窃窃私语，说着那种如野草般蔓生的爱慕。

入冬之后，她生了一场重病，后来转院去了邻城的大医院，在病床上躺了足足一个月。他每天都会给她打电话，说一说课程重点，担心她把功课落下。挂电话之前，他总会说："你可要快点好啊，笨壳。你本来就笨，功课可不能落下太多。"

她总会在挂断电话之后，淡淡地叹一口气。

那天天色阴沉，她在病床上翻看英语书，有人探头进来。她一抬头，就看见他冻得通红的脸。她惊讶得说不出话来。

他笑眯眯地从外套里掏出一包温热的栗子："大院门口卖栗子的人又回来了，突然想起你从前最爱吃他家的栗子。"

她吸吸鼻子，心里一酸。

她不由得说道："就为了送一包栗子，你花了两个小时过来，你这个笨蛋。"

他自然而然地反驳道："你才是笨蛋呢！"

良久，他忽地反应过来，她那句话的主题应该是……他的身体僵住，呆呆地看着她，刚缓和过来的脸色瞬间又变得通红。

而她扭头看向窗外，有雪花飘落下来。

这一年的初雪来得有些晚，但它终是抵达了。

"就像我蓄积良久的心意，总有一天会送到你心里。"她身体里的自己缓缓说道。

有风吹过青春

*花大钱

前天和朋友看完电影，吹着夏天傍晚温热的风慢慢散步回家，经过一家店铺时，听到里面刚好在放张国荣的《风继续吹》。

我已经有很多年没有听到这首歌了。但是喜欢过的歌，如同爱过的人一样，不管过去了多久，每当熟悉的旋律响起，时光会立刻回转，恍惚之间，自己似乎回到了过去。这种感觉很像打开了一个尘封已久的盒子，一股由多年前的往事化成的烟尘扑面而来，顿时把我呛得泪流满面。

小时候，若给我一架时光机，让我选择穿越，我一定会选遥远的未来，100年，200年……闷头向前。但如果是现在，我会选1999年。1999年真是一个神奇的存在，到处都是鲜亮又廉价的塑料制品，到处洋溢着莫名其妙的希望的味道。人人都欢快，处处都明亮。那种热切明明无源可溯，但你也不能说它有半分虚假。

1999年，我正准备上小学，但因为年龄不够，被要求再等一年。于是，工作繁忙的爸妈便把我送到姨妈家寄住。那年的夏天，我6岁，哥哥刚上初中。

那时候哥哥的房间是我最喜欢待的地方，因为里面有一台方方正正、敦实憨厚的电视机。印象中，好像能选择的频道只有那么几个，而那台电视机几乎每天都在放一个频道——CCTV-6电影频道。放的也无非是一些打打杀杀的老港片（什么《赌神》《九龙冰室》），或是一些搞笑咋呼的喜剧（什么《逃学威龙》《百变星君》《食神》）……那些港片很多都没有普通话的配音，有些则被剪辑得乱七八糟。但还是好看，值得一遍遍地反复看。印象中的老港片就像刷了一半红漆的水泥墙，美得很随便，又粗糙又浓烈；又像被洇湿的年画，有一种湿漉漉的垂挂的色彩感。

记得有一次，电影频道播放了《纵横四海》，那是我第一次听《风继续吹》。"我劝你早点归去，你说你不想归去。""风继续吹，不忍远离。"那时候我年纪小，听不懂歌词的意思，更听不出其中缱绻的情意，但就是觉得粤语的唱腔落拓无比，第一次感觉到自己的心里像是有了一个小水坑，那一句句歌词就像雨滴，一滴一滴掉落在那个小水坑里。

我有时会想，歌里的那阵风到底是夏日雨后带着些许水汽的风，还是秋天从梧桐树梢掉落下来的清爽利落的风。又或者都不是吧，它只是一阵吹彻了我整个童年，又吹进我青春里的风。

再次与这阵风相逢是在初中的时候，是在还会积极参加学校举办的歌唱比赛的年纪。记得当时大家准备的曲目无非是林俊杰、周杰伦等人的歌曲。为了显示自己与众不同，我特意准备了一首《盛夏的果实》，还在家对着镜子练习了很多遍。

比赛那天，我正惴惴不安地在座位上默默试唱，他上场唱的正是《风继续吹》。过去这么多年，我至今仍清晰地记得他站在台上唱歌的神情。台上的他，又无辜又深情；台下的我，又一次被那阵风吹进了心里。

认识他之后，每天放学回到家的第一件事，就是从抽屉里拿出小MP3，塞上耳机，沉浸在自己的小小世界里。那时的MP3还是没有屏幕的那种，只有5个按键，不能找歌也无法单曲循环。如果想听某一首歌，就得一首一首切换。因为操作太过频繁，那个MP3上面亮亮的漆被磨掉了一大半。

有时，我听到了特别喜欢的歌，就会迫不及待地跟他分享，用跟MP3一样破的按键手机发一条长长的短信。那种热切的心情，就像在寒冷的冬夜揣了一个热腾腾的烤红薯在胸口。如果恰巧他也喜欢这首歌，两个人简直比偷偷分食了全世界最甜的蜜糖还要欢喜。

因为我没有在粤语环境中生活的经历，所以我学唱粤语歌的时候只能去模仿发音，但总是记了就忘，非常费力。每当听着身为广东人的他说着一口细腻温柔的流利粤语，我就既羡慕又着急。直到有一天晚自习的时候，收到了他传过来的字条。那时他坐在教室的最后一排，而我坐在前排，字条穿过大半个教室才到了我的手上。当时正值盛夏，每个人的手上多少有些汗，字条到我手上的时候，上面的字迹已经有点模糊了，但还是看得出是手抄的《风继续吹》的歌词，还用拼音标出了每个字的粤语发音。

现在回想起来，那段时光才是最真切、最快乐的。虽然我们从来没有在一起过，也没有说过一句"我好中意你啊"，从头到尾，都只有"我劝你早点归去，你说你不想归去"。

虽然我们最后还是分开了，再也没有联系，但听粤语歌的习惯我还是保留了下来，越听越多，越听越杂。在无人的地铁，在初秋的街道，在吵闹的课间，在乍醒的午夜，只要听着粤语歌，就像有一双温热的手掌贴住了耳郭，连孤独的颜色都变得鲜艳了起来。

我从来不想给过往的回忆赋予过于重大的意义，总觉得生命的本质是虚无。该怎么形容我们的一生呢？大概是前半生一直在拼命赶路，后半生一直在频频回头。活到后来，也不过是记忆中留存的那些温暖直白的事物在支撑着我们砥砺前行。

而《风继续吹》这首歌，从来都没有教给我什么让我大彻大悟的道理，也从来没有成为能改变我人生的重要存在。它只是秋天里的一团棉花，里面裹着的是我生命中最美妙的那一部分。就像有人唱的："时光能够溶化伤口，记得总有星宿。"

而它，就是那星宿。

在单车上疾驰的中学时代

※ 连 城

我宝贵的初中3年时光,是在离家10公里的镇中学度过的。那时经过我家和学校这段路的公交车只有一两辆,而且它们几乎担负着整个小镇的人的日常出行重任,先不说我上学时要从村口出发走到1公里外的街道才能坐上车,光是和邻里这一大批同龄人挤在这空间狭小的公交车里就够我受的了,因此对我而言,最为经济实惠的交通工具是单车。

我的单车,是哥哥淘汰下来的,哥哥上初中时骑了3年,传到我手上时单车已经不是崭新锃亮的模样了,好在哥哥对这个陪伴他度过3年时光的"伙伴"还算爱护,后来我骑着它上学时才不至于被身边的同龄人嘲笑。

骑单车上学的学生并非只有我一个,在我就读的这所镇中学里,单车可以说是人手一辆。为此,学校还专门搭建了车棚给学生们放单车。这些大棚有好些年头了,区域规划也有条有理,一个班级分一个大格子,棚中斑驳的墙壁上贴着"×年×班"的字样。而单车的归置摆放也是由各自班级的值日生轮流负责。读初中时,很多同学都不愿意到车棚里值日,毕竟将这么多单车摆放整齐再锁上大铁链实在是件辛苦的差事,但我却很喜欢,看到这密密麻麻的单车被摆放整齐、一眼望不到头的场景,一股指挥千军万马的豪迈感油然而生。

不过身为女生的我被派到车棚值日的机会其实很少,出于对女生的照顾,很多男同学早就自告奋勇把这个活计揽了下来。而另一个重要的原因则是当晚到车棚值日,可以不用上晚读课,不喜欢被拘束的男生们,总喜欢趁着这个机会到校园里溜达一圈。

可能十几岁的少年,永远有用不完的精力吧。我就读的中学是寄宿制学校,每周周一开学单车集体上锁后,就要等到周末放假才有机会领到自己的单车。于是乎,在学校里待了五六天都没有机会外出的我们,一到周末放假,总是难掩兴奋。每当周末学校的大铁门一拉开,浩浩荡荡的"单车大军"从校门口蜂拥而出,男生们急不可耐地骑着单车发出"冲啊"的声音时,那壮观的场面,堪比钱塘江潮头往校门口奔腾而来,又从校门口迅猛退去。

浩浩荡荡的"单车大军"从校门口出发分成几股小分队,纷纷向着各自的家里冲去,"主力军"要数与我同行的这一队伙伴,一从校门口冲出就把宽阔的公路占据……身穿深蓝色肥大校服的我们踩着单车飞驰在路面上时,就如同一抹泼洒入画的蓝色墨水,在灰色的水泥主干道上快速晕染开来。

从学校出发到我家的这段路并非全是平坦的水泥路,还要经过一座高架桥。这座高架桥是为保护下面的铁路轨道而建,全长将近800米,其形状就像一道完美的拱形抛物线。这座桥,成了踩单车上学的中学时代里最为鲜明的一道风景线。

每次回家,一大群校友骑着单车来到这座桥前时都会暗暗吸足一口气,然后咬牙卖力地骑着单车

爬上高架桥的最高点，再从最高点顺着桥面俯冲而下。这是我们最为惬意的时刻，因为此时不用费力气单车也能任意驰骋。我们只需松开双脚，任由风将校服吹得更加肥大，感受狂风从耳边呼呼吹过的畅快。

我曾经试过记录从高架桥上骑着单车冲下来时单车依靠惯性而滑行出来的最远距离，足足有1 000米！虽然咬牙踩着单车爬上桥的最高点要花费很大的力气，但是后面这1 000米滑行的畅快足以让人忘记之前爬坡的所有辛苦。听风从耳旁呼啸而过，看风景从眼前迅速飞过，从高架桥滑到地面上的紧张和刺激，都如此令人难以忘怀。

同样令我难以忘怀的，还有和同窗骑着单车一起上学的时光。读初中时，我有两三个同路的好友，每次上学骑着单车到达同学家附近的路口时，就打电话通知对方，还可以在等人的间隙倚靠在单车上顺便背几个英语单词。我们的友情持续了整整3年，没有太多激荡的时刻，平平淡淡，一如车轮驶过潮湿的地面……

虽然上学的路上有两三个知己好友相伴，但是能时时刻刻陪伴自己走过这10公里路途的，始终只有这辆半旧的单车。当我和同窗在最后一个路口分别之后，剩下的3公里路程，只能由我独自骑行。

在这3公里的路途里，我骑着单车往家的方向赶，有时会戴着耳机听歌；有时会特地挑一条不怎么经常走的路去看看江面的风景，看看那些种在江边的树；有时心血来潮，还会在江边默默地推着单车走一段路，只为看看江边的夕阳是如何坠落的。也是在这段独自骑行的3公里的路上，我发现了经过某一个村庄的某一条路，仍可以绕路回家；也知道某一条路的某一户人家院子里种着什么果树，抑或种着什么颜色的花。这种探索带来的快乐，以及发现新鲜事物所带来的激动，让我在往后的岁月里，得知平淡的生活其实就是一个未知的盲盒，里面藏着别样的热烈。

当然，这些记忆的"盲盒"中也并非全是值得欢呼鼓掌的美好时光，也有各种遭遇单车故障的惨状。比如单车的链子掉了就是常有的事，身边没有援手，只能自己在路边找根树枝想方设法把链子导回齿轮；还有一回请假回家过节，半路从单车上摔下来把手臂擦破一大块皮，我咬牙坚持骑着单车回到家才消毒包扎；再比如念初二时单车在半路爆胎，我一个人推着单车带着一腔委屈走了很远的路，才来到离学校500米远的那家修车铺，以至于最后赶到学校时校门已经落锁，只能让门卫大爷打电话给班主任……

如今，这段在单车上疾驰的中学岁月早已经离我远去，偶尔我在路上看到穿着校服的稚嫩少年骑着单车在路上飞驰，仍旧会想起陪伴了自己3年时光的那辆单车，想起自己在单车上疾驰的中学岁月，想起那些遥远的记忆里鲜活的少年们骑着单车追着风、迎着光的美丽场景。

终不负，少年游！

最好的时光，都用来浪费

✿ 亦青舒

● ① ●

小城镇的冬天总是灰扑扑的，大朵大朵的铅灰色云总是泊在头顶的天空上，叫人觉得没劲。早晨六点半的街道，东边透着一点淡淡的蟹青，街道上大部分店铺闭着门，唯有几家早餐店摆了蒸笼，亮着橘色灯泡，一盏盏浮在夜色里，像少年惺忪的睡眼。

你背着双肩包，连同你的单车一起在清晨空旷的马路上狂奔得如同一只小兽，抄了小路杀进学校的后操场，把单车和书包往草地里一扔，狂奔三百米找到班级的队伍。你气喘吁吁地站在老陈背后，艰难地张口问她："点名……了吗？"

"早点过了。"她幸灾乐祸地笑。

你脸上的表情立刻就垮下来了，眼里是濒死之人才有的绝望。

"那我们现在开始点名了啊。"前面忽然传来班主任中气十足的男高音。

"又骗我！"你喊起来，伸手就用她的外套帽子兜住她的脑袋，瞪着她帽檐下露出来的杏仁眼。

可能十七岁就是，死党再怎么耍你，她冲你一笑，你就没了脾气。

● ② ●

早操结束，老陈陪你去草地里找单车和背包。

"你就不能稍微起早点吗？"她一脚深一脚浅地踩在没人膝盖的草地里，大声对着你嚷嚷。你总算找到了可怜兮兮的单车，抓起深色背包往身上一套，转身对她微笑："不能。"

两个人一路抬杠走进教学楼，你远远就瞥见前面楼梯口那个穿着深灰色外套的身影。

"前面那个人是某某吧？"老陈忽然站住脚。

某某是八卦绯闻里你的官方CP（人物配对）对象，高中生说到底也没能摆脱幼稚和八卦的本性。你和某某相识多年，两个人成绩好得不分伯仲，前后桌的位置决定了你注定会深陷在这个流言无法脱身。

"不是。"你目不斜视，笔直走向了另一个楼梯口。

就在前两天你发现某某和另一个女生走得很近，就在昨天还碰见他们在早餐店里坐了同一张桌子。最过分的是，那个女生一到课间就赖在你旁边不走，还老拿着近代史的题过来请教你，问得你都能在心里把近代史的时间大纲背下来了。可是你才不会告诉老陈你心里有点发酸，你对班里的这种闲言碎语从来不关心，对某某这个人也没有任何想法。

他也没什么好的。不过个子高一点，成绩好一点，穿灰色套头衫的时候好看一点而已。你这么赌气地在心里想，又朝着那个方向瞥了一眼。

可能十七岁就是说尽违心的谎，还骗自己相信。

● ③ ●

地理课最难了。

你焦虑地坐直了身子，试图努力理解黑板上黄赤交角那道题，看懂老师笔下层层叠叠的板书。可是依然没什么用，地球运动的奥秘是你文科生涯里众多未解之谜里的一个。

你低着头对着局部气压图判断天气变化，手心里沁出细汗。数着班级名单，这节课老师就快点到你名字了。

可还是判断不出来。

你抬起头朝右后方投去求助眼神，结果对方完全没能接收信号，正埋着头在桌底下玩游戏。你气急攻心，抬脚就往椅子底下的黑色帆布鞋踩下去。

"啊——"果不其然，这家伙就是一点痛也忍不住。你低头又做无辜状，像只安分的鸵鸟。

"怎么了？"地理老师关切的眼神落在某某身上，确认他没事之后，顺势就把他叫起来答题。你感受着如芒在背的敌意，心里却是雀跃的。

"试卷第十六题。"你小声提示。

他很快反应过来，说出答案。

地理老师露出赞许神色，颔首示意他坐下。

下课铃正好响起来，又救你一命。

"你解释一下。"某某的笔戳了戳你的后背。你忍住笑，回头看着他："解释什么？"

"这道题很难吗？"他这种招牌式嘲讽微笑倒是从不在那个女同学他近代史的时候露出来，你闷闷地在心里想，瞪着他又说不出话来。

他叹口气，掏出黑色封面的笔记本丢在你桌上。

回家以后，你躲在被窝里，翻着他的笔记本挪不开眼。那些笔记标注都极简单，却又通透；方块字好看，寥寥几笔画的地形图好看，铅笔抹出来的漫画小人也好看。明明笔记本里只有黑蓝白，你心里却有大片大片的粉色，漫山遍野地溢出来。

你忽然不想生气了，只想认认真真做完这张地理卷子，然后发短信问他，明天要不要一起吃早餐。至于其他账，就以后再算。

十七岁就是你只能把按捺不住的心情，一笔一画写进台灯下的日记里。

● ④ ●

你那年十七岁，在烟火下偷偷地闭着眼睛许愿。

希望数学能再好一点，希望自己能再瘦点，希望额头上昨天长的那颗痘痘早点消失。

希望妈妈别再盘问你为什么不穿秋裤，希望早日拥有第一支口红，希望你喜欢的那个人，许愿的时候，也正好说的是你的名字。

希望高三快结束，离开小城镇去更远的地方，但你爱的那些人，一个也不会丢掉。

你对自己说，你会好好努力，其余的都交给时间。你要做的只是刷完剩下的试卷，整理好文史科目的笔记，背完该背的考点，走进最后的考场里，答完那几张考卷而已。

你站在冬天的雪地里，系着浅灰色的围巾，对着空中的烟火用力挥手。

● ⑤ ●

后来你的十七岁过去了。

原来高中时代短得也不过只有三个春秋，眨眼就溜走的时间对你没有半点眷恋，毕竟它还赶着去赴别的女孩子十七岁的约。也只有回忆像个小孩一样缠着你，摊开手心让你看时光留下的糖果，那些甜蜜的馈赠。

一节又一节无聊冗长的历史地理课，你把厚厚的日记本埋在卷子下面，奋笔疾书。关于未来有一百种假想，觉得自己有无限可能。考得好就忘乎所以，考砸了就翘掉晚自习去轧马路，在冬天的路边摊吃热气腾腾的关东煮。对着老陈你什么话都敢讲。

你说你总有一天会去很远的地方，成为一个很厉害的人。

校门口的小吃街总是很热闹，五块钱就可以买到超好喝的热奶茶，牛肉面的浇头总是热气腾腾的，卖鸭锁骨的那个叔叔有艺术家的气质，扎一个小辫子，十指修长优雅。你和老陈总是打赌，他什么时候才会攒够卖鸭脖的钱，继续去艺术学院深造。

有些事过完十七岁就再也不会做了。

你再也不会顶着乱得爆炸的短发冲进教室，躲在书立后面吃包子了；也没办法和同桌在放学后，勾肩搭背地去校门口的小吃街喝酸梅汤了；你甚至没办法再听到班主任的早操点名，也不再需要骑着单车，在深冬清晨的空旷街头，狂奔得如一只小兽了。

时光也不算辜负你，只是你爱的人，随着那一年措手不及的分别各自离散，再翻找起来，终究是疏远了。

你有一天在微博上读到句子：

"那时候你和一位大眼睛总为脸上痘痘烦恼的女孩子排着队发愁一会儿要参加的月考，自以为很忧郁的样子。你曾以为那就是永远。然后几个春夏眨眼间就过去了，才发现，原来青春给你的最后礼物是一场措手不及的分离。"

"然后你才后知后觉，这段好时光，到底还是浪费了。"

你的眼泪忽然就涌出来，想起十七岁，原来已经过去三年了。

当时年少春衫薄

※ 程则尔

她叫豆子，并非身材苗条，反而是因为超乎常人的胖壮，被喜爱恶作剧的男生们传了这个绰号。

高一下学期，豆子转来时，并没有引起大家太多的关注，无论是黑框眼镜遮不全的大脸，还是乏善可陈的乡土口音，都足以让她远离话题的中心。唯一能把她从人群中区分出来的特点就是话多。"学校侧门的炒面贼软""杨记家的饭团十分Q弹""新开业的樱花奶茶太好喝了"等没有营养的搭话，以平均三分钟一次的频率在我背后响起。为了缓解她的尴尬，我算是她的唯一倾听者，间或附和上一两句"嗯""哦""啊"，以尽同学之谊。

说实话，并非我本性善良，而是同病相怜。我们所在的班级是最瞩目的精英班，班上要么是考遍天下无敌手的学霸，要么是家境优渥的艺术生，像我这种颜值与智商都欠缺的普通男生，应该是校长在分班时看花了眼才漏放进来的，彼此半斤对八两，豆子是我唯一能说得上话的异性。

慢慢地，我们的关系热络起来，偷偷藏在书堆后的聊天，演变为课堂内外的纸条传递，话题也蔓延至学习和生活的方方面面。作为唯一拿得出手的东西，我会主动与豆子分享许多从课外书中看来的趣事，她则会隔三岔五为我带一杯奶茶聊表谢意。

这段岁月静好的同学关系，在两个月后被打破了。某个晚自习放学后，喧闹的离校人流中，豆子忽然把我拦下，将一枚折叠成心形的信笺递给我，然后一溜烟儿消失不见了。我隐隐猜测到些什么，藏着信笺纸的书包也变得格外沉重。

回到家，我冲进卧室关上门，展开信纸，青涩的话语笨拙地表达着情窦初开的仰慕。当时的我内心是一种怎样的复杂情绪呢？大概是羞愧、骄傲、茫然、诧异的结合。第二天，读完回信，豆子眼中闪过一丝失望，带着强行挽尊的笑容向我比了个OK的手势。大家又变回了只是偶尔交流几句的前后桌同学关系。

有心遇见一个人，千人操场上也可以一眼将对方精准地识别出来；故意躲避一个人，你们的见面随时都会成为此生最后一面。高一结束，文理分科，我选择了文科班，豆子继续留在原班级，我们的教室隔得并不远，但彼此再没碰过面。

再次听到豆子的消息，是在高三前夕。听说，她瘦了不少，成绩迈上了新台阶，收获了一些新朋友。

当朋友向我分享这些消息时，我的内心莫名嫉妒。虽然这股愤怒在今天看来毫无逻辑。我写下一张言辞激烈的纸条，单方面向她发出断交信号。

第二天，朋友回复"话已带到"，还说豆子希望能在樱花奶茶店门口见上一面。到了约定的时间，我并未赴约，往后，我们也再未谋面。

毕业后，青春好像一瞬间就结束了。后来，身旁的同事，高大帅气，驰骋球场，面对他人的爱慕游刃有余。而我，一个无论怎样打扮，都跟帅完全不搭边的人，是早已习惯了被忽略的存在。忽然有一天，一直低头走路的人居然被仰慕，那种猝不及防，那种不可置信，那种想都不敢想，绝对会让他慌了阵脚，甚至做出一些怪异举动。

若有一天归故里，在樱花奶茶店的门口，能有幸与豆子偶遇，我想为当年的偏激向她鞠躬道歉。

除了歉意，我也想向豆子说一句谢谢。你的肯定，如同一束白月光，为我注定贫瘠的青春弥补了一小块遗憾，让我面对"生命中的高光时刻"这类话题时不会总是哑口无言。这是一种绵延一生的鼓励，在往后因为被否定而感觉自己一文不值的时刻，一想到曾拥有过一位姑娘的欣赏，便能重新抬头振作，迅速治愈内心。

月光走漏了喜欢

青梅泡汽水

※ 槃宁

"你是故意的吧？"晚上6点30分，夏末的天空中还飘着明亮好看的粉色，我深吸一口气，忍住没把汽水泼到周理脸上。

"放弃吧！"6点31分，周理嬉皮笑脸地咧开嘴，"你只能当我的小跟班。"

6点32分，我终于把汽水泼到他身上，下一秒，周理挂着满头水，看我拼命抽纸巾擦拭着很久以前就想买的专辑。

蘑菇正好推开玻璃门，皱着眉："你们在演戏吗？"

我恶狠狠地瞪了周理一眼，拉着蘑菇潇洒离开。小皮鞋有些挤脚，我扭了一下；蓬蓬裙钩到了门上的星星吊坠，我惨不忍睹地踉跄了一下。

但这又怎样？我的盛装、精心以及埋藏已久的思恋，都被周理践踏成了笑话。

周理是我发小，或者说，是青梅竹马。反正这是他们强加给我的名词。

我们只是很凑巧在同一个院子长大，后来又搬进了同一个小区，仅此而已。每当我这么辩解时，周理总是很不满："夏小篱，我好歹也为你打过架！"

"然后你就向我要了'保护费'。"

"我换成CD送你了。"

"还是盗版的。"我面无表情地反驳。面对我们的人，就会露出比夏天还灿烂的笑容："你们关系可真好。"

我不和周理计较，但不代表我没有底线，在我16岁生日这天，他的玩笑终于越过了我的底线。

早在十几天前，我就开始疯狂暗示他："周理，你看那个大白娃娃是不是特别可爱？"

"嗯，是很符合你白痴的性格。"周理头也不抬地说。

"蘑菇买了款八音盒，是哈利·波特主题的呢。"

"幼稚。"

"最近穿汉服的女生好多啊，挺好看的。"我锲而不舍地循循善诱，周理终于抬起头，认真望着我的眼睛："夏小篱，你告诉我，你125斤的体重，套上那轻纱,像不像水桶?"

我被戳得心里一疼,想起和沉阳一同画学校长廊的女生,她总是穿着汉元素的裙子,被染上颜料也不在意,每次她一回眸,我就会想:世界上怎么会有这么轻柔的女孩?她穿着满是颜料的裙子,就像花仙子,就算脏兮兮的,也是灰姑娘。

想到这里,我突然很难过,眼圈一红,周理手忙脚乱地道歉:"我是没钱了。"

"最近考得太差,资金链断了,不好意思说。"

"小篱,你知道我这人嘴欠。"周理突然认真地说,"我给你准备一份大礼吧,帮你约沉阳见面。"

蘑菇问我:"周理整天围在你身边,你为什么会喜欢没说过一句话的沉阳?"

我望着操场:"我喜欢学艺术的男生啊。你看宣传廊,沉阳的画多好看啊,他坐在那儿画画,也像一幅画。"

"喊,你说绕口令呢?平翘舌都分不清的人。"周理不知道从哪儿冒了出来,我顿时恼羞成怒。

一年前我代表班级给高三学长致贺词,因为太紧张,把"高三"读成了"高山",然后嘴巴像绞在了一起,半天没改对,台下哄堂大笑。周理时不时便提醒我记住那羞耻的一刻。

"好了,我托人帮你约了沉阳,下周五晚在水果冰冰,5点30分,理由是你喜欢他的画。赶紧恶补点儿美术知识,别让他看见你肤浅的内心。"听周理说完,我当即决定,过往恩怨,一笔勾销!

我断了所有零食,每天拉周理在操场上跑到想吐,却只减了5斤。于是下功夫悄悄补了中国近代美术史,生怕和沉阳没有共同语言。

可是我一个人在冰店等了一个小时后,只看见了周理。他对我说:"傻瓜,别等了,我骗你的,根本没去约他。"

我惊愕而诧异地和他对视了半天,才接受了现实。"我知道他不靠谱,但没想到他这么喜欢看我的笑话。"我跟蘑菇倒苦水。

"好啦,他不是买了你想要的专辑吗?"

"那有什么用?我以为他和我是朋友,会理解我,知道我的底线,平时只是爱玩爱闹了一点儿,现在突然觉得他好陌生。"

"咳……"我转头,周理果然阴魂不散地跟着我,他挠挠头,"小篱,真的对不起。"

我试图对周理发起冷战,可他依旧骑着那辆因为安了后座,变得一点儿也不酷的车子在楼下撕心裂肺地呐喊。

走下楼,我对提着小笼包的他视而不见,一个路过的小朋友冲我笑:"姐姐,哥哥叫得我还以为你出事了。"

我扑哧一声被气笑了,就这样莫名其妙地跟周理和好了。

一路逆风飞驰到学校,踩着上课铃进班,班主任竟然没摆脸色,笑呵呵地走了。蘑菇给我丢纸条:"你写美术史的周记,被刊到校报了。"

"啧。"一下课,我就抢了班里的校报,想飞奔出去找周理炫耀,我要让他看看,他以为的小跟班丑小鸭,是多么优秀。结果迎面撞上一个人,往后倒时又撞歪了几张桌子。

该死,余光中我看到了周理,奇怪的是他没笑,紧紧盯着被我撞倒的人。我抬起头时,恨不得给自己一巴掌——我撞到了沉阳,他的金丝边眼镜比桌子更歪。

"对不起,我赔给你。"我干巴巴地说。

"小篱,没事吧?"周理踱着步来插话,倒是给我解了围。

"没关系。"沉阳笑了,斯文地捡起地上的校报,"这篇美术史是你写的?很棒,我想请你帮个忙。"

那一秒,我有点儿晕眩,一个劲儿点头。

"今天放学你有时间吧,5点在水果冰冰,我们仔细说说,可以吗?"沉阳的声音像冬日还未凝固的流水,清澈又夹着光芒。

"好!"我的声音竟然激动得沙哑起来。

5

平日中午不回家的我,百米冲刺回家换了衣裳,戴了枚珍珠发卡。

周理照例放学后来找我,怔了一秒:"夏小篱,丑小鸭能变成白天鹅,是因为它有天鹅的基因。"

我朝学校对面的冰店走去,看到沉阳正安静地坐在靠窗的位置画画,锱铢必较地说:"你知道我为什么是丑小鸭吗?"周理一愣,我笑着拍他的肩:"中国有句古话,'近朱者赤,近墨者黑',等我到沉阳身边,就是天鹅了。"

"你会后悔的。"周理跟着我进去,找了个近在咫尺的座位。

幸好沉阳温和且通情达理,没介意,但是多少有点儿坐立不安。他不时不好意思地看一眼周理,又瞟一下我,直到周理噌地起身离开,他才邀请我为宣传廊的画配与美术史有关的文字。

我们聊得很好,沉阳还很体贴地送我回家。过马路时,一辆车飞驰而来,他把我揽进了里侧:"小心!"

6

给宣传廊配字可不是小事,为此,我和沉阳一来二去熟悉了很多,我甚至经常约他一起采风,或者在周末安静的学校,看他画画。

和沉阳有交集的日子,每一天我心海的木棉花都如火如荼地盛开,周理也难得没再来打扰我。

蘑菇说:"他肯定找了个角落在独自疗伤。"

我大笑:"憋大招还差不多!"

没想到周理真的不负众望。

那晚,沉阳约我去河边,他画黄昏下的水面,我在一旁百无聊赖,望着清凌凌的水发呆。

周理突然推着车出现了:"夏小篱,你不是最爱玩儿水吗?"

"我在干正事。"我没好气。

"想玩儿就玩儿吧,我还要一会儿。"沉阳抬起头,衬得阴阳怪气的周理像个小人。

"没关系,我看会儿风景。"我温和地回答。

周理笑了:"我知道了,你又穿了两只不一样的袜子。"

我和沉阳同时惊愕地看着他,周理继续旁若无人地大声说:"没事儿,你找不到袜子也不是一天两天了。"

"你胡说!"我咆哮道。

周理很认真地指着我的鞋口:"你看,一只是花边,一只是花纹。"沉阳的目光也一同定在了上面。

我羞红了脸,几乎要哭出来:"周理你有病啊?"

沉阳笑了:"这么穿很有艺术感的。"顿了下,他又补充:"夏小篱,你真可爱。"他眉眼弯弯地望着我,金色的阳光为他添了浅粉的滤镜。

"第一次知道你,还是去年你在台上绕不清平翘舌,当时就觉得你很有意思,连我们不苟言笑的班主任都被逗笑了。"

我坐在沉阳身边,心头的小鹿跳得无比欢快,周理不知道什么时候悄悄离开了。

7

原来沉阳不喜欢那个汉服穿得很漂亮的女生,当然,他也不喜欢我,这我知道。后来,周理的哥们儿来找我:"你原谅周理吧,他为你真的是鞠躬尽瘁。"

"羞辱我有这么累?"

对方递来一张字条,上面是周理的字迹:"你好,不知道你认不认识夏小篱,她是个很可爱的女生,也是你的粉丝,喜欢你的画,想约你见面。"

"哦,就是那个很滑稽的胖子?"沉阳的字我也很熟悉。

一时间我混乱不堪,周理默默走过来,拉着我走到大功告成的宣传廊,上面的文字后面,是"沉阳"两个字。

我转身跑了,周理在人群中跌跌撞撞,追得很不顺利:"夏小篱,你去哪儿?"

他跟到沉阳的教室时,正好看到我举着纸条质问沉阳:"这是真的吗?"

沉阳不耐烦地转过头:"对不起。"

我转身走出教室,脚下一滑,被周理接住了:"我还在。"他声音低低地说。我忽而心安了很多。

8

放学后,我靠着周理号啕大哭,烤串上的辣椒从我的嘴上抹到他的衬衫上,他皱皱眉,没说话。

"为什么不告诉我他拒绝了?"

"怕你哭。"

"可是他明明那么好，那么温柔善良，为什么偏偏这么对我？"我捶了周理一拳。他难得文艺："夏小篱，有句话说，你喜欢的人也是凡人，是你的喜欢为他镀上了金身。"

我安静了一秒，又开始哭闹："为什么从来没人会在意我？"

"我是死的吗？"周理咬牙切齿。

"你不一样，还说呢，你为什么当他的面羞辱我？"我跳起来。

"要听实话吗？"周理突然扯住我的手，"从你开始关注他，我就觉得我的世界也被分走了，我嫉妒。"

"啊？"我含着半块肉望着他。

周理敲我的脑袋："你是傻子吗？"然后他的脸红得快冒出火来。

9

我又趴在街角的橱窗看那套华贵的洛丽塔裙了，它精致繁复的金色花边在阳光下闪着碎钻般的光。

周理跟在我身后："你喜欢？暑假我去我叔家的店帮忙，就能赚钱买给你了。"

"真的？"我惊喜地笑。他认真地点点头，空气中某些分子在作祟，并肩走过十几年路的我们之间，突然沉默起来。

蘑菇说："你们只是不习惯现在的相处模式而已。"所以我决定再努力一把。

整个中午，蘑菇就在一旁看我和周理互相推让一个鸡翅，从一个碗到另一个碗，直到鸡翅掉了。我很安静地捡起来，放在桌上。

"这你都不吐槽他？"蘑菇在我耳边喋喋不休，"我以前很看好你们，可是现在，你们别扭得要命，我要弃剧了。"

为什么我和周理，会一下变成这个样子？我思索了一整节政治课，在唯心主义的提示下，终于明白，即使再温暖，我还是希望周理做我的竹马、发小，甚至是那个总是"羞辱"我，却默默保护我、陪伴我的人。

但我别无选择，从那晚起，我就开始用一种奇怪的好，弥补我对他的感情的愧疚。周理呢，他正经的微笑不伦不类，认真的话语一点儿也不好玩儿。

不再是周理的周理，和心怀鬼胎的我，一点点疏远陌生起来。我们还是一起上学放学，一起吃午餐，可是我能感觉到，有什么要在沉默中爆发了。

我让蘑菇给周理传话，以后每天早上我要陪蘑菇晨跑，中午要回家吃饭，晚上要留堂补习。

10

身为发小，第三个清晨，周理就在半路拦住了叼着一个包子狂奔的我，将我很想念的坐骑停下："上来吧。"

我迟疑地望着他，他冷哼："我这是为了市容。"他的语气又恢复正常："一个土豆在车道上打滚，实在是入不了眼。"

我狠狠地掐他腰上，飞驰的车差点儿翻掉。

"夏小篱，我决定以后还是继续羞辱你，心宽了，体就更胖了。"

"谢谢，我怕你嘴巴烂掉！"我一巴掌拍在他背上。

周理叹口气说："我们还是做回青梅竹马吧。"

见我长吁一口气，他补充："好像不是每份感情，都非得扯上爱情。我大概只是不习惯，总是陪着我的姑娘，怎么就围到了别人身边，但绝对不是你不值得被人喜欢。"

"当然，你视力不好，以后还得我给你长眼。"他又狗嘴里吐不出象牙了，但在这个亮晶晶的秋天的末尾，他还是挺认真地说，"不过我保证，会一直保护你，陪着你，把你交给那个让你往后余生都幸福的人。"

我有点儿感动："那个，我能问个很严肃的问题吗？"

"嗯？"他郑重其事地停下车。

我舔了下嘴巴，犹豫着开口："那条裙子，还给我买吗？"

"喊，出息！"周理重新卖力蹬起车子。

风从两侧吹落大树的果实，我猛地探头，对准他的耳朵大吼："我突然觉得，好幸福啊！"

车子抖了一下，我歪着脑袋，看到周理的面颊飘过一丝灿烂，比天上粉色的云更青春、年少和灿烂。

秋日告白

※ 顾水行舟

轰隆一声，雷电炸响。

衣衫褴褛的年轻流浪汉笨拙地翻越栅栏，拖着步子走到别墅门前，敲响气派的棕红色大门，气若游丝地询问："有人吗？"

林稚弦抱着小提琴，百无聊赖地看着台上的彩排。

这一幕她看过不下十遍，不理解为何演员还能抱有演出的热情，甚至一遍比一遍演得更加投入。

哦，或许现在他的虚弱不是演出来的，而是真实的了。初秋的大礼堂中暑气不散，林稚弦坐着都感觉有汗沿着脖子往下流，更何况穿着破洞外套跑来跑去的演员。

"林稚弦，到你了。"肩膀被担当导演的顾未旻轻轻拍了下，林稚弦回过神，不情愿地架起琴，拉响第十二遍伴奏。

"请暂停一下。"不到五分钟，顾未旻又站出来挑错。

他无奈地说："林稚弦，这次的问题出在你身上，演奏的时候要多观察台上的情况,刚刚演员的台词说得慢了些,你按照原速度奏乐的话,配乐就和表演打架了。"

林稚弦瞥了眼时钟,发觉时针即将指向七点,内心一喜,放弃与顾未旻争辩这到底是演员的过失还是她的错误,敷衍地点头道:"我知道了。"

演员重新回到起始位置,流浪汉以熟悉的方式出场。

不出林稚弦所料,没等演员开口,广播里率先响起上课预备铃。

高中的晚自习两分钟后开始,学生学习天经地义,顾未旻没有留人的理由。林稚弦一秒不耽搁,迅速把小提琴塞回琴盒,头也不回地离开。

演员们目睹她的身影消失在出口处,沉默地交换着眼神,礼堂里的气氛一瞬间变得凝重。

夏嘉程脱掉早已被汗水浸湿的外套,走到顾未旻身边,坦言道:"我承认林稚弦小提琴拉得很好,百度百科上都有她的词条,但我们是个小小的话剧社团,找她伴奏是不是大材小用了?"

"是啊,我们的庙太小,怕是容不下她这尊大佛。"有人语气不善地附和。

林稚弦的态度不积极,在场的人都能看出来,顾未旻负责与她对接,怎样应对该由他决定。

顾未旻沉吟片刻,说出自己心中的打算:"能让我想想办法吗?据我对她的了解,她不是看不起话剧社,应该是有别的原因。"

自己的价值仅仅在于会拉小提琴吗?林稚弦时常有这一疑问。

除了她自己极力想要给出否定的答案之外,长辈们不约而同地用行动向她证明:的确如此。

在父母心目中,林稚弦的人生轨迹相当明晰——她会稳步成为小提琴演奏家。

她成长于音乐世家,祖父母辈皆从事音乐活动。她的父亲是作曲家,谱写的曲子出现在热门电影的末尾,数年之后街边的咖啡厅里依旧循环播放着。

她的母亲曾是国内最好的交响乐团中的一员,距离担任首席小提琴手仅有一步之遥,会在可预见的未来接任这一职位,如果不是交通事故导致母亲左手韧带断裂的话。

林稚弦学会辨认音符与和弦,比听懂大人说话更早。

母亲因受伤从乐团退下来,有大把的时间将对女儿的培训安排规划到以秒为单位。

五六岁是最贪玩的年纪,别家的后院里纷纷传出孩子们嬉笑打闹的声音,唯独林稚弦站在家中单独为她开设的练习室里,边哭边拉奏。

泪水模糊了视线,她逐渐看不清眼前的曲谱,但母亲不会上前为她擦拭眼泪,只会因她层出不穷的错音皱眉,冷声道:"不对,重来。"

付出并非毫无回报。

六岁那年,林稚弦凭借一首帕格尼尼的小提琴协奏曲,夺得国际比赛的一等奖,媒体争相报道,称她为"小提琴天才少女"。

随后的几年里,她参加全球各地大大小小的比赛,获得的奖状和奖杯不胜枚举。

登上领奖台的那一刻,林稚弦能体会到稍纵即逝的快乐,可这些奖励不能抵御日复一日练习的痛苦,她烦透了从小伴她长大的乐器。

许多人与她见面,第一句话都是"能拉首曲子吗?"。这个请求是她摆脱不掉的魔咒,让她有一种自己是笼中夜莺的错觉。

反抗的意向是早就萌生的,但付诸行动是在一年前。

林稚弦自作主张改掉中考志愿,没去音乐附中读书,还瞒着母亲缺席了重要的比赛。

她那段时期的状态很差,一连与数个大奖失之交臂,无良媒体预测她会走向"伤仲永"式的结局。

母亲本就心烦意乱,她一系列的叛逆举动无异于火上浇油,让母亲看向她的眼睛里喷出无形的怒火。

矛盾至今未完全化解,不过生活仍要向前,双方心照不宣地各自退让一步——

母亲不逼迫她转学，同时她在课余时间投入小提琴练习中，如母亲所期许的那样，踊跃参与各类活动。

学校的音乐教师与母亲是大学同学，母亲曾对老师说过，有林稚弦能帮上忙的地方，尽管麻烦她，因此她无法直接回绝老师让她给话剧伴奏的请求。

任务比林稚弦想象的要烦琐，与他人配合这件事，于她而言是陌生的。

首次排练后，她有了打退堂鼓的想法。

目前的情形还算对她有利，毕竟第一天她就与话剧社的成员不欢而散，只要再拖累一次他们的进度，她大概能和忍无可忍的顾未旻大吵一架，继而干脆地撂挑子不干。

第二次彩排那天下了雨，林稚弦没带雨伞，抱着琴盒冲进大礼堂所在的教学楼。

上楼梯时，她没拿稳琴盒，眼看它要滚落，她下意识地伸出手，随之跌坐在地，用身体接住了它。

价格不菲的小提琴完好无损，林稚弦却半天没能站起来。

摔得倒是不严重，可是她心里像打翻了调料盒，五味杂陈。

她以为自己能面不改色地目睹小提琴摔得粉身碎骨，然而事实向她证明，她根本做不到。

她从来离不开它，害怕丢掉它以后，她再无引以为荣的特长。

"你没事吧？"顾未旻着急的声音打断林稚弦的思绪，他快步跑过来，将她扶起，"我送你去医务室。"

林稚弦的右脚轻微扭伤，校医替她涂了点云南白药。

回大礼堂的路上，顾未旻紧跟在她身旁，踏上台阶时她的身体晃了下，他连忙伸出手扶住她。

男生的体温偏高，扶着她的手有些烫，林稚弦小幅度挣脱开，摇头道："不用。"

此后的排练仍然状况百出，演员的表演和林稚弦的配乐像是仇人，各演各的，没一刻合拍。

结束后，顾未旻叫住了林稚弦。

她挑了挑眉，为即将面对的不留情面的指责做好了准备，不想顾未旻的语气平和："伴奏对你来说可能太困难，我们完整排练过一遍无伴奏版本的，效果还不错，所以……"

暮色四合，大礼堂中的光线昏暗，顾未旻的表情隐在窗外树木的影子下，大约是失望。

原来他早留了后路，没有对她抱有期望。

林稚弦本该借着这个机会推掉差事，但一口气却堵在胸口，不上不下。

一小时前的矛盾感卷土重来，她的第一反应是：什么时候随随便便的非专业人士，也能质疑她为之努力过十几年的技能？

"有什么难的？给我三天时间，我一定拿出让你们满意的表现。"林稚弦打断顾未旻，斩钉截铁地说道。

三

既然给出了承诺，林稚弦就会全力以赴。

她一门心思扑在伴奏的曲目上，将它们练得滚瓜烂熟，足够分出精力留意演员们的动作，及时做出相应调整以配合他们。

正式演出的日子转眼到来，大家全情投入，呈现出有史以来最好的一次表演，以显著的优势拿下市级话剧比赛的最高奖项。

得知结果后，林稚弦背起琴盒，试图在颁奖典礼前悄悄离开。

话剧社团的成员彼此相熟，她不想打扰他们庆功，但顾未旻觉察到她的意图，在后台休息室的门口堵住了她。

他初次在她面前露出那样灿烂的笑，眼中的光亮比阳光更耀眼："谢谢你的帮助，这是话剧社高三成员的最后一次演出，我相信他们没有遗憾了。"

"还有，我想向你道歉。"他顿了顿，迎着林稚弦疑惑的眼神,解释道,"我学过小提琴,虽然达不到你的水平,但是能判断出伴奏在你的能力范围内。"

林稚弦愣了愣,这才反应过来,顾未旻一早听出她起初是在糊弄他们,而他所说的"伴奏对你来说可能太困难",是激将法。

"话剧社能走到今天不容易,去年社团考核的评分太低,面临强制解散,学长学姐们与负责老师数次周旋才保住。

"作为现任社长,我想尽量把这场表演完美呈现,所以对你有隐瞒,实在不好意思。"

顾未旻的态度诚恳,林稚弦吃软不吃硬,没法生气,急忙摆手道:"我才要说对不起,我……"

她尚未得及想好接下来要说些什么,耳畔先一步传来欢呼声。

突然现身于顾未旻身后的话剧社成员们异口同声地感谢她:"话剧的成功演出少不了你的功劳,你太棒啦!"

他们将林稚弦簇拥着,带她上了领奖台。

奖牌挂在脖子上,有不容忽视的重量,林稚弦脑袋还是蒙的,双颊悄然泛起红晕。

事实上,她从未得到过这么多真心实意的赞扬。

过去的许多年里,她不是面对不苟言笑的评委,就是身处灯火辉煌的舞台,看不清黑暗观众席中任何人的面孔。

母亲不会夸奖她,只会严肃地指出她哪里做得不好。大肆夸赞她的媒体也并无真心,当她有所失误时,唱衰她只会比褒奖她更起劲儿。

拍摄纪念合照时,林稚弦整个人仿若置身云端,心满意足地勾起一抹浅笑。

她的雀跃溢于言表,这时候无论提出什么请求,她似乎都会欣然同意。

虽然明白"乘人之危"不好,但是辜负可遇不可求的机遇是愧对自己,顾未旻最终下了决心。

他对林稚弦说:"我不久后会去孤儿院为小朋友们演奏,有一首曲子我一直练不好,你能教教我吗?你要是愿意一起去,那更是再好不过了。"

果不其然,林稚弦笑着点了点头:"好呀,我可以去。"

四

林稚弦与顾未旻以往的交集少到可怜。

他们年级相同,但班级不同,像两条不会相交的平行线,一个隔三岔五请假去参加比赛和演出,另一个是从不缺席课堂的好学生,姓名永远位于年级大榜的前五。

话剧一事闹了些不愉快,不过不好说谁对谁错,林稚弦也不是记仇的人。

顾未旻道过歉,她立刻把旧时恩怨忘得一干二净,尽心尽力地与他一同准备演出的曲目。

顾未旻说是要她教,到头来她却没帮上什么忙。

他有八九级的水准,应付几首曲子绰绰有余,她听完他的试奏,思考了半天,只憋出一句:"节奏稍微有些不稳定,其他的我觉得没问题。"

当然,每日晚自习前的一小时独处依然有意义,只是受益人成了林稚弦。

她在学业上没什么天赋,加之时不时缺课,成绩一直处于中下游。日益增多的家庭作业是莫大的难题,她与它们斗智斗勇,却常常一败涂地。

幸好,如今她有了顾未旻这本"百科全书",想不出的题目全靠他点拨。

"顾未旻,'枫叶荻花秋瑟瑟'中的'瑟瑟'两个字,释义是什么呀?"

"顾未旻,由三条直线 $x=0$、$x=2$、$y=0$ 和曲线 $y=x^3$ 所围成的图形面积怎么算呀?"

"顾未旻……"

这天,总是对答如流的顾未旻竟然沉默,林稚弦疑惑地转头看去,发现他不知何时趴在课桌上睡着了。

物理竞赛昨日结束,他从集训地点赶回来,尚未好好休息过,此时进入安稳的梦境。

教室内无比寂静,只有两个人的呼吸声交错,倾斜的阳光无声地亲吻着顾未旻柔软的黑色短发。

他浓密的睫毛在眼下投出一小片阴影，是上帝作画时无意中画出的墨痕。

不是没有听说过他人对他突出外表的议论，可惜林稚弦的少女心思被琴音磨灭，在同龄人中她显得过分迟钝，女生间窃窃私语的话题，她通常一知半解。

直到这一刻，她终于明白，所谓的小鹿乱撞究竟是种怎样的感受。

顾未旻不单让林稚弦乏味的生活多出绚烂色彩，还让她对小提琴有了新的理解。

小朋友们会喜欢听小提琴曲吗？难道不是穿着玩偶服装表演情景剧更能吸引他们的注意力吗？早在林稚弦抵达孤儿院之前，她便有所怀疑。

一曲表演结束，小朋友们反响平平，林稚弦忍不住将心中的疑问说出口。

"待会儿还有两首曲子，可以多关注下小观众们的反应。"顾未旻鼓励她自主找出答案。

林稚弦的脸烫了烫，演奏时她目不转睛地盯着顾未旻，落幕后才分出心思看观众，他肯定是察觉了才会这样说。

她自然不敢再看他，通过仔细观察小朋友们的一举一动，当真捕捉到他们陶醉于音乐的证据。

他们不会激动地欢呼鼓掌，但乐声奏响时，他们会停下摆弄玩具的动作，聚精会神地聆听，神色也会随着音乐的起伏而改变：在节奏欢快之处绽开笑容，在氛围悲伤之时皱起眉头。

他们年纪尚小，不懂得伪装，行为全靠音乐的感染力驱动。

林稚弦心中笼罩已久的迷雾，忽然间被这一认识驱散。

从前她太注重自己，忽略了听众的反馈，可是伟大的艺术不设门槛，能为每一个人带去力量。

她学习小提琴，比起博取名誉，比起挣得金钱，有更为宏大和深刻的意义。

如此想着，林稚弦的目光再次不由自主地转向顾未旻。

她只与他相识了短短三个月，他却已经对她产生了至关重要的影响，注定是她荒芜世界中与众不同的存在。

五

演出受到了孤儿院院长的好评，在院长的盛情邀请下，林稚弦与顾未旻承诺，以后的周末凡是有空，一定会来为孩子们表演。

林稚弦对此求之不得，这给了她与顾未旻独处的理由，然而事态朝着她不曾预料的方向发展——

自第二周起，演出人员多了一名，是个叫尹明月的女孩，与顾未旻是青梅竹马。

一切早有预兆，只是林稚弦未能及时发现端倪。

顾未旻挑选出的曲目中有柴可夫斯基创作的《天鹅湖》，这首曲子的难度明显小于其余几首，第一次演出时他也略过了它，林稚弦还以为它是被他错误加入列表中的。

直至身穿白色芭蕾舞裙的尹明月踮起脚尖，轻抬双臂，优雅地跳起《天鹅湖》，林稚弦方才迟迟醒悟。

表演结束后，林稚弦的手里多出一袋尹明月做的手工饼干，她们并排坐在窗户边。

尹明月开朗，即使面对不算相熟的林稚弦，也丝毫不见拘谨，聊天话题一个接一个："我原本答应过院长，上周就该来的，但家里有事耽搁了……"

"饼干好吃吗？你喜欢的话，下次我多带点来。"

"你看那里！我和顾未旻小时候经常玩那个滑梯。"尹明月视线一转，惊讶地指向孤儿院一角的游乐区，"没想到过了这么多年，它还在。"

"是吗？质量真好啊。"林稚弦牵起嘴角笑了笑，一颗心却不受控制地坠落。

尹明月与顾未旻共享那么多的秘密，他们心照不宣地相视而笑，无时无刻不在提醒林稚弦，她不过是格格不入的局外人。

尹明月先行打车离去，剩下林稚弦与顾未旻两个人在公交站牌旁等待。

林稚弦低头凝视自己的鞋尖许久，蓦地抬起头，想趁自己丧失勇气前问个清楚:"你和尹明月……"

一道白光猝不及防地在眼前闪过,惊天动地的雷响紧随其后。

真实的电闪雷鸣比舞台效果恐怖不止一倍,林稚弦被吓得身体一激灵,话语突兀地止住。

大雨肆意倾落,老树稀疏的枝叶能起到的遮挡作用微乎其微,顾未旻脱下外套,借给林稚弦挡雨。

"你刚才想说什么?"他问。

衣服上有顾未旻的体温残存,林稚弦将其撑在头顶,不禁对这种温暖心生贪恋,到底把喉咙口的话咽了回去:"没什么。"

林稚弦与顾未旻继续相处下去,假装若无其事。

她没资格前进一步,却又不甘心退却,在堪称痛苦的甜蜜中步入高三。

二月下旬,她进入国外顶尖音乐学院的招生终试,需要当着六位小提琴专业教授的面试音。

到了约定的时间,母亲替她接通线上会议,再三确认拍摄和收音设备运行正常,然后严肃地坐在摄像机后方,看上去比考生本人还紧张。

考试的曲目林稚弦练了整整半年,临场的发挥算不上超常,好在有一贯的水平。

从母亲的神色来看,她也是满意的,林稚弦心里暗自松了口气。

然而,考官的点评一针见血:"你的演奏技巧不错,但我们没能感受到太多情感,招生名额有限,我们更想要招收对音乐充满热情的学生,所以很遗憾地通知你,你未能通过这次考核。"

直白的拒绝确实不动听,可真正令林稚弦感到受伤的,是母亲从不可置信慢慢转变为大失所望的眼神。

她最近真的有在做听话的乖孩子,她确信自己呈现出的效果就是母亲想要的。

但是,为什么还是失败了呢?

在久远的过去,母亲也曾说过她的演奏缺乏感情。不过发自内心的兴趣是培养不出的,母亲很快摒弃这一方面,转而要求她集中精力提升技巧。

今时今日得到的否定,是否证明这条路从一开始就走错了?

林稚弦被巨大的迷茫击中,母亲的慌乱更让她的心脏有种被钝刀反复划过的疼痛。

她抢在母亲说出任何话前夺门而出,当了怯懦的逃兵。

六

顾未旻找到林稚弦的时候,她正抱膝坐在教学楼顶层的楼梯上,如同飞出笼子后再也找不到家的夜莺。明明没有雨,她却像被淋得湿透,满面愁容,浑身狼狈。

顾未旻拾级而上,坐在她的身旁,善解人意地递上一包纸巾。

林稚弦胡乱擦去泪痕,哑声说:"我不知道该怎么办了……"

她不得不重新审视人生的选择。

母亲一直推着她往前走,将她的未来安排成一张详尽的时间表,她没必要叩问内心,只需按部就班地过活。

可是这一次,她无法继续走下去,不仅仅是因为面试的失败,更因为她的心不允许她这样做了。

与小提琴朝夕相处的时光留下不会消逝的印迹,她不能将其从生命中割舍,去孤儿院表演的时候,也能体会到切肤的喜悦。

比起用绝对的讨厌或喜欢来形容,说她能把它当作业余爱好,却不愿意将它视作必须为之奉献一生的事业,显然要准确得多。

"我想当医生。"林稚弦眨了眨通红的眼睛,底气不足地坦白道。

她不曾透露过,但这个想法存在已久。

在她六岁时拿到大奖后不久,午夜时分的家中隐约响起琴声,她从睡梦中惊醒,循着声音走去,从门缝中窥见母亲站在练习室中央,拉奏着她比赛用的那首曲子。

乐曲在进行至高潮前戛然而止,母亲似被抽空了灵魂,一下子跪坐在地,用力捶打着自己的左手,发出压抑的哭泣声。

当时她被吓到,来不及多想,忙不迭地跑回房间,在被子里缩成一团。

后来再回忆起那令人绝望的一幕,她恍然大悟,她自幼背负的沉重冀望,原来是母亲梦想的重量。

没有母女天生是敌人,虽然林稚弦与母亲之间少有温情,但是她们心底深处始终爱着彼此。

林稚弦不想让母亲的希望落空,不过她想要换一种方式去做。

与其替母亲实现梦想,她更想试着治好母亲的伤。或许会很难,但让母亲以及有相似遭遇的人亲自站上热爱的舞台,是她长久埋藏于心的期许。

"那为什么不试试?"

顾未旻一问,情绪稍有好转的林稚弦愣怔一瞬,再次化身瘪了气的气球。

她沮丧地说:"现在距离高考没几个月了,我成绩不好,突然说要考取分数线向来不低的医学院,是痴人说梦吧。"

"千万不要在尝试之前否决自己,我相信你可以的。"顾未旻认真地看着林稚弦的眼睛,"你可是信誓旦旦地说过,用三天时间就能让大家挑不出错的人。"

"我也会用尽全力帮助你的。"他补充道。

"嗯。"林稚弦应了一声,照旧兴致不高。

临近分别,顾未旻的脚步停在下一层的平台,他回头仰望林稚弦,说了一句她没听懂的话。

"什么?"

"Per Aspera Ad Astra,循此苦旅,以达天际,是一句拉丁语格言,我想把它送给你。"顾未旻一边解释,一边固执地等在原地,仿佛今天林稚弦不振作起来,他就不会离开。

顾未旻估计不擅长安慰人,随着时间推移,他越发显得手足无措。

林稚弦居高临下,看得清楚,意识到他对她的关心,远远超出了她的预期。

想到这里,林稚弦破涕为笑,大声回答道:"我明白啦!我会努力试一试的!"

反正她已与目标的音乐学院失之交臂,没有更多可以失去,倒也算是无所畏惧。

七

那天之后,母亲有了妥协,默许林稚弦暂停小提琴的练习。

林稚弦也不再去孤儿院演出,将全部精力集中在备考上。

顾未旻被邻市的大学提前录取,没了学业的压力,对林稚弦有求必应,是最尽职尽责的"老师"。

有些日子看似漫长,实际上却是手中握不住的细沙,眨眨眼就流逝了。

蝉鸣声不绝于耳的夏日,林稚弦收到来自本地一所大学医学院的录取通知书。

为了表示对顾未旻的感谢,林稚弦请他去吃饭。以文艺风格著称的餐厅,背景音乐全是伤感的钢琴曲,看着他安静进食的样子,她满心的欣喜逐渐冷却下来。

这是他们所剩无几的独处时光,她做到了自己力所能及的最好,但与他终有差距。

他会前往全国最好的大学之一,人生轨迹在与她的有过短暂交集后,向截然不同的方向延伸。

林稚弦没有想到,大学开学不满半个月,她会在大学门口碰见顾未旻。

他才结束军训,皮肤被晒黑了些,多出几分阳光的气息,还是会让她控制不住心动的模样。

"你怎么……"顾未旻对来访只字未提,林稚弦惊喜的问话差点脱口而出,后知后觉尹明月与她在同一所学校。

顾未旻既然没有告诉过她,那必定是来找尹明月的,于是她生硬地调转话头:"需要我进去叫尹明月吗?"

出乎意料的是,顾未旻摇了摇头,说:"我是来找你的。"

"找我?"

"嗯。"顾未旻顿了顿,耳尖倏然烧红,"我想你了。"

等等,他在说什么?

这明明是她深藏于心的话语,怎么会由他说出口?

林稚弦瞪大眼睛,彻底愣住。

顾未旻与尹明月的事情,是一场彻头彻尾的误会。

他们的确是儿时的玩伴,但自从被不同的家庭收养之后,联系变得很少。

后来去孤儿院表演,他们除了偶尔聊聊过去,更多谈论的话题与林稚弦有关。

没错,尹明月看出了顾未旻对林稚弦的心思,他的偏爱其实有目共睹,大概只有林稚弦当局者迷。

至于顾未旻和林稚弦的渊源,还要追溯到很久以前。那时候他们都还小,她来孤儿院参加公益演出,而他是那天唯一没去观看表演的孩子。

曲子拉到一半,林稚弦忘记谱子,被母亲骂得很惨,哭着跑了出去,撞见当时蹲在墙角的顾未旻。

说起来,那可真是个极尽灰暗的日子,他们的倒霉事撞到一块。

尹明月在那天被领养家庭接走,顾未旻深刻体会到离别的伤感,满脸都写着难过。

反观林稚弦,她比他好不了多少,哭得上气不接下气。她抽噎的声响吵得他脑袋嗡嗡响,他从口袋中摸出一颗草莓味的水果糖,在她眼前晃了晃:"吃了糖,就别哭了。"

这招管用,林稚弦双眼发亮,吞咽了下口水,连哭泣都忘记。

然而,她最终没有吃下这颗糖。

她蹲在顾未旻对面,观察了他半天,发现这个给她糖的小哥哥比她还要伤心。

本着谦让的原则,她把糖果物归原主,笨拙地安慰道:"糖还给你,你不要难过了好不好?我还可以给你拉琴,你想听什么?"

她话音刚落,板着脸的母亲便把她拉走了。

她穿着公主裙,走路时的背影一摇一晃,宛如雏鸟蹦蹦跳跳。

糖果的甜味在口中化开,顾未旻紧锁的眉头舒展开。

他想,她表面上是目中无人的公主,却意外有着世界上最善良柔软的一颗心。

高中再次相遇,顾未旻一眼便认出林稚弦,可惜心动的开端是胆怯,她早将他遗忘,他不敢贸然向她靠近。

产生交集的契机出现于高二,话剧社的指导老师教音乐,看过他们的原创剧本后,觉得加伴奏会更好,向顾未旻提议:"你知道林稚弦吗?我可以问问她愿不愿意帮忙。"

顾未旻的心脏过速跳动起来,唯恐不及地回答:"那就麻烦老师了。"

初遇是在秋天,再一次说上话也是在秋天。

虽然顾未旻三缄其口,从未言明心底的秘密,但是只要林稚弦在场,他的注意力就不会聚焦在别处,以至于每一片落叶都知晓他的心事。

转眼间又是一个秋天,落叶都难免着急,确实到了该告白的时候。

顾未旻难得冲动,买了最近一班高铁的票,赶到林稚弦的大学。

叙述完过往,他终于鼓起勇气,注视着她说:"你答应过我,会为我演奏一首曲子,这个承诺还能兑现吗?"

"当然可以。"林稚弦飞快地跑回宿舍,背上琴盒,又气喘吁吁地回到顾未旻面前。

这是林稚弦最隆重的演出,她荣幸之至,全神贯注地演奏顾未旻指定的《爱的礼赞》,为每一个音符倾注爱意。

她生命中的成千上万个小时,都以拉小提琴的方式度过,但假如要她说出其中最珍贵的片段,她绝对会毫不犹豫地回答,是此时此刻。

十万毫升泪水

＊惟 念

"你不用停下来等我,只要留一只手在身后,我会抓着那只手追上你的。"

01

四季中杨妤最爱秋天,这件事十年间没有任何改变。每年第一场秋雨落下后,她就兴致勃勃地开始在豆瓣电影小组来回翻看,找出最受期待的新片,挑选放映时间,然后独自去影院坐在一群陌生人中间看完。

不同的主题与演员,相似的情节与情感,总让她想起第一次遇见肖放的那个秋天。

新生入学赶上了一场雷阵雨,没带伞的她在校园里拔足狂奔,视线因镜片上的雨点变得模糊,脚下一滑撞上了身旁慢悠悠走着的男同学。

"不好意思,不好意思。"腼腆的她忙不迭地道歉,连头也不敢抬。

对方大手一挥,话里听不出半分怒气:"既然没带伞,还跑这么快干吗,前面难道不下雨吗?"

杨妤拽起衣角,擦了擦眼镜,想看清面前站着的是怎样的一个男生,可以说出这番让她觉得好笑又无力吐槽的话。

四目相接的那十秒,她的灵魂大概已卖掉。从没有见过睫毛这样长的男孩子,清澈的眼神中像是卧着一汪湖泊,她从中看到了傻傻地愣在原地的自己。

不打不相识,这一撞之后,他们成为彼此在这个学校的第一个朋友,加之被分在相邻的班级,所以时常碰面。

因长相出众、性格活泼,肖放很快就成为女生们嘴中最常出现的男孩子。大胆的女生会送礼物,害羞的则趁机多瞄几眼,唯独杨妤按兵不动,看着她们前赴后继地冲锋,紧接着失败。

这份冷静,衬出她的特别,也成了肖放前来接近的最大理由:"小妤,我听够了各式各样的表白,听来深情甜蜜,但为什么会有人在完全不了解另一个人的前提下,就嚷嚷着喜欢对方呢?"

这个问题像一个紧箍咒,扣在了杨妤的头上,时刻提醒着她:想要继续保持与肖放的友谊,就必须将这份初萌芽的感情掩于唇齿。她必须另辟蹊径来展现自身的优点,不能泯然众人矣。

02

理科成绩一塌糊涂的肖放,最大的消遣是抱着"闲书"一看一整天。某次聊天中,他指着《电影周刊》上的剧照问杨妤:"你听过《卡萨布兰卡》吗?"

彼时沉迷于研究化学方程式的杨妤,扶扶镜框,一脸认真地回答:"我的偶像是毛宁老师,你又不是不知道,除了他以外,别人的歌我从来不听。"

肖放笑得前仰后合,伸手点点杨妤的额头:"有时候真不知道该说你什么好,但也是因了南辕北辙的性格,咱们才能成为朋友吧?"

奋笔疾书的杨妤手头一颤,她停了下来:"今晚我会回家听听看,明天向组织汇报听后感!"

当晚坐在灯下,杨妤搜索出这支发行于1982年的歌,她好奇在肖放的心中,住着一个多老的灵魂,他才会听这样具有年代感的旋律。直至仔细研究完歌词才明白:"看《卡萨布兰卡》这部电影时,我爱上了你,当时汽车电影院的后排灯光闪烁不定,爆米花和可乐在星光下变成了香槟和鱼子酱,我们在漫长而燥热的夏夜里尽情欢笑。"

原来歌手贝蒂·希金斯是看完同名电影后,有感而发写出了这支柔情缱绻的歌曲。陷入单曲循环的杨妤灵光一现,两个月后便是肖放的生日,她决定赠送一份惊喜大礼。

03

每个周末,杨妤便跑去不同角落的电影院,询问近期是否有老片放映计划。生活节奏如此快的当下,越来越少的人有足够的耐心,安静地坐下来,回味一场黑白电影。

屡屡碰壁的她,终于在城市西郊找到一处半废弃的露天电影院,门卫处的大伯听着收音机里咿咿呀呀的戏剧,待杨妤表明来意后,一脸诧异:"你们年轻人,现在不是都有智能手机,还有那么多新潮的电影院可以选,怎么要来条件这样简陋的地方,看一场上个世纪的老电影呢?"

"和唾手可得的视觉享受比起来,我更想留给他难忘的回忆,让他只要再看电影就一定会想起我。"

只有在不相干的人面前,才有勇气这样直白而炽热地袒露心迹,她边埋头整理场地,边幻想与肖放观影的画面,眼圈却不自觉地红了起来。这样漫长而无望的暗恋,她不知道需要坚持多久,有时因隐藏真实情感而辛苦,有时因他与别的女生嬉笑打闹而艳羡。她有些迟疑,到底需要多努力、多优秀,才能和他并肩,才有被他注意、喜欢的资格?

后来过了很久,久到他们像两粒沙被岁月的洪流吹去不同的角落后,她才明白,喜欢一个人,仅凭努力怎么足够。

04

肖放是水瓶座,进入2月后,杨妤早早准备好生日贺卡,告知了时间地点,其余内容守口如瓶。

那天下午,她早早换上连衣裙,站在镜子前反复练习要说的那段话，脸颊挂着羞赧的红晕。受邀的肖放如约到达，坐在简陋空旷的放映厅里，蓝色帷幕缓缓拉开，熟悉的旋律响起来，杨妤出现在台上，颤抖的声线出卖了她的紧张。

"很高兴成为你的朋友，能单独为你庆祝生日更是从前不敢想的事，市面上的那些包装精美的礼物想必你收到了很多，所以我为你准备了一份特别的，希望你喜欢。"

紧接着，充满噪点的大荧幕上，出现男主角里克的面庞，又惊又喜的肖放，转头看杨妤，她始终不敢转头，迎上他的目光，只是抿紧了嘴唇，连呼吸都变得小心翼翼。

102分钟的时间里，两个人完全沉浸在剧情里，杨妤甚至为一段台词而垂泪：世界上有那么多城镇，城镇中有那么多酒馆，而她偏偏走进了我的。

于她而言，又何尝不是如此，若不是那场雨、那句话和两人教室的距离，她还是那个沉浸在题海中的古板女孩，而他依旧会在人群中闪闪发光，两个人不会有半分交集。

荧幕上打出"The End"的字样，他们起身，肖放张开双手，杨妤看着他，迟迟不动，于是他向前一步，轻轻拥住她的肩头："谢谢你准备的这份惊喜，我很喜欢。"

杨妤闭上眼，脑海中回放起相识至今的画面，她像跑马拉松的人，抱有咬定青山不放松的坚韧，才一路走到这里，得到一个拥抱的认可。这份小恩小惠像一束光，又重新为她因长途跋涉而疲惫不堪的身躯注入力量。

05

那场电影之后，两人之间的关系，没有任何实际的进展，高考迫在眉睫，所有人被沉重的升学压力笼罩，杨妤打定主意要考去上海，肖放投入艺考培训之中，两个人见面的机会寥寥可数。

"等高考过去就好了，等我们都卸下身上的重担，我去换个发型、学会化妆，变得更甜美，就去跟他告白，不管成不成功，我都一定要去试试。"

思念到极致，却只能在日记本中释放所有情绪，倒计时那几个月里，杨妤原因不明地消瘦下去，有一回碰到返校的肖放，他虚张声势地说："我们可爱的小妤，怎么变成尖下巴了，瞧这楚楚可怜的模样。"

杨妤顺着他的话说下去："那还不是因为你不在学校，没人陪我吃饭，患上了相思病。"

"啧啧啧，那等高考结束，我请你看电影，怎么样？"

不必形影不离，哪怕只是遥遥挂在天空，像一颗启明星，偶尔抬起头，又有了前进的方向就已足够。

心怀这个期待，终于千辛万苦地熬过高考，接到邀约的并非杨妤一个人，不大的放映厅里站满了旧日同窗，四周的墙壁上挂满了粉色气球。肖放从里间走出来时，手臂上挽着另一只手臂，杨妤一瞬间如坠深海，听不见周围的任何声音，眼中的世界全部失去色彩。

在场的所有人，听肖放讲述他和女友在培训中心认识的点滴，重温那些相互扶持、打气的瞬间，获得阵阵掌声。

而后放映厅的灯熄灭，电影即将开始，大家铆足了劲儿要把高三这一年落下的影片全都补完。杨妤几度想走，又被内心的不舍奴役，她看肖放和女友走来，硬着头皮说了句"嗨"，牙关紧紧咬住，生怕流露半分脆弱。

"读大学了也要保持联系哦，学霸小妤。"

"遵命，红人肖放，祝你们甜甜蜜蜜。"

两个人开起玩笑，温柔的女友安静地站在一旁，那幅画面像一枚图钉，牢牢钉进杨妤的心中。她记得转身时的落寞，又庆幸自己足够普通，才没人发现她面上的余震。

最后和肖放看的那场电影，她至今都回忆不起片名，只记得自己流泪整场，不知是被剧情感动，还是因终于卸下重担而开心。当初从茫茫人海中将他打捞，如今再还到人海中去。

他走了也好，不然，总担心他会走。

1——。

苏千星提着一大袋奶茶匆匆进门,才终于打破了楚春来和穆奈之间尴尬的气氛。

楚春来笑着朝苏千星招了招手,他眼睛一亮,发奶茶的手也没闲着。突然,他取奶茶的动作一顿,拿出一杯:"给,春来,你的烤奶。"

他们中间还隔着两三个人,楚春来顿了下,才伸出手去接,中间有人帮忙递了下,笑了出来:"咦,这杯怎么是热的呀。"

这话一出,拿到了奶茶的人率先起哄:"难怪能分清哪杯是春来的,我们的可都是常温的。"

——楚春来的癖好,烤奶唯独钟情热烤奶。

苏千星摸了摸头,笑得露出了虎牙,但也没反驳。

那杯引起议论的热烤奶到了楚春来手里,她虚虚地握着,即使是夏天了,她还是喜欢喝热的。

终于发完了,苏千星回到楚春来左边的座位,正要坐下时,却听到穆奈冷哼了一声。

声音不大不小,但周围这一圈人都听得分明,他碰也没碰那杯奶茶,转身就离了座位,包间的门打开又关上。

众人的交谈声小了下来,不少人偷偷看着楚春来。苏千星的动作僵住了,他低下头,自以为隐蔽地看了她一眼,然后悄悄俯下身问她:"你不去追

致春来的小情书

* 青生雨

他吗?"

楚春来一把将他拉着坐了下来,捧着奶茶舒服地眯了眯眼睛,嘴里半点不留情:"关我啥事?"

程阳起了身,状似无意地看了她一眼,然后笑着打圆场:"他可能不太舒服,我出去看看,大家先聊。"

苏千星坐了下来,可余光还是时不时落在楚春来身上。过了会儿,他又凑近,脸上带着几分忐忑:"春来,你真不出去啊?"

"怎么,我追出去,你会很高兴?"楚春来蹙眉看着他。

"没,没,这样就很好。"苏千星转过头,手里也学着她那般捧着奶茶,她白他一眼,别以为她没看到他在偷笑。

包间的窗户正好能看到外面,楚春来随意瞟了一眼,恰巧看到一个身影,看衣服应该是穆奈。

他一个人走着,步子倒是格外慢。

慢归慢,身影还是渐行渐远,在苏千星将要抬头时,她收回了视线。

也不是每次追逐的人,都要是她楚春来吧。

程阳推开门进来,笑着和大家解释:"穆奈他有点急事,先走了,咱们继续吧。"

桌前有人开玩笑:"春来这次带了人来,是不是有情况了啊?"

苏千星低下头,她却抬起了头,喝着奶茶笑了下,眉眼弯弯。

——他们参加老乡会一般不带外人,除非带"家属"。

2——。

穆奈、楚春来和程阳三人认识十几年,从小玩到大。楚春来喜欢穆奈多久这件事,程阳清清楚楚。

楚春来刚来时还是个小豆丁,瘦瘦小小的,说话声也跟蚊子似的。因为新搬来程阳家对门,两家大人又熟悉,程阳被他妈拽着耳朵叮嘱照顾着点她。

一来二去,和穆奈同行的路上也就多了一个人。

程阳和穆奈同一个班,楚春来比他俩低一届,放了学总是安安静静地待在自己班门口等着他俩一起回家。

那天程阳忙着去买新漫画书,下课后拽着穆奈就跑了,只记得让前桌帮忙去二班门口找个叫楚春来的女生让她先回家。

等手里拿到了书,他才发现前桌发来的消息:二班门口没人,你说的那人先走了吧?

消息发送于四十分钟前,程阳看着消息,倒吸了口凉气。他忘记告诉前桌,楚春来比他们低一届了:"穆奈,你说楚春来应该心眼儿没那么实,等不到我们,自己就会回去了吧?"

他有点儿慌,听说她小时候被人在断电的教室关过一晚上,导致现在连一个人天黑时回家都不敢。

这会儿天已经蒙蒙黑了,程阳心里有点紧张。

没想到平时总是慢慢悠悠的穆奈听了他的话,撒腿就朝着学校跑。

程阳抱着一摞漫画书落下一大截,喘着气走到学校门口,就看到从里面出来两个黑乎乎的人影。

程阳凑近一看,穆奈身上背着两个包,右手还隔着校服袖子拉着楚春来。

她安安静静地跟着穆奈走,脸上没什么表情。程阳抱着漫画书凑过去,被穆奈一把推开头,眼神示意他先在旁边待着。

直到三人快走到家时,穆奈的脚步一顿,程阳才发现楚春来满脸都是眼泪,一点儿声音也没发出来。

穆奈叹了口气,轻轻将她抱住:"没事了,春来。别怕,没事了。"

路灯下两人的影子成了一团,楚春来这才小声啜泣起来。她的手小心地拉着穆奈的衣角,程阳看见,穆奈的肩膀湿了一大片。

那天之后,楚春来就从程阳的小跟班变成了穆奈的跟屁虫。

再后来,楚春来比他们晚一年考上了他和穆奈的大学,成了他们的学妹。

只是,回忆至此,程阳看了眼那边正笑着和苏千星小声说着什么的楚春来,又想起刚才他追出去时,穆奈正站在大厅的沙发前,听到脚步声转头,见到是他,脸色似乎更差了。

穆奈的眼睛还盯着程阳身后,程阳无奈上前:"穆奈,回包间吧。"穆奈倔起来就这样,也不理会他的话，他皱了皱眉："你这脾气真是春来惯的。"

这话一出，正好戳到痛点，穆奈冷着脸："那她参加老乡会带人来是什么意思？"

程阳也有些烦躁无语："带家属呗！"

穆奈不再说话，转身推开门就出去了，只是刚出门，他的步子又陡然小了几分，似乎还在给谁机会一般。

程阳转身往回走，走廊灯忽明忽暗，脚下是略软的地毯，他也觉得自己今晚有点儿暴躁。这么多年，楚春来算是他亲妹妹了，到了现在，就连他也觉得，穆奈并不适合她。

3 ——。

楚春来将奶茶喝光了，苏千星拿来水壶给她倒热茶，却被旁边的人不小心撞到，还冒着气的茶水当下就浇到了他手上。

虽然他反应快，但手背还是被烫伤了一片。

楚春来急忙拽着他去包间里面的洗手池冲凉水，结果一看手心，还挂着两道红红的勒痕，想到刚才他提回来的十几杯奶茶，她皱了皱眉。

身后有人开了口："春来，我记得你去年也烫伤了吧？好像是因为给别人烫碗筷来着。"

老乡会年年来的都有几个重复的人，去年楚春来刚上大学，手都烫伤了，还傻呵呵地跟着穆奈。也因为这，大家都知道她喜欢他这件事。

那人今晚话里话外的意思总不太对，先前就非让苏千星一个人去买他们十几个人的奶茶，现在说着话，眼睛还有意无意地看着苏千星。

楚春来都快气笑了，这人是在给苏千星上眼药呢。

苏千星想转身，却被楚春来一把拉住，她大大方方地回答："去年是去年，今年是今年。你还是专心喝奶茶吧。"然后她没再理那人，看着苏千星手上的红痕，小声数落着他："他让你一个人去，你就去啊？以后别听他的！"

一米八几的苏千星低着头乖巧地听她训话，身后的程阳看得清楚，余光又扫到她右边空着的座位，叹了口气。

聚会结束已经晚上八点四十，倒也不算太晚，就是出来时黑灯瞎火，楚春来的脚不小心扭到了。

"嘶——"她抓着苏千星的胳膊，小声吸了口气，他见状，连忙蹲下身。

楚春来笑了出来："还没严重到要背的地步呢。"

苏千星没作声，回头看了她一眼，依旧蹲着。

"行吧。"知道他固执起来简直无解，楚春来便老老实实地趴了上去。

她趴在苏千星的背上，头顶的星星很亮，他慢悠悠地走着。其他人在前面，他俩在最末尾。

楚春来闻着苏千星身上柠檬味洗衣粉的味道，突然想起他俩初见时，也和现在的情形差不多。

那天正是穆奈第一次当正式活动的主持人，坐车离校后，才发现有东西没带。他赶着去化妆，程阳也跟着他，这会儿赶回去也来不及，当下便联系楚春来，麻烦她送过去。

等她赶到会场大门口时，时间已经有点紧了，她远远地看着穆奈从车上下来，和一大拨人一起急匆匆地进去了。她当下便慌忙跑了起来，谁知从拐角蹿出来一辆电动车，虽然车速不快，但挡不住她一头撞了上去。她顿时摔在了地上，胳膊肘着地，腿蹭到了柏油路面，一大块儿皮立马就没了。

楚春来痛点低，瞬间冷汗就冒出来了，正巧看到程阳从门口出来，于是把东西塞给他，就只顾着擦眼泪了。

撞了人的男生也被吓得不轻，背起她就狂奔。直到跑了大半截，她才反应过来，狠狠敲了他的脑袋一下："你背我去哪儿啊？"

"我送你去医院！"男生缩了缩头，但速度不减。

楚春来单手挂着他的脖子，受伤的手在空中支棱着，大喊道："那你骑着电动车送我去啊，你背着我跑干吗？"

声音炸得苏千星的耳朵有点麻，他愣了下，才反应过来，回头看着距离他们大半条街道的电动车，难得有些心虚："前面就有家小诊所，我背着你去快。"

等这一件事处理完，半个多小时都过去了。楚春来给程阳发了条消息告诉他情况后，视线就落在了站在墙边似乎在面壁思过的某人身上。

腿包扎好了，胳膊骨头也没事，就是青了老大一块儿，楚春来被苏千星扶着上了电动车。

挺巧，他们还是一个学校的。

下了车，苏千星却支支吾吾不肯走，掏出手机想要她联系方式，她眉头一皱："给你转医药费？"

"不，不是。"苏千星支吾了半天，终于眼睛一闭，大喊了出来，"我觉得你挺好看的，能不能加个微信！"

嗓门颇大，气势如虹，楚春来惊恐地看向他，随后面红耳赤地单腿跳着进了宿舍楼。

4 ——○

楚春来没加他的微信，可挡不住知道他的信息——他冒出那句话的时候，她舍友正提着饭站在后面。

得知原委，她室友笑得前俯后仰："这被撞一下还撞出桃花运来了？"

楚春来撇撇嘴不理她，耳朵却逃不过魔音："唉，我刚打听来的。那人叫苏千星，隔壁专业的小帅哥，和咱们是同一级，身高一米八二，长得帅，运动好，奖学金拿的都是一等，正经的德智体美全面发展的大学霸，这你还瞧不上？"

隔壁专业是她们学院的王牌专业，分数线比她们高了一大截，她想想今天遇到的那个看着有点憨的男生，居然是学霸班里的？

她摇了摇头："没兴趣。"

舍友看了她一眼："还喜欢你那穆学长啊？"

楚春来做了个鬼脸上床去了，翻了翻手机，程阳那会儿还发消息问她回没回去。活动早就结束了，可穆奈的聊天框，什么都没有。

她突然又想起曾经那个等不到他和程阳的傍晚，是他一把将缩在角落的她拉出来。那时他背着光，但眼睛很亮，里面似乎满是担忧，嘴上倒是没少数落她："楚春来，你是不是傻？我们没来，你就不会趁着天还亮的时候赶快回去啊？把我们丢下也比你自己落在这里好啊。"

傍晚的风卷走她身上的热度，她摩挲着手臂，

似乎又回到了那个被关在黑漆漆教室里的时候。但他来了，挡住了那肆无忌惮的风，也带来了亮光，从此她的眼中，就刻下了他的身影。

后来时间长了，偶尔她也能听到，有人讨论穆奈和谁般配，有开朗的，有大方的，有温柔的，有可爱的，唯独没有一个像她——自卑而懦弱的。

于是，她学着大声说话，学着大笑出声，学着开玩笑活跃气氛，直到有一天，她终于可以做到和穆奈说话时不脸红了。

那时，她提着一大包零食给他，总有人开玩笑："你怎么一点儿都不心疼人家小姑娘，连谢谢都不说。"

穆奈看了她一眼，笑着递给她一瓶雪碧，说："我们可太熟了，哪用得着说这些。"

她在旁边笑呵呵地喝着冰凉的雪碧，心里乐开了花。她以为：当一个人可以随意让你帮忙做事的时候，才说明是真的熟络。穆奈一向对别人极有分寸，客气到疏离的地步，可是他唯独对楚春来和程阳不这样。程阳是他的兄弟，那她岂不是有着独一无二的位置。带着气泡的饮料仿佛变成了五彩斑斓的气球，从她的心底缓缓升起。

那时的楚春来，坚定地认为，自己是穆奈心中最独特的一个，也将会一直有着最独特的位置。

直到那一次，穆奈对待别人一向温和有礼，甚至每次活动结束后都会自费准备小礼品感谢帮忙的人。

那次活动，礼品袋少了一份，楚春来就站在他身边，来人笑着问他还有没有礼物，穆奈尴尬地转身问她还有没有多余的。

她突然感觉有点不舒服，穆奈自然清楚地记得份数，却还要问她。她抓紧了自己手中的那份，很快，一瞬而已，她又重新松开，笑着将礼品袋递给了那人："有的哦，刚好最后一份。"那人接过，道谢后离开了。

"春来，待会儿我请你吃饭吧？"她知道，这是他在暗暗地表达他的歉意，只是那天，不知为何，她特别想要那份礼品，而不是那顿饭。

她笑着拒绝："不用啦，我们还客气啥。我待会儿还有事要忙，就不吃了。"

那天她一个人慢慢地走回寝室，路旁有地方在

施工,她之前还看到有人掉进坑里了,所以她小心避开了泥水,鞋子干干净净,没有湿。可是,她突然很难过,因为她想起以前活动结束后得到的带点脏污的钥匙扣;他请喝奶茶时,她不得不让出去的热烤奶;聚会人数只要多出来一个,她就永远拿不到的纪念品。

谁叫她和穆奈熟悉呢?

所以别人是"宾",她是"主",她委屈一点儿,也没事。穆奈知道,她永远不会计较这些。

可是,在这一瞬,她突然有点难受。那些礼物贵吗?不贵。

穆奈也总会请她吃饭或者吃其他的补上,只是每次都是她退一步,说不上的委屈。

可是,她从来不会和他计较。

胳膊肘又碰到了床,有点疼,她回神,看着手机里穆奈的那句"你还好吗"。

她没有回复。

5 ——○

楚春来当初加入院学生会的时候,也没想到有一天会有多部门联合举办活动,怪巧的,那么多人,偏偏苏千星和她一组。

两人的微信还是加上了。

苏千星每天提早来准备东西就已经够让她不好意思的了,可她搬个架子,都要被对方连连劝住,说她有伤不能搬。她看着自己瘀青早已消失的胳膊,沉默了。

有天早上,苏千星特意从离他们蛮远的那个食堂带回猪骨汤,说帮助她恢复。那天在诊所里,他也不是没看过她的伤口,这都一周多了,她就是瓷娃娃,也不至于这么娇弱吧?

偏偏她想开口,这人就跟装了雷达一样,躲得老远,可最后总被她逮着。两人敞开了谈,才将关系维持成搭档的模样——他不把她当瓷娃娃,她也别拒绝他偶尔的投喂。

这下,两人相处两周多,倒是真的熟悉了不少,每天累死累活,彼此的邋遢模样也看了个遍。

活动到最后,还有个内部投票环节,票选几个工作认真的学生干部。

楚春来和苏千星过来时,有女生看了他们好一会儿,楚春来想了半天,终于想起那人是谁——苏晨。

苏晨和几个部门的人混得都熟,工作能力也强,连学院老师都夸过她好几次,反正下届部长的位置肯定有她。

楚春来就是条咸鱼,她确定自己不值得引起苏晨的注意,于是视线就落在了在旁边发呆的苏千星身上,难道是因为他?毕竟他是全面发展的大学霸。

选票发下来了,因为要选好几个人,所以每人有十张票。苏千星拿到票就唰唰开始写。

楚春来本想看看他选谁,给自己参谋参谋,后来想到苏晨,万一自己撞破少男心事怎么办,就打消了念头。

投票后,楚春来去了趟洗手间,回来时,门口被幕布遮着。还没进去,她就听到投票处有人在说话,还提到了她的名字。

"苏千星,你的十票全给楚春来了啊?"

"嗯。"

旁边有人讶异:"楚春来不太出名的吧,票数不高,投她也没用,还不如给苏晨。"

很少有人十票全投给一个人的,大多是选两三个喜欢的,每个投几票,就连楚春来也是这样。苏晨和苏千星似乎挺熟,好似也不在意这个,只是突然笑了声,问他:"苏千星,你喜欢什么样的女生啊?"

"楚春来那样的。"

苏千星一边整理东西,一边回答。猝不及防又听到自己的名字,楚春来更不好进去了。

苏晨又笑着问:"是楚春来那种类型的吗?活泼的?"

苏千星顿了顿,再次开口:"不,我只喜欢楚春来。"

苏晨的视线扫过幕布,笑了下,楚春来躲了躲,下一秒就听到对方笑着开口:"总算把你小子的真心话给逼出来了,来,老弟,转头看看后面是谁!"

苏千星猛地回头拉开幕布,正对上还没来得及离开的楚春来。他从耳朵开始,一路红到脖子,一时愣在原地。

苏晨推了推他:"你这会儿不过去,还等着我上啊？"他这才反应过来蹭到了楚春来身边，两人往外走了几步。

"那什么，苏晨是我堂姐，就大我几个月。"他挠了挠头，不知道该怎么开口。

"哦、哦。"楚春来胡乱点着头，这比当初第一次见面时他说她好看要加微信的程度可严重多了。

她从来没被人说过喜欢，唯一一次沾点浪漫的事还是上学期不知谁送了她一束花——就是颜色不太好，纯绿的。

所以，这么久了，苏千星平日里和她就是朋友间的相处模式，她还以为是因为和她熟起来了，对她没意思了。

6 ——○

楚春来躺在床上翻来覆去睡不着，这已经算是表白了吧。可苏千星对待她的态度好像和平常没有区别。

她不回答，就像吊着他。要说回答吧，说喜欢似乎也没到那程度；说不喜欢，可心里还是怪怪的。

万幸，活动结束，他们见面的机会就不多了。

程阳在微信上喊她去取橙子，她心烦意乱地抓了把头发出门，到了地方才知道这橙子是穆奈带来的。周末，他回了趟家，他们那里的橙子个儿大、味儿甜，汁水充盈，是楚春来最喜欢吃的水果。

再一问，原来他给老乡会的人都带了，楚春来拿了东西正要走，最后一份被一个女生拿到手："哎呀，这袋子有个洞。"女生小声说了句，倒也没抱怨。

楚春来下意识地看向穆奈，他皱起了眉，转头正对上她的视线。

她将自己的橙子递了过去，穆奈接过，两人都顿了下，她是习惯了，她默默地看了眼他，他好像也习惯了。

现在筐子里只剩下编织袋有洞的那袋了，穆奈不算爱吃橙子，自己没留，程阳讶异地看着那个洞："哎，不是，穆奈，你就把这袋给春来啊？"

穆奈当下就僵在原地，程阳连忙将他自己的给楚春来："春来，你拿这袋，那袋给我吧。"

楚春来后退了一小步，摇了摇头："没事，免费有的吃就不错了，我怎么还能挑三拣四。都一样的，我先回去啦。"

她笑着打招呼离开，可穆奈觉得似乎哪里不一样了。

她抱着那袋橙子往回走，看着那个破了的洞，默默地想着：自己这算什么？把喜欢的人处成了兄弟？

想到这，她有些想笑，可是一出声，却有眼泪掉了下来。这滴泪惊到了她，而更意外的，是身边传来了苏千星的声音。

"春来？"

她抬眼望去，苏千星身边围着一圈人，似乎是他们体育部的，她看到他说了句什么，那些人笑了笑，隐约听见几句"见色忘义""这小子聚餐都要逃"。

苏千星小跑着到了她面前："春来，你这是怎么了？"

楚春来问他："你不是有事吗？不去了？"她指了指体育部那些人。

"他们都知道的……"苏千星嘀咕了句。

"知道什么？"没想到被她听个正着。他卡了一下，才小声说："知道我喜欢你。"

楚春来耳根一热，走快了几步，就当自己没听到。

苏千星小跑着绕在她身旁："春来，我替你拿着东西吧，怪重的。"

总共就四五个橙子……楚春来看着他讨好的笑容，伸手将橙子塞给了他。

他也看到那个洞，当下凑近问她："是不是这个破了，你心情不好啊？"

楚春来刚想反驳说自己心情好得很，就听到苏千星说："你在这里等我一下，我很快回来。"

还没等她应声，他就跑了，没跑两步又折回来，拉着她站到了旁边的树荫下："很快的，就一下！"然后他又跑了。

楚春来看了看地上的影子，行吧，就等一会儿吧。

没过几分钟，苏千星就端着一个果盘回来了，他乐滋滋地对楚春来说："这个果盘是水果店里面最好看的！"

楚春来看着那四个人一顿吃不完的果盘，想

问他是不是钱多得没处花，可要张口时才发觉自己在笑。

树荫外的地面都是滚烫的，苏千星也跟着她笑了起来。她看向那袋橙子，突然觉得它似乎没有那么重要了。

苏千星偷瞄了她一眼，小声地问："那我能不能拿果盘换你这袋橙子啊？"

楚春来刚想点头，突然意识到不对劲，回头看了眼来时的路，似笑非笑："你看见程阳他们了？"

苏千星顿了顿，偏过头不敢看她的眼睛。

树荫间隙有阳光漏下，苏千星的耳朵红红的，楚春来眯着眼笑了起来："你喜欢就拿去吧。反正我现在想吃果盘里的水果了。"

7 ——○

程阳跟着老乡会的人走在前面，偶尔回头，看见最后慢悠悠的两人，突然想起，一向不爱吃橙子的穆奈突然说自己家橙子太多吃不完。分明是想送给楚春来，却非要打着给所有人都送的名号，结果最后，偏偏让她受了委屈。

他叹了口气，真是本末倒置，搞得现在没机会了。想到这，他带着其他人快走了几步，就给后面的那一对留点空间吧。

苏千星转头看了眼楚春来，她在他身边似乎很开心。

她恐怕不会知道，其实那次意外并不是他们初次见面。

他们的初遇要更往前一些，那时他刚刚入校，打扮还是跟高中时那样，头发不打理，衣服也不挑。自入校以来，他埋头书本，整天在图书馆、宿舍来回跑。

那天学校有段路施工，他脑子里想着题，没注意脚下，前一晚下了雨，地有些滑，一时不察，他就摔进了那个不深的小坑。他原本一步就能跨上去，只是解题思路突然中断让他难免有些呆住，等回过神来时，面前已经蹲了一个穿着白上衣和短裤，扎着丸子头的女生。

"喂，你是上不来了吗？"她边说边伸出手。

那一瞬间，苏千星突然觉得，心动似乎很简单，只要我抬眼，你伸手，目光触及之时，就已经心动了。

将他拉上来后，对方提起放在不远处的礼品袋就跑了。

他穿着沾满了泥的裤子与鞋，看到她笑眯眯地和别人站在一起。有人过去，她身边的人回头对她说了什么，她顿了下，便将自己手中的礼品袋递了过去。

他看到了她看着身边男生的热切的眼神，也听到了她的名字——"楚春来"。

说不清他的改变是不是因为楚春来，但他最想让她看到自己的改变。

苏千星曾偷偷送过她一束小雏菊，听说绿色雏菊的花语是"暗恋"。他也没署名，怕给她造成困扰，所以最后，他只在那张卡片上写了"春来"两个字。

前面的人越走越远，他俩落在了后面。今晚她的反应已经让他很意外了，他低声问道："也不知道那束小雏菊，你收到没有？"

他知道楚春来睡着了，所以才敢问出口。不料，下一秒，背上的人动了动："所以……那束绿色的花是你送的？"

苏千星愣在了原地，楚春来又问了一次："那束绿油油的小雏菊是你送的？"

他默默地点头。

楚春来小声嘀咕了句什么，他没听清，只是听到她再次开口："你下次送正常的玫瑰就行了。"

苏千星的耳朵红了，点点头，想到她看不太清，于是小声应道："好。"

楚春来当初收到一束纯绿的花，以为别人在暗示什么，但挡不住她是第一次收到花。虽然舍友疯狂吐槽，她还是拍了照片，连带着那张写着"春来"的卡片一起，发了条朋友圈。

"真想认识送花的人啊。"

程阳在底下开玩笑地说："你这是要把人找出来胖揍一顿吗？"

她指尖点了点："是认真地想认识。"

璀璨的星空下，柠檬的香气中，她眯上眼，虽然有点晚，但是还好，他们还是相遇了。

春风十里洞庭路

*蒹葭苍苍

颜唱家在洞庭路,是一栋大房子,二楼自己住,一楼出租。

颜唱七岁那年,一楼变成了包子店。店主是一对夫妻,他们卖糖包肉包还有烧卖和大馒头,口感好,用料足,生意渐渐火爆。店主家有一个小男孩,名叫骆阿宝。

这时颜唱刚上小学二年级,每天放学后都得在家里练琴,哆来咪,哆来咪发嗦啦西。反反复复,枯燥无味。街道上传来孩子们的奔跑嬉闹声,颜唱心里像有只小猫在挠痒痒。老爸在厨房,切菜炒菜噼里啪啦。老妈在一旁监督,不时提醒她:"是你自己说要学琴的!"

洞庭路靠近铁轨,不时有火车声轰隆隆响起又消失,就像夏日雷雨。

骆阿宝只是一个拖着鼻涕的小不点儿,钢琴在他眼里只是一个既笨重又不能吃的大家伙。他毫无审美。他父母忙于生意无暇照顾他,他也没有兄弟姐妹,街上的小朋友也不爱跟他玩。颜唱弹琴的时候,他就爬到二楼来,倚在客厅门边安静又专注地看着颜唱。

一年四季,颜唱练琴风雨无阻。春夏秋冬,骆阿宝听颜唱弹琴也风雨无阻。颜唱喜欢逗他:"你听得懂吗?""拿纸去,把鼻涕擦了!""我允许你坐着听。""现在由颜唱为骆阿宝演奏《泉水叮咚》。"

骆阿宝只是笑,或摇头点头。偶尔才说一句不超过五个字的话,"我走了""你饿不饿?"或是"火车来了"。他真是不爱说话,很多人都以为他是哑巴。

骆阿宝说出第一个长句子,是在颜唱九岁那年初夏黄昏,他问颜唱:"姐姐,还要等多久,魔术师才会把我的腿变回来?"他左边小腿的裤管空荡荡的。据说他生下来就是这样。不知是谁为他幻想出一个美好的原因:你的腿不是没有,而是被魔术师变走了,等你长大,他就会给你变回来。

颜唱望着骆阿宝执拗认真的神情,歪头想了想,弹出一串轻快的音符,说:"等你长到跟我一样大的时候！所以你快点长吧！"

骆阿宝的眼睛亮晶晶的。他笑了。他相信了。从此颜唱就成了他的追求，他的目标，他的偶像。

这年秋天，骆阿宝上小学，也是颜唱在的那所小学，离洞庭路两条街。颜唱比骆阿宝高三个年级，颜唱活泼火辣，力气大嗓门大，和男生打架基本上都能赢，出于爱护"小动物"的心理，她经常关照骆阿宝。

当骆阿宝被人起哄或者欺负的时候，颜唱就会像特工一样从天而降，挥拳叫骂为他解围；当天气不好或者骆阿宝快迟到的时候，颜唱会停下骑得飞快的单车载他去学校。中午他们在学校吃饭，骆阿宝老老实实排队但总是被赶到后面去，颜唱来了便夺过他的饭盒，命令前面的某个男生："帮我带一份！"

但这些关照也不都是免费的。

骆阿宝得帮颜唱抄写生字、课文，他的字写得很规矩，认识的生字比颜唱还多；骆阿宝有什么好吃好玩的，要让颜唱先吃先玩；遇到老爸老妈不在家，颜唱偷看电视的时候，骆阿宝就得坐在琴凳上叮叮咚咚乱弹顺便把风……总的来说，颜唱像大姐，骆阿宝像跟班小弟，他们在以家为圆心，以家到学校的距离为半径的这一片江湖中，结伴闯荡，结下了深厚的战斗友谊。

颜唱喜欢去铁轨那儿玩：采野花，等火车，看火车经过。

骆阿宝也很想去，颜唱就带他去。

他第一次看到铁轨，那灰色的轨道好神秘，一头从云朵里钻出来，另一头又消失在地平线。一列火车呼啸而过，刮起的风带着辛凉的铁腥味儿。

骆阿宝问："火车要开到哪里去？"

火车具体去哪里，颜唱也不知道，但她坚定地告诉他："远方的大城市。等我长大，我也要坐火车去那里！"在她的心里，远方一定有更好的风景，更好的生活。

骆阿宝望着火车消失的方向，眼里燃起向往的火焰："我也想去，可是……"

颜唱双手叉腰，大声说："哪有什么'可是'！只要你想去就行了！只要你想去就一定去得成！"

"那等我们长大，我们一起去！"骆阿宝也双手叉腰，昂首挺胸。

颜唱笑了："OK！"

颜唱在铁轨边踩着弹簧步，轻盈如飞鸟。骆阿宝的拐杖敲打着地面，咚咚咚响。夕阳橙红透亮就像蜜糖。铁轨旁有一片片紫黄橘红的小花在风中摇曳。

小城三面都是山丘，暑假清晨，孩子们会结伴爬山，采蘑菇，采野果。无论孩子们是出去还是回来，骆阿宝都倚在包子店门口眼巴巴地望着。

一次，颜唱跟着伙伴们从骆阿宝面前跑过，骆阿宝渴望的样子像小猫的爪子挠了她一下，她跑了几步又倒回来："骆阿宝，我带你去！"

这是一次艰苦的旅程，颜唱推拉拖拽搀扶各种费劲儿，才把骆阿宝带上山。骆阿宝坐在一块大石头上，望着脚下的风景激动得大声欢呼。小城像积木房子，湖水像月亮，铁轨像丝带，夏日的阳光又热又辣，知了在树丛中欢唱，生命如此美好。

骆阿宝还捡到两朵肥大的蘑菇。他坚持要自己拿着。下山的时候，他滑倒了，颜唱没抓住，他骨碌碌滚下山坡。拐杖飞了出去，蘑菇却还被他拿在手里高高举起。

骆阿宝的手臂和脸都被荆棘刮出了一条条血痕。

老妈斥责颜唱："你带他到山上做什么？万一出了事，你怎么跟骆叔骆姨交代？"

颜唱嘟囔："别人都去爬过山，他没去过嘛。"

老妈又气又急："他跟别人不一样！"

颜唱忽然心酸，却倔强地不肯承认："有什么不一样？别人能做到的事，他也做得到！"

骆阿宝正好被母亲带着过来，他听到了颜唱和她母亲的对话，他的心像被某种柔软又沉重的东西敲击了一下。他留在原地未动，一列火车轰隆隆驶过。

骆姨进了门，手里还拎着那两朵肥蘑菇："阿宝说要把蘑菇送给小唱。颜妈妈，你别怪小唱，我们到这里这些年，多亏你们关照，也幸好有小唱愿意跟阿宝玩儿，摔伤刮伤算什么，他孤孤单单才可怜呐。"

颜唱不搭腔，她背过身去，面朝着窗户，鼻子酸酸红了眼睛。

她不是觉得骆阿宝可怜，也不是难过，她也说不出为什么，就是鼻子酸酸红了眼睛。

那天晚上，老爸哼着歌，将两朵蘑菇做成蘑菇蛋汤，颜唱喝了两大碗。

颜唱上初中了，骆阿宝还在上小学。

老妈终于承认颜唱在钢琴上没有天赋，不可能成为莫扎特，于是放弃了对她的逼迫和期望。颜唱却被音乐老师看中，被推荐给少年宫合唱团，周末假期她都得去排练。她没时间跟骆阿宝一起闯荡江湖了。再说，她长高好大一截，少女意识也觉醒了。她开始嫌校服土了，自己的皮肤不够白了。她认为跟比自己小三岁的小屁孩儿成天疯来跑去不太符合她初中生的身份了。

由于老爸是英语老师，颜唱的英语很冒尖，英文歌也唱得有腔有调，她还在电视台的晚会上亮过相。她像一颗闪亮的小星星，进进出出都风风火火，像要赶去打仗，她还把单车骑得像火箭那么快。

骆阿宝也长高了，他完全能照顾自己，还会淘米做饭照看出生不久的妹妹。他已经明白，他永远不能长到跟颜唱一样大，他的腿也不是被魔法师变走的，它永远回不来了。他必须接受自己的残缺，并带着这残缺行走在茫茫世间。

骆阿宝十二岁的那年冬天，小城下了一场大雪，厚厚的白雪像云朵一样堆在操场上，看上去又柔软又暖和。体育课上，老师让同学们自由活动，同学们高兴疯了，在操场上挖雪洞，堆雪人，打雪仗，热闹欢呼。

这热闹骆阿宝是没份的。他坐在教室里做数学题。

一个男生猫身潜进教室，偷偷拿走骆阿宝的拐杖，架在雪人身上。等骆阿宝发觉时，男生们正勾肩搭背扭着屁股冲着雪人哈哈大笑，一个男生抓起雪球朝骆阿宝砸过去，并做鬼脸大声喊："骆阿宝，快来看你的雪人版！"

这只是小小少年的恶作剧，只是天真的小邪恶。

骆阿宝也许不懂得将此刻的感受与人格尊严等书面语联系起来，他只是感到很难过。他要夺回他的拐杖。他搬了一张椅子，一点点挪动过去，男生们停止了哄笑，呆呆地看着他。他一步步挪到雪人旁边，拿过拐杖架在胳膊下，一步步走回教室。

第二天，骆阿宝没有来学校，也没在家里。骆阿宝不见了。家里人慌了，邻居们也帮着找。颜唱放学回来也知道了，她跑去铁轨边，没有骆阿宝。她跑去火车站，骆阿宝正站在黄昏中的站台上。

颜唱问他："你想去哪里？"

骆阿宝说："我现在就想去远方，去大城市，去一个没有人认识我的地方，我很害怕……"

颜唱望了望远山，山上白雪皑皑："就算你到了天边，你还是你！你害怕什么？你又没做坏事！只有做了坏事的人才会害怕，走，跟我回去。"

骆阿宝跟着颜唱，眼睛潮潮涩涩，心中软塌塌暖乎乎。颜唱穿着红色大衣，走在周围尽是灰色黑色的人群中，走在茫茫雪地上，像一团温暖耀眼的火焰，他感到一股力量从心脏直抵脚尖。

他想，如果颜唱一直大步骄傲地走在他前面，他就一定能大步昂首地走下去。

颜唱上高中了。十六七岁的她完全长成了大姑娘，健康饱满，皮肤黝黑，鼻子高高，像一朵迎着阳光初开的花儿。她想考音乐学院，老妈却建议她考法学院，老爸说随便她，两个任务都很艰巨。她要一边练歌一边读书。她依然穿得鲜亮惹眼，在各种晚会上大放光彩，她没空理会男生们的火热目光和蹩脚情书。

她是白羊座，天真活泼，免不了犯傻气，有时还很"二"，但她有一颗理智清醒的心。她知道自己该走什么样的路，她用热情天真在这条路上勇往直前，跌倒又爬起，爬起又跌倒，再爬起。

骆阿宝长成一个嗓音沙哑的初中生，依然成绩优异，沉默寡言。父母带他去看医生，医生说，等他身体长定型，就可以定做假肢了，有了假肢他就能扔掉拐杖，自己走路。

这是他人生的新希望。他迫不及待要飞到那一天，他吃很多饭和蔬菜还有肉，他每晚躺在床上都能听到骨骼咔咔生长的声音。他梦到自己丢掉拐杖，健步如飞，和颜唱一起奔跑，耳旁狂风呼啸，鼻尖阵阵花香。

骆阿宝十五岁时，拥有了自己的第一把吉他。卖吉他的附送了一张初级教程光盘和两本吉他谱，他跟着光盘照着谱子自学自弹，叮叮咚咚，起初生涩，渐渐流畅。

骆阿宝很少见到颜唱，因为颜唱寄宿，一个月回来一次，即使见到也是她模糊匆忙的影子。

暮春，家中后院的紫玉兰开满了花，他坐在紫玉兰树下弹吉他，一首经典的美国乡村音乐《乡村路带我回家》。弹着弹着他听到有人伴着他的吉他声在唱：Country roads, take me home, to the place I belong……

那声音清澈嘹亮，他知道那是颜唱。

他继续弹，颜唱也继续唱下去。

一曲终了，骆阿宝扭头找颜唱。

她站在自家的阳台上，拍手鼓掌，笑着大声说："哇哦，骆阿宝，弹得不错哟！"

绿色的藤萝绕满阳台，她置身于一片油油绿意之中，白色长裙外面罩着橙色小衫，头发披散在肩上，额头边一枚蓝莹莹的发卡。

阳光之下，骆阿宝红了脸，一种从未有过的奇异感觉，从他的心口涌出，弥漫全身。

颜唱没考上音乐学院，也没考上法学院，她被一所意料之外的大学录取了，专业是国际贸易。这跟她的志向差了不止一点点。但那也是一所好大学，在热闹繁华的一线城市。

她纠结了一个晚上，决定接受命运的意外安排。老妈表示担心，然而老爸支持她，他说，唱歌嘛，想唱就能唱，何必一定要上音乐学院？做律师嘛，太操心了，不做也可以。

颜唱成了经贸大学国际贸易专业的新生。大学里社团丰富多彩，帅气的师兄们在大道旁摇旗呐喊，招兵买马。颜唱看到一面大旗上歪歪扭扭地写着：喜欢唱歌玩乐器的童鞋看这里！

她看过去，看到了弹着吉他唱着歌的光头男生，他叫喻亮，帅气，不羁，才华横溢，也会写歌作曲。颜唱加入乐队，刚开始是他的粉丝，后来晋级为女友。本来嘛，十八九岁的年纪，恋爱是花开落雨一样自然而然的事。

颜唱陆续收到骆阿宝的信。他在信中说他的梦想他的困惑他的生活。颜唱这才惊觉，骆阿宝已经长成一个大少年了。

颜唱给他回信，有时像个大姐，有时像知心朋友。有时她也给他寄乐队演出的照片。基本上，她只把自己灿烂无忧的一面展现给骆阿宝。她所描绘的大学，人人都积极向上，充满斗志，生活总是丰富多彩，鸟语花香。

喻亮也知道颜唱有这么一个跟班小弟。他说："你简直比招生办还能忽悠啊，亲！我们这里是读书圣地，成才天堂！可事实呢，有多少人在混天度日虚耗光阴啊。"

颜唱反驳："那又怎样？作为一个优质偶像，我有责任激励他，给他积极的导向！"

可颜唱也有烦恼：她参加歌手选秀止步前三十强，没有唱片公司找她；她的成绩不太好，有挂科；

她尝试了各种美白方法均告失败……

她和喻亮的感情也出现了危机。大三寒假前，他们大吵，他摔了吉他，她转身上火车回家，一路上，她的心情极度低落，人生真是……

火车在黑夜里轰隆隆穿行，她心中盈满了苍凉。

寒假里，骆阿宝和要好的同学组织了聚会，特地邀请颜唱参加。学弟们牛高马大，学妹们叽叽喳喳，他们看她的眼神充满羡慕，对她说话的语气充满钦佩。他们还送了她一堆可爱的小礼物。

回来的路上，她问骆阿宝："你这家伙，是不是长期在你同学面前美化我？"

骆阿宝笑着看她："你本来就是那样的，至少，在我心中如此。"

颜唱毫不怀疑他的真挚。她相信，她在他心中就是如此：聪慧，果敢，美丽，善良，跌倒了从来不哭，浑身充满正能量，非常优秀，非常骄傲。

这不是真正的她。但在这热闹寒冷的新年夜，雪花纷扬的洞庭路，她也被骆阿宝心中的那个颜唱深深感染鼓舞。

虽然烦恼不会因为她被感染鼓舞了就自动隐身，但是她却因此获得了应对烦恼的勇气。有勇气自然就会有办法，青春的火车就能碾压着烦恼的枕木，轰隆隆前进。

骆阿宝十八岁时，装上了假肢。他高考考出了好成绩，分数超过他填报的任何一所学校，但没一所录取他。他去问招生办的工作人员，他们也不能回答为什么。但他早已猜到，一定是因为自己的残缺。他要证明：他即使有残缺，也不会影响学习，他的生活也能够自理。虽然身体还没能适应假肢，磨合中伤口剧烈疼痛，他也无数次摔倒。

他决定去找大学校长。多数高校都开学了，颜唱推迟了返校日期，她要陪骆阿宝去。骆阿宝填的学校都在本省的省会城市。

他们坐长途汽车来到省会城市，重点是A、B、C三所大学。结果A大学校长出差，B大学校长生病住院，他们到达C大学时，已是下午三点，阳光炽热，颜唱的头发乱了，T恤湿了，脸晒得通红。骆阿宝一瘸一拐地走在她身边，高高瘦瘦的影子在太阳下缩成小小一团。

他们终于见到了C大校长，颜唱哽咽着对校长说："从今天清晨六点半到现在，骆阿宝除了坐车就是走路，不是说他多么辛苦，只是想证明，他的生活能够自理，他能够像其他新生一样，完成四年的学业。所以，请您录取他。"

校长是看着骆阿宝走进来的，所以他相信。

他查看了骆阿宝的档案，他亲自录取了骆阿宝。

骆阿宝对颜唱说谢谢，颜唱想拥抱他，但犹豫一下，最终轻轻地拍拍他的肩。

回程的汽车上，骆阿宝靠在车窗上睡着了，夕阳照在他的脸上，他虽稚气未脱，但轮廓间已透着坚韧。她心中泛起柔软的疼爱，亲切的感动。这个男孩在努力长大，他们在一起长大。

颜唱回到学校就开忙了，实习，写论文，找工作，处理乐队解散以及和喻亮的分手事宜。她一忙就忘记了骆阿宝。骆阿宝倒是隔段时间就来个电话，提醒颜唱他的存在。

颜唱毕业后进了外贸公司。她也到酒吧和唱片公司试唱，不是想出名，而是想获得唱歌的机会。但她总是被拒绝，理由是她的声音、她的唱腔乃至她唱歌的气场，都太过时了，没有国际范儿，虽然她会唱英文歌。

颜唱毕业后的第一个春天，骆阿宝来看她，他已经走得很稳当。他还租了一辆单车，载着她大街小巷转悠。

颜唱问："你什么时候学会骑单车的？简直难以置信，你能骑单车！"

骆阿宝回头笑："读小学时你经常载我，那时我就想，要是我也能骑车载你该有多好！"

"你摔了多少次才学会的？"她又问。

他望着前方："不记得了。"其实不是不记得，是数不清。而颜唱能料想得到。

颜唱也感觉到他的心意，不再是跟班小弟对带头大姐的，而是男孩子对女孩子的心意。

颜唱有点感动，有点心酸，有点别扭。她若无其事，装着没感觉。然而迎面而来的风，却都弥漫着温柔甜蜜的气息。

颜唱喜欢唱K，经常一个人去唱；喜欢看电影，经常一个人去看；喜欢吃火锅，经常一个人去吃。

她没有再谈恋爱。老妈总是打电话喊她回去："回来吧，考个公务员。""回来吧，托关系给你找个工作。""回来吧，办一个少儿声乐培训班。"

老爸恰恰相反：别惦记我们，你在那边好好闯。

她决意在这边好好闯，她曾那么向往过的远方，既然来了怎肯轻易就回去？

喻亮给颜唱打来电话，他们从恋人变成了朋友。他毕业后去了北方，坚持做原创音乐，像一头孤狼在音乐界漂着。他在北方认识了一个音乐团队叫"采薇"，专门创作古风歌曲，他们需要一个嗓音有古风韵味的女歌手。他认为颜唱很合适。这个团队的成员分散在四面八方，他们在网络上联系，音乐也以网络为渠道传播。

颜唱跟他们联系，她的嗓音让他们大为惊喜。就这样，颜唱从乡土气息的英文歌歌手，变成了唐风宋韵的古风歌手。古风歌属于小众艺术，不适合大规模商演，网络资源又是免费共享，所以不能给颜唱带来收益，更不能让她上春晚。但粉丝还是有一小撮，他们都喊颜唱"唱姐"，用各种方式表达他们的喜欢。

颜唱觉得这样就很好，但倘若被唱片公司看中出专辑就更完美了。

颜唱和老爸同一天生日。她二十五岁生日这天，老爸六十岁。她送给老爸一把电动剃须刀，老爸送给她一张他刻录的光盘，里面是颜唱唱的那些古风歌。她这才知道，年轻时候的老爸也喜欢唱歌，他还获得过英语民歌比赛省内第一名。他本可以怀揣歌手的梦想去大城市闯荡，但她出生了，老爸为了她，留在小城做了英语老师。

她问老爸："你遗憾吗？"

老爸说："人生嘛，难免有点遗憾，但我不后悔。"

骆阿宝大学毕业了，他来到颜唱的城市，远方是他们共同的向往。

颜唱租的房子很小，骆阿宝在客厅里打地铺。终于有人陪颜唱唱K看电影吃火锅了。颜唱很欢喜，但骆阿宝找工作不容易。他那稳当却一高一低的步伐，成了他被拒绝的最好理由。

有一家会计师事务所给他发来聘请函，那是家乡小城仅有的一家事务所。他们的聘请不只意味着高薪，还意味着尊重与珍视：它能将他在大城市里遭受的冷遇白眼歧视统统抵消。

远方不属于他，他只能回去。

临行这晚，月光很好，骆阿宝取了吉他倚在阳台边上弹奏，颜唱也应和着唱歌。她在明亮处，他在角落。夏虫的鸣叫声和孩子们的嬉闹声传来，好像露天音乐会。她回头看他，看他已长成大男孩的脸庞在灯影里闪烁，半明半暗。

她还是小女孩的时候，弹钢琴，他也总是以同样的姿势倚在她身后。

"如果你愿意我留下，我就留下，再苦也留下。"骆阿宝说。

颜唱没搭腔，继续唱歌。

"那你愿意跟我回去吗？"骆阿宝又问。

颜唱还是唱歌。她喜欢这座远方城市，它这么繁华热闹，神奇绚烂，它有美丽的高塔，有近代史上颇负盛名的江，还有迪士尼乐园。这里的一切都充满魅力。

她把梦想种在了这里，不只是她的梦想，还有老爸的梦想。

不久，老爸老妈拿出所有积蓄，帮她在城市边缘按揭买了一套小小的房子。

颜唱每年回小城两次，每次老爸都在路口的香樟树下等她。每次她都觉得他老了一点。每次她都回避骆阿宝，她怕自己动摇犹疑，于人于己都不利。

既然做了选择，就大步向前，不要回头。可她越来越怀疑，这选择究竟对不对，将来会不会后悔。

颜唱二十六岁的那年秋天，老爸猝然离世。从此，她经常做一件事：节哀。因为哀伤随时都会跟随想念到来，沉痛汹涌，势不可当，如果不节制，她就会被它们击垮。

她将老妈接到身边。老妈将老家的房子全租了出去。她们都希望时间和环境能逐日淡化她们失去至亲的伤痛。

老妈看似适应了城市生活，她学会了坐地铁，学会了在电脑里看宫斗剧，她还每天到小区的广场上和老太太们一起跳集体舞。但她每天醒来都会告诉颜唱，我又梦见你老爸了。

颜唱也照旧上班，唱歌，和队友们粉丝们在网上聊天。但她也常常梦见老爸，还有老家，还有骆阿宝。

梦里都是从前的时光：她弹钢琴，骆阿宝倚在门口看；她和骆阿宝去看铁轨；她和骆阿宝去爬山采蘑菇，老爸将骆阿宝送给她的蘑菇做成汤。

小城，洞庭路，铁轨，山丘，骆阿宝，与老爸有关的一切，自己成长的痕迹……她越是怀念，就越是悲伤。

当她在办公室望见东方明珠，当她坐公交车经过迪士尼乐园，当她走在黄浦江边，当她置身于熙攘人群，她的心时常会咯噔一下，闪出一个清醒的念头：那些，这些，与我有什么关系？

那大楼，那乐园，那江水，那人群，没有她的成长印记，没有为她付出过心血的人，它们于她，她于它们，其实可有可无。

她越来越强烈地想：我要回去，我要回去。但是梦想呢？她和老爸的梦想怎么办？

这天晚上，她和老妈吃饭，电视里是一档相亲节目。老妈忽然说："颜唱，你也去相相吧，总得结婚生孩子，家才像家。"

若是以前，颜唱一定会嫌老妈啰唆，结婚生孩子什么的，离她太遥远了吧。可这一回，她呆住了，她顷刻间大悟：她若是有一个孩子，就能把自己从老爸那里得到的爱传递下去，世世代代传递下去。也许不只有爱，还有唱歌的天赋，还有梦想的种子。

可她真的要上电视相亲？她心里明明有一个人，影影绰绰。

第二年清明节，颜唱和老妈回小城。处理好那边的房子，办理好离职手续，她回来了再也不走了。她计划在小城办一个少儿声乐培训班。

火车上，颜唱想着洞庭路，路口的香樟树下再没有老爸在等候她。她哀伤又害怕，不知该如何面对那凄凉荒芜；她心里影影绰绰的人越来越清晰，她又想念又忐忑。

她们终于到了路口。颜唱从路口望去，远处的山，山顶的白云，从云端吹来的春风，在风中飒飒作响的翠绿叶子，都如同她幼年时的一样，如同她少女时的一样，如同老爸仍然在身边时的一样。

老妈说："你老爸就是倔，他打电话给你，从来都是叫你别惦记，别惦记，其实是他惦记你，想你。他从来不说，其实他就是想你。"

老爸从来没对颜唱说过我想你，更没有说过我爱你。可他爱了她一辈子。

香樟树下，竟然有人在等着她！他穿一身灰色的衣服，迎风而立，神采奕奕，气质昭昭。他是骆阿宝。他笑着走过来接过颜唱手里的旅行箱。

"你怎么在这里？"颜唱问。

"等你啊。"骆阿宝说。

骆阿宝从来没对颜唱说过，我会在这里等你，一直等你。可他千真万确在这里等着她。

她也不想说什么华丽动听的语言，她用一个温热的拥抱回应他。

这个瞬间，她听到身体里传来沉甸甸的声响，是她的心，终于从他的身上，重新回到了自己柔软厚实的胸膛。

姗姗来迟

❋ 钟意你

我叫杨迟。

我妈生我的时候，预产期是十月一日，多好的日子，举国同庆。可我硬生生拖到国庆七天假期结束也没从我妈肚子里出来。

等到十月十五日，我才姗姗来迟。

我一个男孩子总不能叫杨姗姗，所以我爸大手一挥，给我起名叫杨迟。

我们一家住在建华路上，开了一家店卖烧腊饭和肠粉。

我爸是顺德人，不仅能吃会吃，厨艺也是一流，他中意我妈妈，于是千里追妻，为爱迁徙。

我继承了我爸的优良基因，早早点亮了中华小当家天赋，小小年纪颠锅能力一流，颇有青出于蓝胜于蓝的架势。

俗话说得好，上帝为你打开一扇窗，一定会为你关上一扇门。

我的学习成绩非常差，在学业方面，我自始至终都是七窍通六窍——一窍不通。

不能说我不努力，我也头悬梁锥刺股过，也曾经见过凌晨四点的建华路。可惜事与愿违，我倒数第一的成绩一直非常稳定。

时间长了，我们全家也接受了现实。我爸说了，世界上聪明的人那么多，不差我这一个。

大家各司其职，他们去努力读书，用智慧为祖国建设添砖加瓦；我钻研厨艺，用手艺弘扬中华美食文化。

三百六十行，行行出状元。虽然我不是读书的料，但是我在厨艺上极具天赋，吃过的人都说好。

我的人生规划非常明确，好好享受高中生活，多交朋友。等到毕业了就去顺德，拜我爸当年的老师为师，学习如何把烧腊饭做得出神入化。

我虽然成绩差，但是不傻。我靠着随和的性格，收获一众朋友，可以说在千军万马过独木桥的高中时代，我是全校最快乐的那一个。

分科的时候我很纠结，不知道该学文还是学理。学文可以提高我的文化素养，为我今后的厨师生涯注入丰厚的文化底蕴；学理可以增加我的知识储备，为我今后的厨师生涯打好牢固的生化物基础。

一时间真是让人难以抉择，最后我决定抓阄，天意让我读文科。

分班之后我毫不意外地去了普通班，虽然在班上大家的成绩参差不齐，但是放眼年级排名，我们差得整整齐齐。

但是我们没有放弃自己，班上整体学习氛围比较浓厚，那几个从矮子堆里拔出的将军，用自己瘦弱的肩膀给全班同学支起一片天：只要我们有问题，他们就会尽心尽力地讲解。

第一次月考之后，我按照惯例去看最后一名，意料之外一个叫许姗姗的姑娘抢走了我的位置，我成了倒数第二。

我们挑选座位的顺序是按成绩排的，等轮到我的时候，只剩下第四组最后一排的两个位置，我随便挑了一个靠走廊的。

轮到许姗姗，她别无选择。

许姗姗瘦瘦小小，眼睛出奇地大，这就更加显得她有些营养不良。看着她，我老是"职业病"发作，想给她做饭让她补补身子。

许姗姗很胆小，我们同桌三天，她一句话也没跟我讲过。

我们的英语老师是个很有个性的老头，板书龙飞凤舞，abcd在他笔下都能写出狂草的奔放感，徒增记笔记的难度。

英语讲究时态句式，一堂课下来能写好几黑板的东西，而这些都需要我们记下来。

许姗姗个子小，本来视线就被前排的人挡了大半，再加上她眼睛有些近视，想要跟上老头的速度简直难上加难。

我看她急得要哭，于是承包了她的笔记。

我解释了很多遍，许姗姗终于相信我是心甘情愿不读大学，立志投身于博大精深的美食文化当中。

自那之后，许姗姗就不再记笔记，而是打起十二分精神认真听讲，而我的那份笔记归她。

至于看不清黑板，也好解决，站起来听讲就行了，反正我们坐在最后一排，站起来也影响不到别人。

许姗姗不好意思一个人站着，我就陪她一起。我们把凳子架在课桌上，要写字就趴在凳子上写。

我和许姗姗开了这个头，越来越多的人加入了我们。发展到后来，最后一排的同学全部站起来听讲，鼎盛时期倒数后三排的同学都站了起来。

从那以后，上课睡觉的少了，发呆走神的少了，后面的同学都这么努力，前排的更是不敢松懈。一时间大家你追我赶，形成良性互动。

这股努力学习的风气让各科老师动容，他们教学也更加劲。

作为带头站起来的第一人，我成了被重点表扬的对象，这让我很不好意思。我站起来完全是为了陪同桌。

记笔记也是一门学问，不是要把老师讲的话和板书原封不动地抄下来，而是要记重点。

我学不学无所谓，但是我不能害了许姗姗，本着做事情就要认真负责的原则，我开始努力提高辨别重点的水平，记笔记和做饭一样，讲究色香味俱全，讲究味道的层次感。

老师说是重点的一定记，老师没说的选择性记。

我还专门买了三支不同颜色的笔，力求笔记漂漂亮亮一清二楚。

不知道是好记性不如烂笔头，还是这世界上本没有我通向知识殿堂的路，走的次数多了也就有了路。

等到下一次月考，我竟然破天荒地前进了五个名次。许姗姗也像被打通了任督二脉，全班七十个人，她从倒数第一变成正数第四十五名。

再次选座位的时候，许姗姗干了一件非常讲义气的事情，她问我还想不想和她当同桌，我点了点头。随后许姗姗在还有很多选择的情况下，义无反顾地走到第四组最后一排，我们就这样再次成为同桌。

我和许姗姗的友谊得到了进一步升华，我那颗想要投喂的心更加蠢蠢欲动。

很快我就付诸行动，肠粉叉烧这种东西不好弄，带过来等到中午早就凉透不好吃，再说我也不能把锅带到学校来现做。但是糕点就不一样了，每天回家之后我总是变着花样做糕点，一个星期都不重样，做好之后装进打包盒，第二天带到学校去。

许姗姗瞬被我高超的手艺征服，她吃东西很有意思，像只仓鼠一样，一点一点啃得飞快，一顿操作猛如虎，一看伤害一丁点。

上午有一个早自习加四节课，一共是四个课间，我按照一个课间一块糕的量带，可许姗姗两个课间都吃不完一块糕。

难怪她这么瘦小，按她这个吃法，能胖才是奇迹。

于是我给许姗姗起了个外号，叫仓鼠，她不乐意。每次我这样叫她，她就拿铜铃一样的眼睛瞪我，然后鼓着腮帮子生闷气。她一直不知道，她生气的时候更像仓鼠。

许姗姗也不吃白食，相处久了我就发现，她是个很有主见且明事理的姑娘，不喜欢麻烦别人，更不喜欢亏欠别人。

我跟她提过，我没事的时候喜欢看漫画，只是有些漫画已经绝版，很难买到。

我给她抄了一个月的笔记，她送了我一整套漫画，那些漫画新旧不一，有几本上面还写着不同的名字。一问才知道，她趁着放假跑遍了旧书市场，硬是东拼西凑给我找了一套。

吃了我的糕点，她隔三岔五会给我带点进口零食，她说既然你以后要做厨师，就要博采众长，多吃点不一样的东西。

等到期中考试，我们班考出了一个让人震惊的成绩。

每个班都有等级，年级前五十在冲刺班，里面全是冲重点为校争光的大佬，接下来是两个阳光班，然后是四个特快班，再往下是四个普快班，最后是六个普通班。

我们期中考试的成绩不仅在普通班中一骑绝尘，甚至超过了两个普快班。班主任喜出望外，大方地拿出一个晚自习奖励我们看电影。

"我简单说两句，老师也是从你们这个年纪过来的，知道你们开心，看什么电影你们自己选，我也不在这里扫大家的兴，我去办公室。但是，话先说在前面，你们要是敢叫出声影响别的班上晚自习，我就让你们考试，做不完谁也别想走。懂了吗？"

男生想看科幻电影，女生想看爱情电影，双方争执不下，最后我们投票决定看恐怖片。

第一排和最后一排的同学极具默契地关上了教室的灯。

电影开场没多久，许姗姗就抓住了我的校服袖子，她从仓鼠变成鹌鹑，整个人缩成一团。

电影进入第一个小高潮，我明显感觉到身边的人开始发抖。

鬼使神差地，我伸手握住了许姗姗的手，她没有挣脱也没有反抗，而是顺从地任由我握着。

此刻我并不关心电影，我所有的感觉都集中在我的左手上：许姗姗的手好小，小到能被我的手完完整整地包住；不仅小，还非常软，我甚至开始怀疑她的手到底有没有骨头，一瞬间我联想到了无骨鸡爪，说到鸡爪，也不知道许姗姗喜不喜欢吃鸡爪，我做的卤鸡爪也很好吃。

"她……她走了没有？"

许姗姗声音非常小，还带着颤音，这句话把我从鸡爪的联想里拉回现实。我这才反应过来，她是在问我恐怖镜头结束了没有。

我看了一眼，画面已经恢复了正常。

借着电影微弱的亮光，我看向许姗姗，她紧闭着眼睛，睫毛微动，一副我不开口就闭眼到地老天荒的样子。

我提醒她已经结束了，许姗姗才乖巧地睁眼。随后恐怖的镜头猛然出现，不仅是许姗姗，全班大部分女生都小声尖叫。许姗姗条件反射地把头抵在我的胳膊上，然后气愤地捶了我一拳。

"我真不是故意的，刚刚你问的时候她真没出来，冤枉啊。"

我越解释，被捶得越狠。

很多年后我已经不记得电影演了什么，但我永远记得那个月明星稀的夜晚，我握紧少女的手，被打得心甘情愿。

最后一次联考结束之后，学校给我们放了一天的假。那天放学之后，大家出了教室，站在走廊上，站在楼梯上，不知道是谁起的头，我们开始唱歌，唱《那些你很冒险的梦》，唱《同桌的你》，唱《你曾是少年》。

在拥挤的人潮里，我握住许姗姗的手，青春大概都这样过，永远年轻，永远自由。

我们没有创造奇迹，也没有谱写一起逆袭的佳话。最后她超出二本线十分，我擦边过了三本线。我并没有去念大学，而是按照之前规划好的那样，去顺德拜师学艺。

许姗姗报了广州的大学，从广州南火车站到顺德火车站，车票十块钱一张，只需要十分钟就能到站。

我们开始谈恋爱，一个星期见一次。

我带她走街串巷去吃最地道的美食，她带我看很有特色的小蛮腰塔。

偶尔碰到都有时间的假期，我们就去深圳佛山，去香港澳门，去所有她感兴趣的地方。

再后来我们回到家乡。我正式接手烧腊店，打算过两年就开分店；许姗姗顺利进入了她心仪的公司，做她喜欢的工作。

我的姑娘没有姗姗来迟，我也没有错过她的成长。

这世界上厉害的人那么多，不差我们俩，但是不管这世界上快乐的人有多少，必须有我们俩。

再见了，我的少年

❋ 呦呦鹿鸣

"我们就那么站着。那个曾经站在操场等信的男孩，那个站在教室走廊看着我的男孩，此刻都同你一起站在那儿，看着我。"

我趴在教室外的阳台上，一只脚离身体远一点，微微踮起，形成一个慵懒而又不颓废的姿势。楼下种着一排不知名的树，在秋天的风里摇曳着，鲜有人欣赏，除了我和你。我拆开一个橘子味的棒棒糖，塞进嘴里。看着两片树叶从树枝上逃离，一片落在你乌黑的头顶，遮住了你好看的发旋；一片落在你的肩头，停留了一会儿，终究还是掉下去了。

我站在三楼，假装追随着落叶的目光不经意地看向你。你捧着一本书坐在树下，穿着白色的衬衫和浅灰色的牛仔裤，让我想起了许多年前，那个站在操场上张望的男孩。

彼时，我站在三楼的楼梯口，看着操场。你站在那儿，穿着黑色的T恤和牛仔裤。你皱着眉同一个走近你的男生讲话，那时候视力还很好的我，猜测着你们的唇语：

"信呢？"

"没有。"

"怎么会没有，快给我！"

的确没有信。那天的我没有委托任何人给你回信。你前一天写给我的信，我已经看过了，并且在夜晚昏暗的灯光下，在压在数学课本下的一张白纸上完成了回复。

可是那天早晨我没有带出来，更确切地说，是我刻意把它留在了抽屉里。

该结束了，我对自己说，不能和你再有任何的信件往来，不允许再有任何班主任在班会课上明令禁止的行为了。

很多年后的记忆里,那个站在操场的你,被我反复回忆,用来安慰自己——瞧那个男孩,瞧瞧他的焦急与失落,他在转身前朝教室看的那一眼,带着气愤,带着不解,带着不舍。

可是那时的我一点儿也没有发现,我陷入了这突如其来的、喜欢上一个人的恐惧。

我躲在那个你看不见的楼梯口,心脏在胸脯里剧烈地跳动着。我在心里暗自赞叹着自己的果断与勇敢。那份随着你的背影走远而出现的空洞与失落,我还来不及消化,学不会品味。

那封永远被锁在了抽屉里的信,我早已忘记写了什么,也许只是些无关紧要的话。但那时的我没有想到的是,我的心,就这么跟着你,走在这漫长的青春岁月里。

九年级那年的晚上,我躲在"逃出"校门的庞大队伍里,一点儿也不起眼地跟着你走,其实也不是跟着你走,我们只是在走回家的路。

你的身边还有一个女孩,你们的手,随着步子慢慢地晃着。然后,我把目光从你们的手转移到了那个女孩身上。我看见她对着你微笑的侧脸,模样肯定是漂亮的。她留着长头发,瘦瘦的,穿着一条格子裙,披着一件米白色的针织开衫。

放学的大部队一直走过那座桥,才开始往不同的方向走。你们向东,而我向北。周围一下子安静下来。这下好了,我想。这一条漫长、空荡的路足够我好好回味你们的模样,好好琢磨琢磨自己的心情。

又一年秋天到来,我们还没有搬进新校区,而旧校区完全是按二十世纪七八十年代的文艺风建筑的。灰色的墙壁,铁红的栏杆,到处都是树,高高大大地承载了许多回忆。16岁的我,一个扎着小马尾、捏着红色信封的女孩,在遇见你的两分钟前,走在秋天梧桐的影子里……

这几乎是我高中所有记忆的开场白。

学校文科班和理科班分在不同的教学楼,大概是因为想培养出文理生不同的气质。我走在鹅卵石铺成的小路上,此时离上课只有五分钟的时间,我小跑着来到另一栋教学楼,一下子就明白了学校执着于把文理科教室分开的原因:走廊上全是人,短短的课间十分钟也让你们演绎得如此生动有趣。我有些惭愧。我捏紧了信封,走到最边上的一间教室,挑了一位"面善"的男同学,拜托他帮我请出某某。

大概是因为座位靠后,我要找的人从教室后门走了出来。他靠着门的一侧,我飞快地走过去,把那封某个女孩拜托我转交的信塞到他手里,然后靠在门的另一侧,开始解释这封信的来历。

我匆匆地说出了那个女孩子的名字后,便立马转身。就在那时,我看见了你。我所有准备起跑的能量在那一刻全部消失。瞧,你们所学的能量守恒也会有不成立的时候。你站在教室的前门,还来不及收回的视线与我对视了一会儿,又硬生生地转向操场。

我突然想起我来的时候你并没有在那儿,我明明记得的。是什么让你突然出现?我找人的时候你看到了?我送信的时候你也看到了?所以刚才你才会那样看着我,仿佛在说:你居然……你怎么可以……

最近一次见你,是在我们坐的回家的同一辆长途汽车上。我所在的城市是你回家的必经之地,也正是在看见你的那一刻,我才突然明白这是我当初固执地选择这座城市的原因之一。

你找到的座位,也是靠窗的,在我的斜前方。你一坐下来便开始看窗外。我也开始看着窗外。没过多久,我眼前的人开始动,树开始动,房子开始动,动得飞快。而我却一动不动。我突然觉得好笑。这是在干什么?喜欢了那么多年的人坐在面前,我却看都不看。

有多久没见你了?有多久没有想起你了?很久吧!毕业后,想起你的次数比想起那个经常批评我的高中班主任的次数还要少。不喜欢了?不是的,肯定不是的。如果不喜欢,那我心里放着谁?你就像一座雕像一样坐在我心里,不给任何人腾地方,也没人搬得动。

窗外的景色在飞快地变换着,就像时间,一眨眼就消逝了。我看着车窗上雨滴聚在一起成股地流下,突然想起多年前的我们。不是那个站在操场上的你和躲在楼梯口的我,还要更早些:一个扮新娘的小女孩和一个扮新郎的小男孩。那是多年前一场不能当真的游戏。

那时候小小的我被簇拥着坐在一把小木凳上,他们把红枕巾盖在我的头顶,然后又把你拉到我身边。我低着头从枕巾下看见你穿着凉鞋,露出的脚趾不安分地扭动着。我忍着笑,你拿根木棍把我的"红盖头"掀开。

"结婚喽!"周围的小孩在我们头顶撒一把撕碎了的红色喇叭花。他们尽量把这场游戏玩得像模像样。你坐在我对面,用一个六岁男孩稚嫩的脸去演绎严肃与正经。我却咧着嘴对着你呵呵傻笑。

呵呵,想到这里我不自觉地笑了笑:原来这场漫长的暗恋早有源头。

雨一直下,天也不如先前那般亮了。我偶尔转过头看看你,只能看见你头顶几缕调皮的黑发。你仍在看着窗外,我奇怪是什么景色能让你这么醉心,又或许你和我一样也在回忆过去。那么,你回忆的片段里又是否有我的参与呢?

两个小时过去了,我们都到达了目的地。我随着乘客走下车。此时,雨又大了些。许许多多改装过的红色三轮车停在附近,等待着他们的生意。我走向其中一辆,师傅热情地为我打开门,询问我去哪儿。

去哪儿?我突然停下了脚步,摇摇头。

我转过身,发现你此时也正站在一辆车前,静静地看着我。这是我们这么多年第一次没有逃避对方的眼神。我们就那么站着。那个曾经站在操场等信的男孩,那个站在教室走廊看着我的男孩,此刻都同你一起站在那儿,看着我。

我突然觉得感动,我想我大概已经流下了眼泪,还好没有人分得清雨水与泪滴。

真好,我还能遇见你。真好,感谢你愿意为我回过头。

停下!就站在那儿,不要走过来。没有关系,你只要站在那儿就好。你不用对我说什么,我想说的你不是也都知道吗?我想好好看看你,可惜天太暗了,可惜雨水模糊了我的眼睛。即使这样也没有关系,你和我记忆中的一样,长大了。无论过了多少年,我们都是一样的。等到我白发苍苍的时候,你也会变成一个小老头。所以你不用靠近我,就那样站在那儿,多好!

好了,现在我该走了,你也需要回家。看看你的头发和衣服全被淋湿了啊!

我们的家在相反的两条路上。真不幸,要说再见了。再见了,我的少年。

三

蝴蝶路过你流浪的星球

当我们开始怀念夏天

✶ 边 月

1

读高中的时候,我很喜欢和同学传字条,毕业后我把这些字条都装进了一个大纸箱。偌大的纸箱里,有一大半的字条是老万一个人写的,字迹歪歪扭扭的,上面有悄悄话,也有他自己写的诗。

老万是我在县一中复读时的同桌。

因为高考没考上心仪的学校,我顶着家人的压力选择了复读。那段时间我的心情很差,极度焦虑,整个人仿佛被一团乌云笼罩,阴沉沉的。

直到开学第一天,知道我的同桌是个连续复读了三年成绩依旧倒数第一的"老男孩"后,我的心情才在这样的对比下稍微轻松了一点。

其实在读"高四"之前,我非常讨厌高中那种压抑又忙碌的学习氛围,整天除了上课和刷题,几乎没有任何休息时间,就连上厕所的时间都非常紧张。老师总说"时间就像海绵里的水,挤挤总会有的",那时候我觉得自己就是一团被晒干的海绵,渴得嗓子直冒烟儿。

原本以为复读生活会很压抑,但学了一周后,我发现老师对我们管得比较松,更多的时间是让我们自习。而且,我的同桌不再是那个每天哭丧着脸的女孩,而是成天嘻嘻哈哈的老万。

老万比我大三岁,总是把我当小孩看,他

是走读生，经常从家里给我带各种零食。一开始我觉得不能随便吃别人的东西，总是拒绝，后来他说："我给你带吃的，你教我写文章不就好了？"

老万没有别的爱好，就是喜欢写写散文、短诗这一类的。他的数学很差，每次上数学课就趴在桌上拿出草稿纸，在上面画画。

我高中三年都是语文课代表，每次考试的作文都会被老师打印出来当范文发给全年级的同学传阅。所以那时候老万很崇拜我。

俗话说，"吃人嘴软，拿人手短"，受了老万的照拂，每次他让我看他写的文章时，我也不好意思拒绝。他写的东西文笔并不优美，也没什么特别出彩之处，但是写得很可爱，就像一个孩子在讲故事。

印象最深的是，他有次玩斗兽棋后突发灵感写了一首小诗："狮子在兽笼里，老虎潜伏在森林里，各种生物聚在一起，人们享受着这种乐趣。"没有指责和批判，他用最简单的文字，道出了这个世界残酷的一面。

那次我被他触动了，我突然发现，文学其实并不是长篇大论里那些华丽的辞藻，相反，有时候最简单的词句才更能打动人心。

在那一年里，我和老万几乎无话不谈。特别是三月之后，高考的脚步越来越近，我又开始焦虑，心里的烦恼只能和老万讲。

我平时成绩还算不错，但是一到考试就非常慌乱，导致发挥失常。我仿佛对考试有种与生俱来的恐惧，平时月考尚且如此，更别说高考了。

当高考倒计时的数字写在黑板上后，我竟然焦虑得睡不着觉。那段时间我的状态很差，晚上睡不好，白天上课没有精神。

面对突如其来的失眠，我很焦急，老万比我更紧张，好像那个没法好好学习的人是他。他每天都给我写字条，安慰我，鼓励我："别害怕，你一定可以的。"

这样的日子持续了十几天，直到有天上课老万又给我传来字条。

他说："你想不想一起去看海？威海的春天来了。"

不知道是不是因为太害怕高考，在这个节骨眼上，我竟然鬼使神差地同意了。

县城离威海市区很近，但没有火车，我和老万请了两天假，坐了五六个小时的大巴车到了那里。来看海的人不多，我们把行李放在酒店后就去了海边。

老万带着我在环海绿道上骑自行车，蜿蜒的公路上充盈着海风咸咸的味道。蔚蓝的海水涌起阵阵浪花，浪涛拍打着岸边的礁石。青山碧海，那是我之前十八年从未见过的春色，那一刻，我觉得外面的世界好浪漫。

回到学校后，我的心情好了很多，慢慢地不再失眠，调整好状态投入学习。老万也没再画画，虽然还是听不懂数学，但依旧会努力听。

那年高考我超常发挥，却没有再报考之前心仪的北方名校，而是选择去了南方沿海的城市，我总觉得那里有更瑰丽的景色。老万则报考了内蒙古的一所学校，那里有一望无际的大草原。

后来的大学寒暑假里，我看了很多次潮涨潮落，但最眷恋的还是自己在青春岁月的唯一一次任性——任性地请假去看海。感谢那个可爱的少年，陪我度过了生命里最浪漫的一天。

莫比乌斯环

※ 顾一灯

如果考进北城一中对齐秋澜来说，不过是手拿把攥，那么被选入众神云集的奥数班，则属于意外之喜。开学第一周的周五，他和另外二十四位同学从不同的班级出发，穿过昏暗幽静的中斋园，在原本晚自习的时间，到奥数教室去。

那是北楼四层一间废弃的实验室，苍绿色的实验台做桌板，座位间有水龙头分隔。水池锈迹斑斑，他仍能闻见化学试剂残存的气味。和预想不同，竞赛教练没急着抛出一连串闪瞎眼的公式，而是先将一卷列着姓名和奖项的光荣榜用四枚图钉钉在黑板上。他指着照片一一介绍他们的去处，清华、北大、复旦、交大，似乎从这里走出去的每个人都能左拥大奖，右揽名校，成就非凡的事业。有人对这番画饼的行径不屑一顾，觉得浪费时间，便埋头写作业；也有人眼里闪闪发亮，已然联想到自己同样光明的未来。而齐秋澜只盯着被教练跳过的那张脸，一直看。

教练停下来喝水的空当，齐秋澜问：老师，倪笳去哪儿了？

认真听讲的同学都注意到，教练的神色变了变。

他放下杯子，语气严厉：没让你们说话，就不要插嘴，这是规矩。以齐秋澜为起点，他扫视了全班一周，直到每个同学都抬起头，才满意地转身摘下光荣榜，龙飞凤舞地写了一串公式，并让他们先将这条公式记下来。

1

齐秋澜人生中的第一堂奥数课，便以这样一种不太愉快的方式拉开了序幕。之后连续几周，只要他稍有小动作，教练就会点名敲打。他被当作过分活跃的反面典型，那只用来儆猴的可怜的鸡。与他从同一个班升上来的林港知道，这是个误会。齐秋澜从来都和极富个性、插科打诨那样的词语沾不上边，只是他关注的点，往往和别人不太一样罢了。

林港仍清楚地记得初一的春天，语文老师给他们讲《最后一课》。对这种不考的篇目，他向来印象不多，但因为齐秋澜，那天的记忆格外深刻。普法战争中，法国战败，割让阿尔萨斯和洛林，普鲁士禁止当地人再讲法语。韩麦尔老师给学生上了最后一堂法语课，结尾里他用尽全身的力量，在黑板上写下"法兰西万岁"。但齐秋澜不满于此。他追问林港，也追问老师，后来呢，这些人后来怎么样了？他们没法回答。被问烦了，老师挥挥手，小说都是虚构的，你认为后来怎么样，那就怎么样好了。他只好自己去找书来读，才知道割让与重夺的拉锯战，多少次在这片土地上发生。生活在那里的人，到底有多么茫然失措。

在齐秋澜过去的十四年间，类似的场景反复出现。他花了很长时间才明白，自己关心的全是除他以外无人在意的事。再举个例子吧，小学四年级时，老师布置了一道很难的数学题。那个年代还没有搜题软件，网络也远不如现在发达。齐秋澜家里订了本叫《小学数学》的杂志，三十二开，每期都由豆腐块似的小文章拼凑而成。恰好有一道类似的题目，他将答案抄了上去，成了全年级唯一一个做出来的小孩。但对此他的愧疚大于喜悦，总觉得夺走了本该归于作者的荣誉。好吧，想到这里，连他都寻思，或许自己真是个怪人。

后来，齐秋澜学着做合乎时宜的事，只是偶尔压抑不住旺盛的好奇心，仍会问出一些古怪的问题，比如第一堂奥数课上，他想不通，老师怎么偏偏略过了这个人。照片上的人眉清目秀，神采飞扬。这是一张陌生的脸，姓名却莫名地熟悉。究竟在哪里见过呢？

对于老师的敲打，齐秋澜听话地照单全收。他从不辩解，只是听课、做题。时间久了，与奥数班的同学渐渐熟悉起来。每周五晚上、周六上午，他们都会在南北两栋楼间往返，中斋园是必经之路。园子里栽了五排树，入学时郁郁葱葱，如今颜色已趋黄了，不变的是乌鸦低飞，松鼠上蹿下跳。西侧有座平房，矮栅栏围着，有些年头了，灰扑扑的。路灯立得稀疏，夜里经过时，大半园子沉浸在黑暗里，连平房的窗户，都没透出一丝光亮。

林港故作神秘地问，你们知道中斋园的故事吗？他顿了几秒，才缓缓开口：听说这里闹鬼，鬼就藏在那屋子里。几年前一个学姐撞见，当场疯了，留下的话是"鬼有一张被车轮碾过的脸，没有一寸完好的皮"。他的声线低沉诡秘，本就和鬼故事贴合，

恰好野猫嘶鸣，最胆小的女生眼前有了画面，当场失声尖叫。齐秋澜被她吓了一跳，浑身一哆嗦，却忽然记起，四年级他抄的那道题，精巧的解答上方的铅字署名，正是倪筎。

2

其实在学校公开的文件里，奥数班叫"数学社团"。其实学校有六十多个社团，只是因为被视作浪费时间，不受班主任支持，大都有名无实。奥数班是个例外。只要能在全省的数学竞赛里拿下二等奖，便能获得参加清北保送考试的资格，每届都有人成功。但这更让齐秋澜奇怪，十年前的一等奖，含金量肯定更高，甚至有进国家队的可能，倪筎怎么会没过上一种世俗意义上成功的生活，不被教练提起。他怎么也想不通。

齐秋澜对数学向来没多大兴趣，他只是背熟那些公式，再多刷点题，将套路用在考试上，换取一个高高的分数。和多数同学一样，班主任告知他入选了奥数班，他知道这是多少人求之不得的机会，便接受了。课上走神的时候，他会想到倪筎。他动过问教练的念头，又怕挨呲儿。课间，提问的同学捧着各色宝典将教练包围，他在外圈站了会儿，目送教练出去打电话，又回到座位上。

林港凑过来，说哪道题不会，问我，我都做出来了。

没有，齐秋澜说，我就是想问问倪筎的事。

林港瞪大眼睛，晃了晃脑袋，无可奈何地总结：好家伙，又犯病了。

他索性拉了把椅子，坐在齐秋澜旁边。问个事儿啊，他清清嗓子，你爸妈是做什么的？齐秋澜如实答：爸爸修燃气管道，妈妈开报摊。林港便笑，说还以为得要两个艺术家，才能组合出如此耽于幻想的基因。然后他开始给齐秋澜掰扯，你看，人做事都有目的，总得图点什么，就算找到他，又能怎么样呢？操那个心，跟你有半毛钱关系？他们都察觉到，斜前方的女生瞥了齐秋澜一眼。林港本在念叨，忽地止了话头。

你这么想知道，问问不就好了。林港提高了音量，伸手拍了下女孩的肩膀。梁芯，你知道倪筎后

来去哪儿了吗？梁芯摇摇头，淡淡地说，没听过，不知道。

梁芯的爸爸是一中的语文老师，正在西藏支教。同龄人里，她对一中的历史了解最多。不过齐秋澜知道，林港为的不是这个。开学没多久，梁芯就被评为校花。她太夺目，有男生不敢正眼看她，也有男生争着向她献殷勤，想尽办法接近，路上遇见，用夸张的语调打招呼。而梁芯只是扬着头穿行在人群里，从不回应。齐秋澜不属于任何一种，却也觉得她白皙的脖颈儿高高挺立的样子，很像天鹅。自此每回在走廊碰面，梁芯都会冲他点点头，有时他还来不及打招呼，便和她擦肩而过。

3

奥数教练是很认真负责的老师，兼教两个实验班的数学，还做班主任，这意味着他不可能有精力顾及自己的生活。他自华东师大毕业，当时有这样好的学历，到北城做老师的寥寥无几。但齐秋澜常常听不下去他的课，倒不是被批评后心生成见，只是这种补充公式、做题、讲题的模式实在太无聊了，他没法不开小差。昏昏欲睡时，忍不住琢磨另一个无解的问题，每周花费大把时间啃这些硬骨头，究竟是为了什么。

从未遭遇过知识如此密集的轰炸，齐秋澜必须抓住大课间喘口气。上午只休息一次，教练原定二十分钟，耐不住众人叫苦，才延长到半小时。即使这样，居然还有人能在夹缝中做作业，齐秋澜自愧不如。更多人聚在一起，听林港讲鬼故事。他起初还跟着凑凑热闹，毕竟压力大时，难免需要些刺激的东西，但很快就没了兴趣。什么平房里住着狼孩儿，四肢被铁链拴着，月圆之夜会发出凄惨的哀叫，简直离大谱。

于是齐秋澜选择去中斋园转转。他远远地见到梁芯，她坐在园东侧的亭子里，往薄薄的一张纸上写着什么。黑色的野猫在一旁盘踞。他没去打扰，只在西边拿着语文书兜圈，熟悉周一要默写的古文。第二周，梁芯主动问他怎么不去听故事。他说现在故事的走向，让他很不舒服。说话间，图书馆的管理员奶奶拎着沉甸甸的布口袋，竟往平房的方向走去。她敲敲门，闪身进去，不到一分钟便出来了，袋子仍拽着她的身体向右歪斜。他下意识地看向梁芯，她却早心知肚明似的，仍蹲在地上，专注地抚摩黑猫光洁的皮毛。明明亲眼看几天就明白的事，她冲北楼的方向抬了抬下巴，不过他们没那个闲心，宁可胡编乱造。

近乎朋友的关系，便是从那时开始的。他们会聊八卦，讨论奥数题，交换各班藏着掖着的秘卷，如果没急事在忙，遇见时会停下来扯两句闲话。很多人都对此感到疑惑，包括林港。但除了学习成绩，齐秋澜在别的方面都普普通通，倒也没有人多想。只是越来越多人拐弯抹角地找到他，托他给梁芯递东西，认定能减少被丢掉的概率，他哭笑不得，拒绝了。

完全学不动的日子，梁芯带他去校史馆。她父亲从一中毕业，到北京念大学，又回来教了二十年书。耳濡目染，她对此间的历史了如指掌。他们开始聊一些更深入的事情，譬如她每周都会给援藏的父亲写信，譬如他想找到倪笳的原因。中斋园的叶子枯干了，北城下了第一场雪。两个戴着毛线帽的小脑袋凑到历任校长的照片前，梁芯指着最后一个带黑框的名字说，那是他爸爸当年的老师，很好很好的人，可命运对他和他的孙辈，一点都不好。名字下方那道短短的连接线，指向十年前的秋天。看到他的姓氏，齐秋澜屏住了呼吸。他隐约意识到，她绝不是无缘无故讲这句话的。

你要找的人就住在中斋园，她说，可他谁都不想见。

4

整个寒假，他们都没再提起倪笳。大雪覆盖北城，周一至周五奥数课的空隙，改成挥舞着笤帚扫雪。每天，齐秋澜都会绕到中斋园转一圈，看看那平房。灰色的窗帘永远紧紧拉着，站在栅栏外听不见任何响动，无论是走路、说话还是磕碰声。也会有人来送饭，但从不停留，开门后放下餐盒，马上就走了。这些零碎的片段，构成他全部的拼图。

齐秋澜知道，梁芯对倪笳的了解，远比那短短一句话多，但既然言尽于此，一定有她的理由，他不会强求。每个人心里，都保留着不为人知的秘密，他同样有所隐瞒。

耽于幻想，林港这样评价他。其实也没错，齐秋澜只是不喜欢他听说自己父母的职业时，那轻蔑的笑声和好为人师的语气。他相信，并非所有事都与受过多少教育、拥有多少财富有关。对于他天马行空的问题，父母总是给予无限的耐心，没有一次敷衍。力不能及时，也想尽办法解决，比如订一本数学杂志。只是后来爷爷生了重病，为赚医药费，父亲开始做两份工，母亲搬到了离家很远的报刊亭，他只好与自己相处。

现在回忆起来，沉迷想象的习惯，应该是那时养成的。那样多的问号无人回应，只好自己编造回答。他觉得倪笳这个名字好听，便拿来做故事的主人公。起初情节很简单，比如他对数学很头疼，倪笳则能轻松地将最难的压轴题做对。之后，当他被按倒在讲台上当马骑，被逼着管最壮实的男生叫爸爸，当别人故意讲段子引他上钩问为什么，再捧腹大笑说这傻子还真信了，倪笳都会化为超级英雄，将他拯救。事实上，直到上课铃响，人们一哄而散，他才挣扎着爬起来，耳朵里灌满响亮的笑声，他的脸孔涨得发红。

那个不存在的平行世界，支撑着他一天天熬过去。五年级时，他忽然开窍了，成绩突飞猛进。摆脱了被霸凌的圈子，齐秋澜尝到了甜头，便花更多时间学习，得到丰厚的回馈，渐渐不需要想象的抚慰。如果没再见到倪笳的名字，他几乎要忘了这段经历。在中斋园反复徘徊，潜藏海底的往事才慢慢浮出水面。

从早到晚，齐秋澜在不同的时间出没于中斋园，但他始终没能见到倪笳。距离最近的一次，纯属无心插柳。本就是晚课，教练还拖了会儿堂，他都快走到南楼了，才想起明早要收的物理卷落在了实验室。物理卷还剩下半面没写，念及灭绝师太的不留情面，他决定回去取。折返的路上，他意外发现平房窗户上的一抹亮光，定睛看去，恐惧霎时蹿上脊背。他狂奔而去。直到冲进最晚一批离校的人流，才气喘吁吁地放慢脚步。方才的记忆，放大成蓝眉赤脸，血盆大口，正是一张小丑的脸。

5

黑猫不仅出没于中斋园，还在整个校园里游荡。灵巧地跃上矮墙，大摇大摆地进教室旁听，那无忧无虑的样子，让快在题海中窒息的少年心生羡慕。但现在它忽然改了习惯，总蹲在平房门口，弓着背，前爪踩后爪，眼观鼻、鼻观口、口观心，竟让人联想到慈悲。

天气渐暖的三月，改变不止于此。奥数班的同学再度走进实验室，他们刚刚适应现在的节奏，轻松地说笑着，以为会和上周一样强化下课堂学习的内容。教练却发下四册厚厚的红皮书，分别关于数论、代数、几何和组合。自此，奥林匹克数学的大门才真正打开。陡然飙升的难度，让齐秋澜手忙脚乱。

照理说该将更多精力放在学习上，可越是学不会、学不完，思维越容易从大红本上跳脱开去。倪校长是怎么离世的？倪笳为什么要戴小丑的面具？这两者间有没有关联？十年前的奥数竞赛后，究竟发生了什么翻天覆地的事情？他在草稿纸上列出许多可能，又在仔细推敲后一条条画去，最后烦躁地将纸揉成一团，塞进桌洞深处。

月底，教练组织了一次考试。满分一百五，最高分一百零二，十几人只得了三四十分，其中也有齐秋澜。学奥数的全是各班的尖子，顺风顺水惯了，哪受过这种打击，教练讲题时，有人在下面偷偷抹眼泪。两周后，班上只剩下十八个人。

齐秋澜也想过要走。倒不是因为落差太大，相反，他很清楚自己到底有几斤几两。眼前发生的一切不过是让他确认，自己并非学奥数的料，该老老实实回去准备高考罢了。但他又觉得，如果离开奥数班，他和倪笳之间唯一的联系就被切断了，他的疑问再也不会有答案。

因为实在太想知道倪笳过着怎样的生活，齐秋澜四处找寻线索，终于从图书馆拎出一截短短的线头。管理员会定期将新书带去平房，再将倪笳读过的书带回，全与数学相关，无一例外。齐秋澜翻开封底，看贴在上面的借阅历史，手指划过最新一栏里教练的名字。他忽然有了个新想法。不过付诸行动前，他需要一个人的肯定。

梁芯说，她需要好好考虑下再答复他。

周一晚上，齐秋澜在人挤人的食堂吃牛肉拉面。许多没位置的同学端着盘子在旁边晃悠，晃得他神经紧张，埋头狼吞虎咽，恨不得两口就把这一大碗面吃完，好给他们腾地方。他觉察到周围的男生呼啦一下站起来，正觉得奇怪，抬起头，恰好对上梁芯的眼睛。嘴里的面条来不及咽下去，狼狈的样子，让梁芯也忍不住笑。

我觉得可以，她说，然后便拿着饭盒走了，坦然地接受人们的注目礼。林港问他：什么可以？齐秋澜长长地吐了口气，说：秘密。林港试了几次，仍套不出话来，只好不轻不重地捶了他胸口一拳，酸溜溜地说：你小子，命真好。

6

齐秋澜从邮局买了一打信封，一摞信纸。体育课上，他溜回空无一人的教室，在穿堂风中压着信纸的边缘，给倪筘写信。他从《小学数学》的那道题写起，写到生活的转折，写到与倪筘这个名字的重逢，再写到今天奥数班里的困境。这样的形式，让他摆脱了作文跑题的老大难。不过结尾他还是费了老大劲儿才回到正轨，说想向他请教一些奥数题。

平房的门下缘和地面间有一道狭窄的缝隙，信从这里塞了进去，尾巴露在外面。第二天，信不见了，只有黑猫翘着尾巴坐在门前，瞧它那架势，仿佛认定了新的主人。齐秋澜将教练布置的奥数题抄在信纸上，隔天一张，以同样的方式递入平房。

这一次，回应来得比预想中慢。连续四天，信封一动不动。齐秋澜抽出来看，没任何变化，便重新塞了回去。送饭的阿姨每天出入，倪筘不可能没看到这些信，可他将它们放回原处，这无疑是一种婉拒。齐秋澜没有放弃。他相信，事情还有回旋的余地。他一直写，一直送。信封终于被拿走了。三天后，一个圆鼓鼓的信封出现在门下方，齐秋澜用力拽出来，发现里面是叠好的A4纸，上面写着每道题的解答。

一问一答的模式，持续了近一个月。齐秋澜鼓足勇气提出新的请求——想跟他学奥数。又没了回应，他继续软磨硬泡。齐秋澜也会想到林港考虑问题的思路。他好奇倪筘究竟是怎样的人，可他并没有倪筘需要的东西，憋了半天，只好写可以帮他带饭、送书，自己也知道没必要，又弱弱地加了一句：做什么都可以。

门前的黑猫拿出了同样的毅力蹲守，这让齐秋澜觉得，自己并不孤独。他给猫准备了一个餐盒，左侧装水，右侧装食物，每天去更换，这让他体会到一种安定的快乐。有一天，餐盒和黑猫都不见了。他在信里见到一行与题目无关的字：周六晚七点。

齐秋澜准时敲响了房门。含混的声音说，进来吧，门没锁。第一次，他面对面见到倪筘。他很高，身形很薄，穿着长衣长裤，戴着小丑的涂彩面具，还有一副白手套。黑猫蜷缩在房间一角，见来了人，伸了个懒腰，喵呜叫了一声。倪筘说了句什么，他听不清。倪筘慢慢重复了一遍，问他怎么知道自己住在这里。齐秋澜说，梁芯暗示了他。倪筘追问，她还说过什么。他摇摇头，诚恳地说，他只猜到这一点。然后，他听见一声叹息。

倪筘说，自己需要准备，还是这个时间，下周见。他托齐秋澜去市图书馆还几本书。齐秋澜随他走进里屋，房间还算整洁，只是书和演算纸太多了，几乎将落脚的空间淹没。床上、桌上、垃圾桶里，散落着形状怪异的圆环。他好奇地问：这是什么？

倪筘不答。他撕下一根纸条，将它扭转一百八十度，两端对在一起，用胶棒粘连。他让齐秋澜去捉一只蚂蚁，将蚂蚁放在圆环上。他们蹲下身，看它爬行的轨迹。一次，又一次，蚂蚁本以为爬了出去，却又掉入了新的循环。永无止境的诅咒，与命运苦苦纠缠。齐秋澜突然觉得冷，他紧紧抱住了手臂。

你看，倪筘说，这就是莫比乌斯环。

7

大红本，考卷，课本，作业本。头回吃小灶，齐秋澜背了一包书去中斋园，问倪筘要从哪一本讲起。倪筘说，都不用，先讲什么是数。他挠了挠头，心想：这难道不是一年级的内容吗？自己看起来是有多蠢，才会到要从小学补起的地步。

倪筘看穿了他的心思。他问齐秋澜，0.3的无限循环小数乘以3，答案是多少？齐秋澜不假思索地说，0.9的无限循环小数。倪筘摇摇头，说答案是1。齐秋澜恍然，0.3的无限循环小数，不就是三分之一吗，他怎么会忽略这么简单的道理。他认为这叫脑筋急转弯，算不了什么，倪筘便又出了道题，让他证明√5是无理数。明明显而易见的事，齐秋澜却再次卡住。他心服口服，将摊在桌上的书全部收起来，打开本子，开始做笔记。

在此之前，齐秋澜对数学的理解仅限于背不完的公式，做不完的题。但倪筘告诉他，数学是一座构造严谨的建筑，简洁和优美是建筑的标签。集合奠定了坚实的地基，数、线、点、面，每个最基础的概念都代表一个入口，欢迎他的到来。欧几里得、笛卡尔、莱布尼茨、牛顿、拉格朗日，他们拷问世界的根本，探索崇高的奥秘。公式的背后是问题，问题的背后是历史，历史的背后是人的精神。迢迢千年，它们超越沧海桑田，成为高悬在天空的灯塔，照亮最漫长的黑夜，亦成就至上的永恒。

度过每周的动力，不再是周日的休息，而是周六在中斋园度过的夜晚。学数学已经十年了，直到这个春天，齐秋澜才感觉自己真正走进了建筑的内部。不过这并没有马上体现在成绩上，相反他月考数学创了新低，还被叫去谈话。蜕变发生在六月，他从容地交出接近满分的答卷，甚至在奥数班也崭露头角。老师们开始欣喜地说，他们早知道他会这样。

你上了哪家补习班？还是单独请了家教？林港敏锐地发问。

没有，齐秋澜说，只是突然开窍了。

他努力守住这个秘密。但每个周六晚自习的缺席，还是引起了林港的注意。拎着从食堂打的盒饭，带着笔记本和试卷，齐秋澜悄悄离开教室，向北部进发。他不知道，一双眼睛紧密地追随着他，在他身后踏上每一条小径，又躲在树的背面，目睹平房的屋门缓缓关闭。

8

有时候，生活是个爱捉弄人的家伙。你越努着劲儿想要什么，就越得不到。等不想要的那天，它偏偏往你面前跳，还冲你招手，叫你不知道该哭还是笑。

现在，齐秋澜已经很少想起最初来到这里的原因。他所沉迷的事，变成了通关一个个智力游戏。当初好奇的倪筘的生活，自然而然呈现在他眼前。他爱吃玉米、青豆和鸡腿。他在炎热的夏天仍裹得严实。他每天用掉近百张演算纸。他是个夜猫子。

能做出这么复杂的数学题，待在这个小房子里，实在太屈才了。齐秋澜时常冒出这样的念头。但更多时间，他的神经都是紧绷的，像拉满了的弓弦。讲着讲着，倪筘会突然停下来，走到客厅，背对着他。有时捂住耳朵，有时狠狠掐自己的手，极少的时候会从电视柜里取出一瓶药，往掌心倒两粒，不就水，生吞下去。齐秋澜斗胆提出去医院看看，或者下周再讲，都被拒绝了。他后来才明白，外面没有足够的空间容纳倪筘。他别无选择。

这个暑假，只要奥数班上课，齐秋澜就会去中斋园。夜里很闷，连风都热，刚买的冰棒，走两分钟就融成了水。他改带盒装的雪糕，这样哪怕化掉，放进冰箱冷冻层，第二天又会凝固成完好的形状。倪筘给他的太多，而他能给倪筘的太少，每次去总得带点什么，才觉得心安。

如今的校园，倪筘早就不熟悉了。认识的只有中年以上的老师，还有梁芯。他问齐秋澜，她也在学奥数吧。齐秋澜说，她将来想学医，所以刚刚转去了生物奥赛。倪筘愣了愣，问为什么。齐秋澜说，她父亲去西藏支教回来，心脏和腿都出了不小的问题。倪筘沉默良久，说梁老师是出了名的才子，当年也教过自己。

林港这样的人，占到了奥数班的大多数。齐秋澜想得出，他们一定会对此嗤之以鼻，说只知道做题有什么用，又成不了数学家。但齐秋澜相信，与数学做伴时，倪筘是幸福的，这就够了。桌上除了习题集，还有本叫《数学简史》的书，被翻成一倍半厚。齐秋澜想拿起来翻一翻，但猫总趴在上面睡觉。

9

八月最后一周，高二迎来了开学考试。卷子批完了，但排名还没出来，正是同学们最躁动的时候。

从食堂回教室的路上，齐秋澜穿过操场，被林港拦住，得知自己拿了满分。

齐秋澜对此并不意外。意外的是，林港说：我知道了，给你补数学的是倪笳，对不对？林港狡黠地看着他，那一瞬间，他的心跳仿佛空了一拍。

你胆子真大，林港用复杂的语气说，为了提分，能面对那么可怕的人，我可做不到。他的脸是什么样子的？重度烧伤，想都不敢想。

没有预兆的疼痛。突然袭来的耳鸣。大把雪白的药片。齐秋澜的脑海轰然作响。那些不明所以的细节，忽然找到了源头，像一根根锋利的针，插进柔软的毛线团里。他努力镇定，装作不动声色。林港仍只顾着讲：我劝你还是小心点。生活不如意的人，心理也容易变态……

这是我的事，齐秋澜打断了他，不需要你来指手画脚。

林港消息灵通，他想知道什么，最后总能"水落石出"。他不满足于独享这个秘密，他要告诉更多的人。这个精彩的故事，很快成了同学们课间的谈资。上体育课时，梁芯找到林港，说想聊聊倪笳的事，他忙不迭地答应了。

周六的晚自习后，他们在天台见面。林港背着书包，梁芯拎着一桶矿泉水。林港惊讶地问，喝得完吗？梁芯笑笑，没说话。

林港得意地炫耀，他托爸妈打听了好多人，才得知倪笳事件的来龙去脉。他拍胸脯保证，今天讲的是最详细的版本，除她以外没人知晓。高三那年，倪笳获得全省奥数比赛的第一名，和北大签了保送协议，即将去国家队集训。一家人在餐馆吃饭庆祝，倪笳被派去街对面买饮料，刚走到门口，便在巨大的声响中昏迷。那是本世纪全省最严重的燃气爆炸事故，十九人死亡，三十人重伤。他说得绘声绘色，又补了一句：你还不知道吧，齐秋澜每周都会找他补数学。他把这事儿当个宝，以为别人不知道。结果……

一桶水劈头盖脸浇下来，林港猝不及防。过了几秒，他才发出一声大叫。他慌忙摘掉湿透的书包，查看里面的作业和试卷，见无可挽回了，往地上一摔，冲梁芯喊：别以为你爸是老师，我就不敢把这事告诉年级主任。梁芯平静地说：你可以告诉任何人，我自己做的事，我会负责到底。她转身走了，留下林港抓狂地大叫：神经病，都是神经病。

末班的公交车摇摇晃晃，梁芯坐在最后一排靠窗的座位上。只有她一位乘客，车里没开灯，许多往事在黑暗中浮现。在她心里，倪笳哥哥是无所不能的神。他像白杨树一样高而笔挺，帅到走在路上有超高的回头率，聪明到没有哪个学科能把他难住。事故发生后，五岁的她去中斋园找过他很多次，在门口哭，将门踹得哐哐响，但他就是不开门。长大后她渐渐懂得了，为什么倪笳哥哥可以教一个陌生人数学，却不愿意见她一面。她见过他完美的样子。她让他想到曾经。

10

现在人们拥有金鱼的记忆，他们热络地讨论一件事，又很快忘记，被新的事情吸引。恋爱的八卦，教师的婚姻，叛逆的同学，将中斋园的风波盖了过去。秋末冬初，又来了个爆炸性新闻：从明年起，只有进了省队，又在全国奥赛拿奖牌，才能获得保送清北的机会。

北城一中的历史上，从没有人参加过全国奥赛。这对奥数班来说，无疑是天方夜谭。见没什么性价比，许多同学都退出了，其中自然有林港。班主任也找齐秋澜谈话，希望他以高考为重，但他还是选择坚持。最后，只有五个人仍去北楼上课。

六个人的课堂，更像一个小小的家庭。不苟言笑的教练，也偶尔展现出通达人情的一面。他会讲自己的故事。教练是从县里考进北城一中的，当时他的数学老师是倪校长。他追随校长的一切，从一丝不苟的草稿纸到条分缕析的解题步骤，再到大学的专业，直至回归一中，成为校长的关门弟子。他感叹，时至今日，还没第二个人能把数学课上成那样。下面的人正听得入神，他摆摆手，示意他们继续做题。

奥数考试在高三那年九月。之前整整三个月，他们没有参加暑期自习和一轮复习，只是关在实验室里，死磕，再死磕。封闭的环境和枯燥的生活，足以让少年们发疯。最热的几天，风扇在头顶呼呼旋转，他们汗流浃背，叹气、摔笔、撕纸、抱怨的声音此起彼伏。教练大步走进来，冲他们吼：想过舒服日子，到南楼去！这条路就这么苦，半道跑路叫孙子，咬牙撑到底就是爷！他们闭上嘴，低下头，重新凝视深渊。

出发去省会比赛的前一天，齐秋澜又去了中斋园。倪筘带他回顾了一遍基础的解题思路。然后他将猫抱到一边，拿起那本《数学简史》，掸了掸上面的猫毛。这是我最喜欢的书，他说，如果有空，你可以翻翻它。

难以入眠的深夜，齐秋澜从床上爬起来，扭亮台灯，随手打开书的一页。那显然是最常被翻阅的页码，纸页蓬松，几乎要从中缝掉落。"人类孤单地生存在一个冷酷的、陌生的宇宙中，他凝视着它，为自己的渺小感到迷惑、困扰甚至惊骇不已……"他念出画线的段落，"凭借有限的感性知识和大脑，人类开始探究自身的奥秘……让我们把对数学的追求，看作人类精神中神赐的疯狂。"一字一句，剧烈地敲击着他的心脏。他兴奋到战栗。从一无所有来，到无穷无尽去，帕斯卡这样形容人的一生。在过程里，他有幸见证宇宙最瑰丽的秘密。

比赛结束后，齐秋澜在宾馆的大堂里，上了最后一堂奥数课。教练说，成绩一个月内就会出来。教练还说，能把奥数这条路撑到底，他们很棒。现在，高考的战役正等待着他们。无论奥数能否帮他们争取到降分的机会，他相信五个小孩都会从中学到些什么，从而把新的一仗打得更扎实、更漂亮。

齐秋澜重新回到中斋园。晚上起雾了，稀薄的灰白弥散在夜色里。中斋园的路灯快坏了，一亮一灭，像好奇地眨个不停的眼睛。他险些被路上的施工标志绊倒，用手机一照，发现这片正在改造燃气管道。他听父亲讲过，十年前的爆炸事故发生后，北城对全市的燃气管网展开了一轮大改造，每年都会定期排查整治，维护保养。

关于高考，倪筘没什么可以教给他的。接下来的路，他需要和别人一起走完。倪筘让他专心备考，等考试结束，再回到这里碰面。

齐秋澜问：我可以看看你吗？

倪筘明白他指的是什么。他犹豫了一下，说：我怕吓到你。

没事，齐秋澜说，如果你不想，就不要勉强自己。

齐秋澜将要带去图书馆的书装进袋子，倪筘叫住他，他回过头。两个固定在脑后的绳结一一解开，倪筘将面具摘了下来，齐秋澜终于见到他真实的样子了。在平凡的童年，倪筘成就他的虚荣。在窒息的阴影中，倪筘给他幻想和希望。在迷茫的少年时代，倪筘带他领略学科之美，使他懂得什么叫赤诚的热爱。他一直想知道，倪筘变成了怎样的人。现在他已经做好充足的准备，来面对这个答案。

凹陷的坑洼。隆起的增生。大片刺目的红。齐秋澜安静地看了很久。他试着伸出手。那些伤疤很凉。他的手很热。

脱离面具的那一刻，倪筘闭上了眼睛。十年了，他依然没法直面别人的目光，光是想象那些眼神，就足以让他深深地恐惧。他拒绝面对别人，也拒绝面对自己。在家时他拉紧窗帘，用黑布将嵌在墙里的镜子覆盖，只有这样，才能不在任何一个反光的平面上看到自己的脸。第一年许多人想来看望他，后来越来越少，只有奥数教练一直向他要些小文章投给杂志，给微薄的报酬加成倍的钱，说这是他的稿费。他珍视这小心翼翼的好心，但仍感到羞耻，在无人知晓的夜晚尖叫。他叠出上万个莫比乌斯环，它们象征着他的命运。只有一道接着一道做题，这些痛苦才能短暂地退让。

他没想到，会有毫不相干的人记得他。我能帮你什么吗？他最害怕这句话，它仿佛在提醒他，他已经和正常人的世界撕裂开了。齐秋澜从不试图去安慰，从不试图去帮助。但这反而让倪筘知道，自己是被需要的。因为很久没有和人打交道，他快不会说话了，第一堂课前他写了逐字稿，念给自己，一遍遍，一遍遍。曾经他对这个世界有很多很多的恨，所以他做了小丑的面具，这些恨还在他的手腕上留下了两条深深的印记。现在，他好像可以安宁地生活下去了。

有时候，还是会疼吧。齐秋澜轻声说。

黑猫在桌上睡着。倪筘没有回答。大颗的水珠，滴落在他的手上。那水珠是滚烫的。

我的猛虎是你的蔷薇

✱ 夏　眠

在我眼里，苏思是学校里最特别的少女。

如果非要用一个词来形容她，便是特别。明明和大家穿着同样松松垮垮的校服，但就是有一股桀骜的气质，在斯文秀气的女生堆里显得分外扎眼。

午休时，女生们都喜欢三三两两聚在操场周围聊聊八卦，顺便欣赏一下运动少年们矫健的身姿。苏思是从不参与其中的，我曾以为是因为她的性格清冷，不愿生是非，然而我错了。

学校门口的零食小摊对我来说总是有着异乎寻常的吸引力，无论是油墩儿还是油炸臭豆腐，从我感到饥饿的那一刻就仿佛生出了钩子，钩着我的胃去往那里。尽管老师父母，多次强调食品卫生，我还是义无反顾地跑出去吃了一串又一串。

终于有一次不幸中招。放学的时候在校门口吃了几串零食，还没到家，胃里便翻江倒海。短短三个小时，我跑了五次洗手间。妈妈立刻带我去了医院，很快检查结果出来了：痢疾。在她的追问下，我坦白了乱吃零食的事实。

第二天早上，妈妈带着我去找摊贩交涉，正好遇到上学的苏思，她默默看着我们无可奈何地面对撒泼耍赖的小贩。

"确定是在那家小摊吃坏的吗？"苏思在课后问我。

我点点头，那天下午我还好好的，晚餐没吃别的，就吃了他家油炸的东西。

就当我准备认命的时候，苏思拉着我再次找小贩交涉。小贩连家长都不怕，更何况两个黄毛丫头。苏思也不争论，拿出了在教室里写好的标语，一个又一个地劝说来买东西的同学："这家不干净，我同学都吃坏肚子了，不如你们往前走几步，有一家干净的店。"一来二去，同学们渐渐散了。小贩怒从心起，恶语相向。我被吓得退了一步，然而苏思一动不动地看着他，毫不示弱。

从此以后，接连几天苏思放学后都会在那家小摊前一个个地劝说同学，终于在第五天，摊主答应了给我赔偿医药费的要求。意外拿到了赔偿金的我，心里好像开出了一万朵花。

我和苏思成了朋友，这是以前谁都没想到的事。俗话说物以类聚，可我怎么看，都和苏思有着完全相反的性格。我成长的环境如温室般毫无风雨冰霜，这也导致了我虽性情温婉，却常常遇事退缩，禁不起打击。

"眠眠啊，你能不能强势点，都被欺负到头上了，去争取啊！不争取你怎么知道不行！"苏思有时会这么教训我。

"苏思啊，有时候你可以委婉点，不是说你做错了，而是听的人会接受不了。"我有时会这么劝她。

话虽这么说，我们仍旧倔强地保持着自己的本色：虚心接受，坚决不改！

苏思再一次成为学校的话题人物，是作为一个女生报考了国防类大学，大家在啧啧赞叹的同时丝毫不觉意外，因为她是苏思呀！

那晚，我们在学校的操场上走了一圈又一圈，月色清朗，周围有同学在一遍又一遍背着古诗词："醉里挑灯看剑，梦回吹角连营。八百里分麾下炙，五十弦翻塞外声，沙场秋点兵。"苏思侧脸的线条清晰而柔和，在月光下泛起了少女独有的细腻光泽，可我却莫名地想到她满面风霜在塞外流浪的样子。

"等你出发那天，我去送你吧！"我打破了沉默。
"好，也希望你能学自己喜欢的！"苏思笑着说。

我知道苏思所指，她用尽全部力量说服了父母，而我几次想和父母说自己并不想学金融，却生生地卡在了喉咙里。

没想到苏思出发的那天，杭州遭遇罕见狂风骤雨，去往火车站的路堵得死死的。

我焦灼地看着公交车上红色的电子钟，每次数字的跳动都让我心惊胆战。好不容易到了站，刚冲下车便滑了一跤，我擦了擦脸上的水，拼命朝着火车站里跑。我最好的朋友要走了，可我都来不及说一声再见。

冲到候车大厅，长长的安检队伍，我咬着嘴唇，却发不出声音。车站的工作人员见状前来问我是不是赶不上火车，是的话可以改签。我拼命摇头。

此时，我听到了有人喊我的名字。转头发现苏思在候车室的门口，向我招手。我大声喊着她的名字，跳了起来，挥着手，希望她能记住我。

一分钟后，苏思便走入了候车室，一路向北，未曾回头。

苏思等我等到了最后一分钟，我亦在最后一分钟见到了她。我像个傻子一样在候车大厅里又哭又笑，完全不顾周围诧异的眼神。

回家后，我郑重地坐在爸爸妈妈的对面："我知道选金融的话，你们会帮我安排好以后的路，可我真的不想学。"

我无法解释苏思对我的影响之大，我的父母也觉得意外。他们在听到我想改志愿后的第一反应是："苏思给你的勇气？"

大一的课业负担比高中少了不少，空闲的时候我喜欢去学校那座尖顶的图书馆里游荡。那天下午没课，我从图书馆的书架上抽出了一本有着墨绿色封面的诗集。打开一看，便是西格里夫·萨松的名句：In me the tiger sniffs the rose（心有猛虎细嗅蔷薇）。

我在书里看到了诗人余光中对这句话的感悟：猛虎象征人性的一面，蔷薇象征着人性的另一面，细嗅象征着两者的关系，调和而统一。正如余光中所说，人性都有两面。一面是男性，一面是女性；一面如海明威的鲨鱼，一面如王尔德的夜莺。苏东坡既能唱大江东去浪淘尽，亦能悲十年生死两茫茫；辛弃疾既能醉里挑灯看剑，亦能挂帆西子扁舟。

正在遐想时，苏思发来了消息，是她的自拍：利落的短发和张扬的笑颜。

我忽然明白了，我俩彼此吸引的原因。人性本有两面，我俩身上或多或少都存在着彼此的影子，看似两个南辕北辙的生命线，却在各自的延长线上彼此靠近，相交。

辛弃疾欣赏李清照，司各特欣赏奥斯汀，华兹华斯欣赏弥尔顿……他们无一例外地在对方身上听到了一部分灵魂的共鸣，他们的心里都同时存在着蔷薇和猛虎。

苏思的心里是虎穴，只是在虎穴附近开着几株野蔷薇，野蔷薇不会因为猛虎的踩踏而死亡，依然能倔强盛开；而我的心里是花园，只是花园的中心睡着懒懒的猛虎，猛虎不会因为蔷薇的芬芳而一睡不醒，依然偶尔会睁开眼睛巡视它的领地。

我是如此幸运，在蔷薇盛开的年华里，遇到了年轻的猛虎，看着它在月下，细细嗅着花开的芬芳。

那个教我写"鬼故事"的女老师

※ 闫晓雨

小时候写作文,最讨厌的一句话是:"文章体裁不限,小说、诗歌除外。"而在学校里其实还流传着另外一些约定俗成的规定,比如凡是涉及朦胧的感情、过分夸张的表达手法,以及学生们天马行空的遣词造句的文章,都是不正确的,是不符合试题要求的。在上初一以前,我一度觉得,小说和诗歌都是洪水猛兽,要不然怎么老是被"除外"呢。

初中时,我们学校是当地最好的私立学校。开学那天,其他班级的同学都其乐融融、生机勃勃,家长们也都喜笑颜开,只有我们最后三个班,气氛有些凝重。因为传言最好的老师都被安排到了前面的班级,而后面三个班的师资力量相对薄弱。

听说教我们语文的王老师还只是一个刚刚毕业的年轻老师,年龄不大,没有丰富的教学经验,而且我们是她教的第一届学生。

"不会拿孩子们来练手吧?"

"一个初出茅庐的老师来教这么重要的科目,这可怎么办?"

一时间,家长们议论纷纷,他们的担心可以理解,可这一次他们多虑了。

新上任的语文老师很漂亮,有着纯真无邪的眼神,尚未褪尽的学生时代的青涩。她站在讲桌旁边,说话声音柔柔的,普通话非常标准,像悦耳的风铃声,朗读课文的时候让人不自觉地陶醉其中,甚至忘记这原本是烦闷的课堂。

刚开始,班里还有淘气的男同学会捉弄她,毕竟这名老师看起来太年轻了,弱不禁风的样子。青春期的男生正叛逆,有爱出风头的男生会在课堂上故意拿出借来的小说看。被王老师逮到之后,我们都以为他会被叫家长,可是一切都风平浪静,让人摸不着头脑。

第二天上课,王老师带了那本被没收的小说——一本玄幻小说。我们都以为王老师要发火了,在暴风雨来临之前,大家都交头接耳,揣测着那个男生的悲惨结局。

"这本书,班里还有其他同学看过吗?"大家面面相觑,没人说话。

"别害怕,如实回答,敢于承认的同学,老师奖励零食吃。"

话音刚落,她就从讲桌下掏出一个塑料袋,里面装满了零食。坐在后排的一个男生举起了手。慢慢地,如同扫雷游戏一样,越来越多的同学开始举手。

男生们基本都举了手，我那一向羞涩、不爱说话的女同桌也举起了手。

王老师笑笑说："昨天晚上，我批改完卷子看了一下这本小说，它太厚了，没一周的时间根本看不完。作者确实有许多超前的奇思妙想，人物形象刻画得很饱满，情节跌宕起伏，让人有一种忍不住读下去的冲动，难怪你们都喜欢。"

"但是，"她顿了顿，接着说，"这个作者前面铺垫的东西太多且对主角光环的执念太强，这样一来主线就被扰乱了，显得没有逻辑。虽然读者在阅读时感到很过瘾，但看过大结局的同学仔细想一想，是不是觉得没有之前预期的那么好呢？"

同学们纷纷点头，觉得王老师神了，没看完小说就猜中了结局。然后王老师又掏出课本向大家解释，虽然课本里的文章未必是最精彩的，但每一篇都值得借鉴。

"老师并不反对大家看课外书，但还是希望同学们在有限的学习阶段，去汲取更有营养的内容。同样是小说，你们可以选择看文学性更强、文笔更精妙的中外名著。"王老师说。

那节语文课，王老师讲述了她自己从小到大喜欢看的一些书，和大家分享了她在成长的不同阶段迷恋过的历史故事、文学作品等。莫泊桑、三毛、博尔赫斯、沈从文、毛姆、杜拉斯、村上春树……一大串名字从她嘴里蹦出来，为我们打开了新世界的大门。

快下课的时候，她把零食分给大家吃，然后留了一个特殊的作业——让大家开始写日记。题材不限，体裁不限，形式不限，可以选择给王老师看，也可以选择不给王老师看。但王老师强调，如果有人愿意和大家分享自己的日记，她会在每周五抽出一节课作为公开课，来和大家一起讨论。谁的日记最受同学们欢迎，谁就会得到额外奖励。

在这种新鲜好玩的提议之下，同学们一时间疯狂地迷上了写日记，每个课间大家都会积极讨论。"昨晚你写日记了吗？"甚至成了大家见面时的问候语。因为王老师鼓励大家尽量发挥想象，不要克制自己的表达欲，所以同学们都很兴奋。我也暗暗发力，筹备自己的"大作"。

第一次公开课上，王老师挑出了一些作品和我们一起讨论。王老师说："真是没有想到，原来我们班的同学都这么有才华啊！"在公开的日记里，有人把自己的一天画成了简笔漫画，有人学着写诗，有人写出充满奇思妙想的小说，有人老老实实写日记，但真情实感的流露还是格外打动人。最后老师抽出最下面的一个本子说："还有一个同学的日记，大半夜的，吓到老师了。"

王老师瞥了我一眼。完了，果然是我，我写的"鬼故事"被发现了。

其实我已经想不起来当年自己大半夜在日记本里到底写了什么内容，只记得我在写日记的时候文思泉涌，手中的笔宛若魔法棒，轻轻松松就勾勒出一个令人充满窥探欲的虚幻世界。

我原以为写这种题材的日记会受到老师的批评，但王老师并没有说这是不对的、不好的，她反而以一种玩笑的口吻告诉我："其实人与鬼，哪儿有什么分别，或者说，在更高维度世界的生物看来，我们这些'人'又不知道被称作什么。"

那是我上过的最难忘的语文课。下课之后，老师喊住我，对我说我的文字很有灵性。虽然写得不算好，但是里面的许多比喻和情节都让她觉得我是一个可塑之才。因为涉及物种异化，她还给我推荐了《山海经》，并且告诉我："不管是什么故事，都要有前因后果，要有它的精神内核。"

"你会在写作中找到你自己。"她告诉我。

这句话，我记了很多年。我对写作产生热爱，都是因为王老师。

其实她并不算是多么特立独行、标新立异的老师，但在我心里，她是特别的。因为她让我觉得，原来语文不仅是一门学科，更是一种探索世界和自我的方式。

我怕有天你忘记了世界和我

✱ 潘云贵

繁芜世间里,我们总是在行走,总是在离别,总是在习惯身边的人来人往、好聚好散,唯有一句"舍不得你"让人泪流满面、唏嘘不已。

已经到了十月,重庆仍旧没有要把盛夏赶出自己领地换进一个秋天的意思。路面还像一块滚烫的铁板,行人如同鱿鱼一样在上面翻滚流汗。

我在大热天里都不怎么出门,一个人宅在宿舍里吹空调、看新出的电影。窗外白光刺眼,一排排香樟、刺槐、玉兰树葱绿茂密,只有零星边角起了微黄,登高俯瞰,学校仿佛静置于一片绿海中。即便大树遍布,空气还是闷热,道路上人影不多。

一旁的手机突然响起来,我拿起一看,上面闪动着一串不规则的号码,我知道那是我妈。

自高中开始寄宿生活以来,我每周五晚上都会给家里打电话,汇报在校近况,多半时候都是我爸接的。他一提起话筒,就嘘寒问暖说个不停,把我妈作为一个母亲的戏份都抢了,等我爸把话筒交给我妈时,我妈就成了哑巴,只是笑着没再说什么。后来我爸和我妈都有了各自的手机号,但我多数情况下也只给我爸打,因为他的号码太好记了,有两个连着的"8"和三个"35"的组合,而我妈的则是一堆零散的数字,比电脑随机打出的还难记。

对于从来没有把联系方式放进通讯录里这种习惯的我来说,我妈的号码自然会在我的世界里被时间的橡皮擦擦得半点痕迹也不剩。我几次建议她换号，她都不肯，她说这样的号码便宜。

以实惠原则来掂量事物几乎是每个持家有道的家庭妇女所应具备的日常生活技能，我妈把它发挥到了极致。她到菜市场买根葱都可以跟摊主为三毛钱磨磨叽叽半小时，对方拗不过她的嘴上功夫，最后还倒贴了小白菜给她。我妈像打了胜仗一样，神气地提着塑料袋离开，脚下高跟鞋一路发出高亢的响声。

去店里买鞋，她总会反复拉扯胶底，觉得款式质量还过得去的就穿在脚下，在店里优雅地走几圈，被告知价格后瞬间停下脚步，嘴上很淡然地吐出两个字："不买。"一旁的导购小姐瞬间有种想掐死人的冲动。往往这些时候我都会躲得远远的，跟我妈保持一定距离。我妈则跟没事儿人一样过来，拉着我走了。

我爸也抱怨过我妈，两眼不能紧盯着钱孔，我们家买些油盐酱醋的钱还是有的。他说这句话的时候常常是看到饭桌上菜肴太过清淡没放多少油水，腹里充足了气便往我妈脸上喷。我妈也不示弱，义正词严回道："你血压高、血脂高，我这样做不都是为你好吗？你反倒说我，没良心的。"我爸瞬间把口中无味的菜咽进肚子里。

我妈柳眉凤眼樱桃嘴，头发黑、皮肤白，平常出门时穿着都很素淡，表面上看，她是个艰苦朴素又端庄贤淑的好妻子、好母亲。但实际上我知道她所有的秘密。

我妈是个不拘泥于自己年龄紧追潮流的新世纪妇女，在家无聊时她会用我的电脑玩QQ农场、听凤凰传奇的神曲或者上网淘宝。

有次暑假我回到家，正好看到她一个人在客厅里对着电脑聚精会神地网购，什么脱毛膏、花纹胸罩、粉红比基尼，内容超劲爆，我在一旁脸都看红了。我妈得意地点了一下付款，却大叫起来："不是说满200减100吗？怎么没减，真是无良商家！"我这时说话了："不是商家无良，是您老没在规定的专区里买。"我妈转过来看到我站着，瞬间感觉不好，急忙退出网页，呵呵笑着，像个秘密被人发现的孩子。

我妈特聪明，怕我嘴巴不牢固在七大姑八大姨面前破坏她的形象，就带我上街买衣服，想给点好处堵住我容易漏风的嘴。当我到专卖店里真挑了几件价格还不便宜的衣服时，她却说家里的门忘关了得先回去，便拉着我往外跑。没走多久，在一家少女风格服装店的橱窗前，她却停下来，痴痴看着一件纯白色的公主纱裙，许久不动。我问："家里没关门不怕小偷吗？"她轻轻回了句："家里供着财神爷，怕什么。"

我妈说她年轻时可是镇上一枝花，V型小脸、蛇精腰身、纤纤玉手、明眸善睐，那王婆卖瓜的架势好像女明星跟她少女时期一比都弱爆了似的，可她往往在一句"嫁给你爸后就毁了"后黯然神伤。我爸原先脸就大，身形彪硕，加上平日饭后只坐于沙发上看电视，甚少运动，在时间的过道里滚成了球，还越滚越大，胖乎乎的。他脸上时常有厚厚的油光，拿袖子一擦，便有一片淡黄色的油渍留在上面。我妈经常跟我念叨："十几二十年前如果知道肥胖也是种'传染病'的话打死我也不跟你爸过，你瞧瞧他现在把我传染的。"我摇头，说这不科学。我妈就咬咬牙用移动每月送的30兆流量在手机上刷出一条微博来，只见上面写着："哈佛最新研究表明，近胖者胖……"

当我读完微博，再看看我妈，她脸上像一个大大的囧字，五官挤在一块儿，三围已经超出我的目测范围，当初的一条细柳枝已经粗壮成苗壮树干，她像一座塔站在我面前，果然是被我爸传染了。我迅速做出一副逃离状，从她身旁抽身而出坐到沙发的另一边。我妈像少女一样跺了跺脚，气冲冲地走了。我忍不住大声笑起来。

跟全天下的中老年妇女一样，我妈也喜欢搓麻将和跳广场舞。被人提及，她从不心虚，反而理直气壮，说搓麻将可以锻炼大脑，跳舞则可以活动四肢，二者都对减肥有效。

但我爸十分排斥搓麻将这种脑力劳动，不仅深夜扰民，更为重要的一点是还伤财。我爸说过我妈几回，每次他一见我妈精心打扮好后要出门便拦腰截住她的去路。我妈表面上和颜悦色答应了，但一等我爸不在家或者半夜睡得正酣，她就悄悄溜出门去。全世界都拦不住妇女们修筑长城的热情和决心。

至于跳广场舞，我爸的态度是不支持也不反对，在他看来，只要我妈不赌钱不出轨，就能获得绝对自由。男人真是一种宽宏大量的动物。我看过那舞蹈，震耳欲聋的音乐中大妈们排开了阵势，舞动起来，欢庆解放似的。我妈就在其中，笑得像朵花，一招一式做起来都很流畅，水桶腰荡来荡去。

有时广场上跳的是交际舞，我妈也会。但她的同伴却笨手笨脚，经常踩到她。我妈起初说没事，两三次下来她终于受不了了，四处瞅瞅，见我在，便急忙跟同伴阿姨说："我儿子来叫我回家了，我就先走了。"那阿姨看着我妈说："你人真好，下次我还跟你跳。"我妈犹豫地"嗯"了一声，赶紧拉着我跑了。回去的路上，我妈一直说着"这年头猪一样的队友特别多"，并不断在我跟前强调她脚疼，想让我背她。我瞧瞧她的吨位，拒绝了。我妈气呼呼地说自己养的都是白眼狼。

每天夜里，我妈经常要跟我爸展开一场电视遥控器争夺战。两个人都是胖子，体重上不分伯仲，但比起我爸的笨拙，我妈的身手可谓异常敏捷，数次得手之后，我爸灰了心，干脆也不跟我妈抢了，直接回房睡觉。我是芒果台的死粉，特别钟爱《我是歌手》这个节目。去年她迷黄绮珊，今年超迷邓紫棋，还说邓紫棋就是女神，有次电话里我问她那黄妈不是吗？她坚决说不是，理由是她的"胖子传染病理论"。她说跟着瘦子才有未来。

邓紫棋在福州开演唱会的那天，我妈骗我爸，说自己去大姨家，结果一个人跳上大巴去了海峡国际会展中心。数以万计的粉丝蜂拥而来，我妈在人流中陀螺似的转圈，好不容易才找到自己通过团购买到的靠边位置，一瞧，前前后后都是一群戴眼镜的宅男。她刚坐下，一男青年便问："大妈你也追星啊？"我妈尴尬地回答："陪我儿子来的，陪我儿子来的，他坐前面……"那天晚上我正在图书馆上自习，我妈先是发来彩信告诉我她正在看邓紫棋，说她跟电视上一样真的好瘦好漂亮；紧接着她控制不住又给我打电话，我小声跟她说自己在上自习。人群中喧嚣声盖过一切，她没听清我说什么，只兴奋地一个劲儿喊着："你听，你听……"手机随之被她举向舞台，邓紫棋在唱《喜欢你》。瞬间自习室里的目光都向我扫射而来。

我也听过我妈唱歌，从的经典儿歌到王麟的《伤不起》，她都会唱，最经典的还是《让我们荡起双桨》。这首歌之所以让我印象深刻，倒不是因为我妈的声音有多么天籁可以返老还童，而是因为她在唱这首歌时才会加上她那个年代小孩子表演节目时的标准动作——一手叉着腰，一手前后摇摆，样子很乖。

我妈常跟我说起她年轻时的事情，参加学校里的各种比赛，学当时很红的张曼玉烫过卷发，在床头贴过周润发的海报，收集过小虎队的卡带，喜欢穿淡蓝色的牛仔套装，还去过小清新的鼓浪屿，按照现在时髦的话讲，也算是个"文艺女青年"。如果不是因为外公外婆早早把她嫁了人，提前结束她美好的少女时代，她现在说不定还能在电视上唱歌或者出演某部电视剧的女主角。她说的时候略带着一些怨怼和遗憾，眼睛眨都不眨一下，仿佛一切都是真的。

我妈不止一次跟人提起这些话，好像要告诉全世界她现在变成一个庸俗肥胖的家庭主妇都是拜外公外婆所赐。听众们都跟听祥林嫂的悲惨故事一样，从最初的表示惋惜到随后的渐渐习惯又到最后不得不麻木离开。没有人跟我妈这位曾经有故事的女同学讲话，她就变得很孤独。

外公过世的那天，我妈不像大姨小姨那样提着录音机在灵堂哭，她没有眼泪。晚上，我爸忙着外公的丧事没回家，是我妈先带我回来的。深夜，起风了，屋外的树丛猛烈摇晃着，树荫间的缝隙像阴森森的墓穴。我睡了一会儿，突然被一阵剧烈的哭声吵醒，隔着墙，我也能听得清，那是我妈在房间里哭。我起身走到她的卧室外轻轻敲了敲门，房内的哭声顿时止住。

我妈开了门，面对她双眼红肿、眼袋低垂又有些许皱纹的面颊，我一下子也不知道自己要说什么，只问："爸爸回来了吗，我想爸爸了。"我妈顿时扑过来，抱住我，一头压在我的肩膀上，闷住哭声，灭火似的，抽噎着说："妈妈也想爸爸，爸爸，爸爸……"之后她哭开了，那样子像极了童年时迷了路或者丢失了最好的玩具的小女孩。

我妈一直都不喜欢或者不习惯离别的氛围。从小到大，把我送进幼儿园的是我爸，带我去小学报名的是我爸，目送我离开小镇去城里念高中的还是我爸。记忆中，离别的场景里，我妈从来都缺席。但自外公去世后，再碰到我离开家去学校的时候，我爸的身旁总会站着我妈了。她一脸平静，没有演绎电视上那样催泪的剧情，看我上了车，挥挥手，连再见也不说。唯有一次她开口了。

在我去重庆念大学的那年九月，我妈被查出患有神经衰弱，开始过上一种每日都需靠药物维持神经正常的生活。我好几次看见忘记吃药的她站在我面前，样子傻傻的，像陌生的小孩子，我大声叫她，喊她，她都听不见。我怕她有天就忘记了这个世界，也忘记了我。临行那天，她先是笑着凑到我耳边，轻轻地说："知道你现在已经大了，但还是舍不得……"她哽咽了，后面的话没有说出，脸上抽搐着又立即被她强压下去，然后装作没事人一样朝我挥手，见我上车落座，便赶紧背过身去。那次到校后，我打电话回家，我爸说那天我妈回到家后就一直躲在房间里哭。

繁芜世间里，我们总是在行走，总是在离别，总是在习惯身边的人来人往、好聚好散，唯有一句"舍不得你"让人泪流满面、唏嘘不已。

整个夏天若没有台风途经，福州的太阳也会辣得要命。碧空如洗，没有半点云。

我妈在天台上晒衣服，突然想到自己儿子身在雾都，一定见不到家里这样蓝得就像是颜料泼出来的天空，便拿起手机给我打电话。我在电话这头告诉她虽然重庆经常有雾，但它夏天时也跟福州差不多，还是有阳光、蓝天的。之后我妈便跟我聊起她最近想学隔壁陈婆婆那样买份保险，说等哪一天自己离开了，起码还能留下点什么给我和我爸。

我突然沉默了，发现我妈真的老了，我的心像被人重重打了一下。

我妈见电话那头许久没有动静，便有些后悔自己刚刚说的话，急忙补了一句："我也只是随口说说，你在学校好好念书别多想，啊？"我在电话这头半晌才应了一声"嗯"。

张爱玲在《易经》里写道："我们大多等到父母的形象濒于瓦解时才真正了解他们。"

父母无时无刻不在守护着我们，为我们付出一切，甚至努力为我们保持着自己最初的模样而不让我们感到生疏和倦怠，但他们终究还是被现实、生活削去棱角，刻上纹路，变得不堪入目，像是朽木雕成的器物很快被人遗弃。

他们的爱沉入湖底，在不为我们所察觉的时候化成一片荒芜的青苔。

时间太残忍。

妈妈，已经二十岁的我特别想像小时候那样矫情地喊你一声。

无论时光如何老去，在我心里，你一直都是个美人，你会如沉香住在风里，一遍一遍吹向我想你的每个晴天、雨天。

茉莉粉替去蔷薇硝

✻ 张秋寒

像蚌守着珠子那样，我守着这个故事守了这么多年，如今要讲出来，又取了这样一个题目，原本是可以把故事里的两个女孩化名为莉莉与薇薇的。——在这座城市里，随便哪一条路上都住着十个八个叫莉莉叫薇薇的女孩，这不会引起谁的注意，安全极了。

想来想去，我决定还是不这样做了，就用她们本来的名字来称呼她们。

她们之中，一个叫周清响，原是个不声不响的人。而比废园里无人问津的春草还蓬勃的那个叫李鸽。她人如其名，给人一种鸽子在阳光下展翅而飞并震落尘埃与羽毛的眩晕感。

1

李鸽在河婴城里以刀法而闻名遐迩。十岁时，父亲李大川被人喊去垫牌，李鸽就能帮他垫刀了，虽然那时候她的脸还没有刀大。她切出来的素鸡、牛肉、猪耳朵……永远是那么薄厚均匀。有人戏言看她操作都应当像观赏表演一般另外付钱。

李鸽算账门儿清，加减乘除以外的数学却怎么都学不好。她的数学老师是教研室主任，坐在办公室最后一排。周清响去送作业常见到她，像一棵雷打不动的发财树盆景一样装饰着主任的工位。

"你考不考得上大学跟我有什么关系呢？我工资不少拿一分，我是替你焦心。再过两年，大家都考出去了，去北京去上海，逢年过节回来一看，啊呀，李鸽啊，你还在这儿切猪头肉呢。你脸上好看吗？一个女孩子，就一辈子卖卤菜？"

"一辈子卖卤菜不好吗？要是我爸哪天干不动了，我又没接手，你想吃免费烤鸭就吃不到了啊。"

主任迅速咳了两声，别的老师各忙各的，假装没听见。

李鸽继续说道："再说了，考得好不如嫁得好啊。他们谁去了北京上海，我就跟他们结婚啊，那我不就也去了？我也就这么说说，房子面积小于一百二我还不嫁呢。"

这样的歪理邪说主任完全不想再多听一句，赶紧摆手叫她走人。她走到门口又被叫住。主任抖着她的试卷："下次你把手洗干净再做题，办公室给你弄得一股麻油葱花味！"

李鸽骑上她的三轮车回家了。大家都骑自行车或电动车，只有她骑三轮车。她说她从小就学骑三轮车帮家人出摊，骑两个轮子的很不适应，索性不骑了。同学中有谁没骑车的，她就捎他们一段路。久而久之，有人会开她的玩笑——学着上海滩太太小姐的样子向她遥遥地招手，喊一声"黄包车——"

有次周清响没骑车，李鸽骑到她近旁慢慢减速，头朝后侧车斗微微一歪。

夕阳西下，李鸽晃晃悠悠地骑着，问周清响是不是十七班的数学课代表。周清响"嗯"了一声。通过车龙头上的后视镜，她看到李鸽被晚霞映照得宛如刚刚出炉的蛋糕一般金红色的脸。快乐的小雀斑像芝麻似的点缀着它。

她头一回见人力车还装后视镜的。李鸽说没辙，上次骑这车去进货，不知哪个王八羔子从后面顺走了一只鸡。

李鸽听她没有口音，问她是哪里人。周清响说她来自棠远，父亲母亲一起被公派出国研修，她就来亲戚这里借读一段时日。

"呀，大城市来的。"

"别这么说。"

"棠远好玩吗？"

"没什么好玩的。也就是楼高点，人多点。"

说到人多，前面的人竟真多了起来。她们只当是闲得没事的人聚拢在一起吵架，正要绕行，猛听得后面有人扯起一嗓子："李鸽，你爸昏死过去了。"

李鸽以为自己动作已足够快，周清响倒更麻利地卸下书包，钻进人群，指挥众人疏散开来，腾出场地保证空气流通。她轻车熟路地使出了一套李鸽在学校安全知识讲座上看过却早就忘记的方法按压着李大川的胸部，并不断询问，试图唤回他的意识："还好吗？听得见吗？"

没得到回应，周清响捏住他的鼻子，打开他的嘴巴，深吸了一口气。

"要不我来吧……"李鸽还没说完，周清响已然下嘴。

救护车笛远远传来，李大川也终于微微地哼了一声。

李鸽正要向周清响表达感激之情，而她父亲的呢喃让她原本飞扬的神色马上又暗淡了下去。素琴——听上去，他是在叫一个人的名字。

2

待到李大川出院，李鸽做的第一件事就是切了一整只烧鹅，摆成好看的造型送去给周清响。她寄居在姑婆家，那庭院里种满了藤蔓植物，穿插其间的栀子花绵延盛放，溢出浓郁馨香。透过落地窗，李鸽可见周清响正伏案写作业，她的姑婆戴着一副金丝老花镜坐在客厅的藤椅上读报，还不时地腾出手，拿调羹搅拌一下侧边茶几上的饮品。不消多说，葡萄架下毛色纯正的牡丹鹦鹉必然也出自这位老太太的悉心照料。

周清响见她来了，忙取出客用的拖鞋给她。李鸽向她姑婆问好，老太太兀自端坐，懒洋洋地从镜片后抬起一双深凹的眼睛，回了声好。

两个女孩溜入房间里说话。在周清响的卧室里，李鸽平生头一回见到了床旗这种东西。她问有什么用，周清响说装饰呀，好看呀。李鸽后悔有此一问——这家大部分东西都是无用的，那些瓷器，书房里的波斯毯，镶嵌在壁灯四周的琉璃……比起来，她屁股下面遍布雕刻的樱桃木墩子已经很实用了，好歹还能供人休憩。她极不自如地坐着，说："心脏的问题倒还好。医生说最大的可能是他在那个不透气的小屋子里打牌打了一整天，缺氧。"

"那我还是学艺不精，误判了。"周清响浅浅地笑了笑。她家三代悬壶，父母都是省人医的骨干。她自幼耳濡目染，也学了些入门功夫。

"以后你也做医生？"

"不出意外的话。"

"你准备考哪里的大学？"

"小概率北上广，大概率回棠远。"

"你爸妈回国后，你是不是高中就转回棠远？"

"各占百分之五十的可能性。我们学校也不错的啊。"

"我们班数学课代表讲话也没像你这样张口就

是饼状图啊，真头疼。"

女孩子们聊到天色向晚。照道理，家长应该留人用晚饭。但周清响的姑婆仍旧按兵不动，直至二人从内室出来，她还在修剪她的宝珠茉莉。李鸽表示要告辞了，老太太方才想起什么似的，将李鸽带来的烧鹅归还："谢谢你，不过我们一家都不吃卤味。你带回去吧。"

眉尖若蹙的周清响待要说些什么，她姑婆又抢在了前面："你认识回去的路吧，要不是我眼睛不好，指望清响帮我拣绿豆，我就让她送送你了。"

这逐客令再婉转李鸽也听懂了。在周清响无助的目送里，她颔首而退。这之后，她见到周清响就像见到全体同学那样稀松平常，但她的行事作风却更加剑走偏锋。她放学后会戴上一顶蓬松如蘑菇云的粉红色假发，三轮车的车斗里也多了一个音响，里面播放着复古的迪斯科曲。她就那样摇曳着，晃荡着，从高高的闸桥上飞驰而下，把这座安静而落寞的小城抛在脑后，驶入属于她自己的浓酽黄昏。

3

高二下学期，一个春天的晚上，大街上滚滚的都是风絮。它们在街灯下成团成团地堆积溃散，状如幽灵嬉戏。街边，还没收摊的李鸽正就着一个昏沉油腻的灯泡背单词，转角处那条她放学后常常抄近路过来的背街小巷里忽传来争执。

她把单词本扔在一旁，箭步走去，只见周清响被职中那几个肄业的酒鬼拦截骚扰，顿时放声叫道："猫尿灌多了就回家晒尸，头被你们吵得生疼。"为首的那个光头认得李鸽，虚眯着眼走过来拉扯她："就到梦之城喝两杯唱两首歌，你一起去。"

李鸽别在身后的那只手扬了起来，平日里专切下酒菜的厨刀在夜色中冷光荧荧地往墙上一刹，砖缝间探出脑袋的野草蓦时成了断头鬼。

这伙人的酒醒了一半，意识到她没有闹着玩。光头咬断了牙签啐在地上："好男不跟女斗。你改天最好切几斤牛肉来找哥几个赔罪。"

人走后，李鸽和周清响不约而同地抬起头。逼仄的巷道上空，一钩淡月，长天如水。周清响说："我今天是专门来找你告别的。我爸妈都回国了。我差不多也准备回去了。"

李鸽点点头："那你跟我来，我给你切一点蹄筋，也算为你饯行。祝你以后春风得意，前程似锦。"

周清响搓了会儿手，说："是不是姑婆那次说的话被你听见了？"

"她应该就是说给我听的吧。"

那天李鸽还没走远，隔着院墙，就听见老太太教导孙辈："卤味的食材都是激素饲料喂出来的，吃多了长个儿不长脑。还有啊，近墨者黑，以后少和这孩子玩，多跟学习成绩好的同学交往。就像他爸爸这种劣迹斑斑的赌徒，也就市面上的混混才跟他沆瀣一气。"

周清响说，姑婆就是这样一个人，并不坏，只是对什么都心存防备。她也不喜欢姑婆，与之生活深感疲惫，所以才同意家人带她回棠远。她的睫毛像灯上乱撞的蛾子那样错乱频繁地闪动着，良久，说道："你要是想的话，我也可以留下来。"

寂静的空气中弥漫着一种生涩的铁锈味。李鸽把蒜泥浇头另用一个食品袋装好递给周清响："我很小的时候，有个人对我说，有缘，缘就是个圈，绕一圈还能遇上；没缘，缘还是个圈，把人困住，画地为牢。我那会儿才几岁啊，哪能明白这样的道理，但她还是对我讲了。 她太压抑了，需要倾诉。现在想想，人生确实就是这么个理儿。你回去吧，要是有缘，以后总能再见面。我去棠远，也能有个人请我吃饭不是？"

4

周清响转回棠远后，她和李鸽的生活都没什么变化。她到了新班级仍旧是数学课代表，李鸽也仍旧忙里偷闲地帮李大川守摊卖菜。这种像溪流一样和缓的日子，一路向前，直至涌入高考的海洋，掀起出人意料的狂浪。

成绩公布的那天，全校议论最多的不是本届状元，而是位列班级第二、年级第三十四名的李鸽。发榜后，李鸽对向她投来的各种各样的目光都报以一笑。数学教研室主任没有心思指导学生们预填志愿，李鸽成了他最想研究的课题。

李鸽给他挑了一只大个儿的烤鸭："老师，我近来也像你一样狂吃鸭子。我觉得吃鸭子对人有好处。"

"怎么讲？"

"春江水暖鸭先知，高考的题目我全押中了。"

"能不能正经点。"

李鸽哈哈大笑，两手各举起一个鸭头和一块猪头肉："老师你还是这么不禁逗。其实，人装得像鸭子那样聪明很难，但装得像猪那样笨就很容易了。"半年后与周清响在医学新生冬令营中重逢，李鸽给出的还是这番解释。

冬令营由棠远医科高校联盟发起。为培养学生们吃苦耐劳的精神，组委会将营地安排在条件艰苦的郊县人医，改造了一层弃用的病房作为宿舍。

彼时，李鸽所在的棠远医科大学小分队率先抵达，她刚把自己的床铺收拾好，就听见走廊上传来新人的脚步声。回首的刹那，李鸽并没有第一眼认出周清响。她首先是瘦了，像颗失去了水分的苦杏仁。她的头发也剪了，剪成了齐耳短发。她原本灵动的鹿眼变得很凋敝，让人对视后莫名不再有好心情。她的行李箱上贴着冬令营统一分发的不干胶贴，上面有校名和人名。

"英语的答题卡我抢在响铃前涂了一半。我不知道之前为什么没涂，我完全想不起来了。之后化学和生物也没心思考了。"入睡前，在漆黑的能使人放心倾诉的暗夜，周清响道出了自己败北的内情。她就读的是一所普通综合类大学的二级医学院，分数线和棠远医科大相差近三十分。懂行的人基本心里有数，但在她开口前李鸽不曾提问半句。

周清响把脸转向李鸽的这一边，说："你考上了我最想上的学校，替我在里面好好学。"

"这像是紫薇对小燕子说的话。"

"不是吗？来到繁华的都市，进入高级的学府，你已经脱胎换骨了啊。"

"你为什么不问问我是怎么走到这一步的？"

李鸽说她和她爸打过两个赌。李大川赌她考不上棠远医科大，否则他就戒赌。如今她考上了，他只好尝试着兑现他的赌注。李鸽又赌他戒不了。"要是这一赌真的成了你最后一赌，我想尽一切办法也会把我妈找回来的。"

李鸽九岁那年冬天，河婴城空前寒冷。好容易熬到了一个晴朗的周末，她却被她母亲钟素琴从懒觉中叫醒。她不想起床，扯过被子继续蒙头大睡。钟素琴说："那我自己去百货商厦了。"她一听这话，一骨碌爬起来，麻利地穿上绒线裤，套上厚厚的袜子，扒了两口粥就和钟素琴一起出了门。那天阳光明媚，大街上的人被照耀得近乎透明。钟素琴也是。她穿着一件浅灰色的呢大衣在阳光下行走，像李鸽夹在书里的广玉兰花瓣，又薄又纤细，风一吹就会不见了似的。

离春节还有一段时间，虽然各处都在打点布置，但百货商厦的新年酬宾活动尚未正式启动。李鸽相中了一个书包后，连柜员都劝钟素琴等两天再来，价格能便宜一半。

钟素琴不仅执着地当场买下，还往书包里装了文具盒、自动卷笔刀、可以换不同衣服的娃娃以及一堆零食。

"妈，你发工资了？"

"不是。妈是发狠了。"

"妈你以后多发发狠。"

"鸽子，狠字怎么写？"

"狠字少一点。"

"那把狠字的反犬旁换成竖心旁呢？"

李鸽一时想不起来，在手心里写了一下："是恨字。"

后来，在新年来临前，还是一个周末的早上，李鸽睡到了自然醒。她一睁眼就看到了枕头边的纸条，上面写着："鸽子，别恨妈。"

她顾不上穿绒线裤和厚袜子，赤脚下地穿鞋出了门。门外漫天风雪，积雪有她半个小腿那么高。她号啕大哭着扑入雪地。拖鞋掉了，她就赤着双足，深一脚浅一脚地走到了街市上。地上一行一行的脚印，看起来都不属于她母亲。

竭力走到熟悉的那户人家门口，她哪哪敲开了门。李大川赌花了的眼被银光闪闪的世界刺得睁不开来："下这么大雪，你妈怎么让你来。哎？你鞋呢？"

此后的每一年冬天，当脚上冻疮痛痒难耐地发作时，她就会想到那个早上。她原本捏了一个很大的雪球握在手里，想狠狠地砸到她父亲的脸上。但他出来时，她忍住了。他再怎么样都是她的父亲，屋子里面全是他的朋友。她决定回家再跟他算账，不在人前让他丢脸。因此她只是说了句"妈喊你回家吃早饭"，便转身离去。

"清响，就是那个瞬间，我意识到，我不是一个孩子了，我成大人了。我妈妈的出走，让我一夜之间变成了大人。"

5

最近一次汇款信息显示，钟素琴人应当在广州。李鸽没出过省，更别提去广州了。她决定冬令营结束后去一次广州。周清响说，如果真是广州的话，有个人恐怕能帮上忙。

这个人叫梁冶文。他的情况和周清响很像。由于父母工作的原因，中学时期来到棠远念书，毕业后，父母返回广州，他也填报了广州的高校。

"你们俩很熟吗？"见周清响久不作声，李鸽才又问，"还是，远不止很熟那么简单？"

周清响低着头掐了她一下。

冬令营结束是腊月十六，距新年不到半个月。李鸽说去广州的票好买，回来赶上春运，不一定能买到票。周清响完全不担心，她说梁冶文是抢票的高手。

在去广州的火车上，两个女孩一起吃泡面，你睡一会儿我睡一会儿地互相照看行李。车子开到湖南境内已是凌晨，车窗外掠过淡淡的山影。两人都睡不着了，就依偎在一起小声说话。

"平时月考，他总成绩一般和我差不多，但我理科好，他文科好。他看外国电影基本不用看字幕。他还写诗。他喜欢北岛和辛波丝卡。"

"他主动追的你？"

"写了一首诗。是不是很土？"

"怎么可能，现在哪还有写诗的男孩子。他诗里写了什么？"

"忘了。鸽子，说出来你不信，我连他的样子都有点记不起来了。高考对我的打击很大，我当时把自己反锁在房里三天，基本什么都没吃。三天后我给了我爸妈答案，我说我不复读，有什么学校就上什么学校。之后我就去找梁冶文。我们曾经约好了一起考棠远医科大，但他父母回广州后他对这事犹豫过。我说你现在不用犹豫了，你回广州去吧，我也要出国了。他问我这是不是分手的意思。我说什么啊，我答应过你什么吗，我们根本从来没有开始。学校严禁早恋你不清楚啊？"

"那你这次又找他？"

"我当然是为了你。"

"你得了吧，你就是想再见他。"

周清响又低着头掐了她一下。

早晨五点多，梁冶文来接站。李鸽的视力像鸽子那样好，老远就看到一块牌子上写着她和周清响的名字。当然，这更大程度上取决于梁冶文一米八五的身高。李鸽开始翻包，找见面礼。周清响拿胳膊肘抵了她一下："干吗，我不是让你对他冷淡一点，不要太热情的吗？"

6

广州的冬天很温暖，天桥上的三角梅扑扑啦啦地开着，这在李鸽看来是不可思议的事。她和周清响在西关的一爿小店里买了同款的裙子。她的是藕荷色宝相花，周清响的是墨绿色唐草纹。梁冶文带她们去沙面吃肠粉，去荔枝湾听粤剧，晚上坐轮船夜游珠江。

趁周清响去盥洗室的间隙，李鸽向盛情款待的梁冶文表示感激，同时言明她们来这一趟是有要事在身，恐怕不能耽于游玩，误了正题。梁冶文说他有数，他之前已经托了人，这两天应该会有回话。"你和清响认识很多年了吧？"

"怎么讲？"

"人以群分，你们有些地方很像。她以前也是这样，留着长头发，穿一些颜色很温暖柔和的衣服。"

李鸽这才瞄了一眼自己朦胧浮现在玻璃上的身影。她确实很像当初的周清响。她从不属于模仿他人。但她要如何解释呢，要跟这个刚刚认识了二十几个小时的男生说，她几年前遭到姑婆的折辱，于是暗中发愤,自证卤味之家也可以走出一个有学识有修养的女儿来与清响平起平坐吗?

她最终只字未提。落在外人眼中,是东施效颦还是破茧成蝶都随便。

"你真会说话,难怪她说你写诗。"

"太难为情了,这都是以前的事了。"他害羞起来。

"写诗怎么了,我以前还卖盐水鸭呢!"

"真的吗?"

"是啊,所以她们看解剖都很害怕,我一点儿也不怕,我以前整天剖鸡鸭鹅。"

话音刚落,梁冶文收到了微信。两张照片是两个都叫钟素琴的外省籍女性。第一张是证件照,李鸽一眼否认。第二张是生活照,随着人脸在梁冶文反方向的两个指头间不断放大,李鸽不禁错愕地捂住了嘴。她没想到她母亲已经老去至此。

信息很快又回复过来。第二个钟素琴之前在东莞的服装厂工作过,后来到广州番禺开了一家淮扬菜馆。半年前菜馆所属的那栋楼拆了,店自然也就关了,人不知所踪。

第二天一早,李鸽执拗地请梁冶文那个名叫阿仔的朋友带她去了一趟番禺。阿仔指着前方一片待开发的工地说,那就是菜馆的遗址了。周边的骑楼下,有些工人坐在地上吃炒河粉。李鸽就想,她母亲刚来广东的时候是不是也这样呢。她对父亲,对那个家到底多么厌恶才能甘愿过这样的日子呢?

李鸽问阿仔能不能查到这栋被拆除的楼的权属,这样就可以找到房东,房东也许会有她母亲的联络方式。阿仔说楼是公家单位,改制给个人后转手卖了好几回,屋子被包给了中介出租,中介出租后又会冒出二房东三房东。"靓女,不是我扯大炮,珠江两岸,阿仔我说查不到的就连警察也查不到的。"

周清响适时劝道:"也许她现在一个人也过得很好。再说了,她给你汇钱,心里总是装着你的。"李鸽说:"但她有一段时间没有汇款了——我不是想要她的钱,只不过这是我们之间唯一的联系。"

晚上,梁冶文带大家去喝酒唱歌。饶是低度果酒,也令不胜酒力的周清响很快投降。但酒助歌兴,她像变了个人似的,和阿仔二人轮番献艺,犹如打擂,叫李鸽和梁冶文毫无立足之地。李鸽先出去透了个气,紧接着梁冶文也来到了露台上,还端来了他们的酒。

月朗星稀,远处的小蛮腰塔配合夜风在天幕下炫动着。梁冶文主动碰了一下李鸽的杯子:"不说什么敬明天,敬过往,就敬这一刻。很高兴认识你,李鸽。"

他身后有一盏悬在高处的灯,但他个子高,竟然能遮住那光。于是光线在他身后辐射开来,使他像一个神派来的使者。李鸽就那么情不自禁地一股脑儿对他说了所有的事,类似于一种自言自语的祷告。"这就是我的过往,至于明天,我没有太大的祈求,比过往稍微好点就行了。"

梁冶文不作声,只注视着她。她被看得有点不好意思了,就叫上他一起回去。

他们推开门,见周清响和阿仔在接吻。

返程的列车上,周清响提到这事,先是叹了一口气,继而簌簌落泪:"我只是想看看他会不会难过,但他反过来祝福我。"

"那么,如果是他呢?他有了新的感情,你会祝福他吗?"

"以前不会,因为我没那么大方。现在更不会,因为我和他彻底没关系了,没必要祝福。"

话虽如此,一年后,得知梁冶文柳暗花明又一村,周清响还是祝福了。她说:"鸽子,你知道的,我不是祝福他,我是祝福你。你不要有压力,我们永远都是朋友。"

7

相识源于寻母,相爱的理由也一样。

新学期收到钟素琴最新的一笔汇款后,李鸽瞒着周清响和梁冶文,独自南下来到广州,和阿仔约在东山口见面:"一栋已经不复存在的房子,你还能找到店家的照片。现在汇款的信息就在这里,我相信以你的能力,不可能束手无策。"

阿仔说:"清响没来吗?"

李鸽寻母心切,迫于无奈撒了谎:"清响说了,你要再见她，除非帮我。"

"女人和兄弟难道只能二选其一？"

李鸽听出他话里有话，反其道而行之："其实我上次来就知道你肯定有什么地方瞒着我。也许是你自己的原因，也许是梁冶文的原因，这都不重要。重要的是，我疯狂想见到一个人的心情，你肯定比谁都理解。"

阿仔动摇了："你会告诉冶文吗？"

"我相信你，你也要相信我。"

"清响一直没再理我，你替我告诉她，我阿仔不会逢场作戏，我是真的喜欢她。"说完他给了李鸽一个地址。

那是一家淮扬菜馆。李鸽走进去，点了一份扬州炒饭。这时并非饭点，本来在柜台后面操弄计算器处理账目的老板娘头也不抬地朝后厨喊道："扬州炒饭。"李鸽想叫一声"妈妈"，却忍住了，兀自找了个座位背对着母亲坐下。稍待了片刻，钟素琴到窗口取了餐端来，李鸽低着头道谢。走出去两三步远，不知是察觉到什么还是心灵感应，钟素琴蓦然回首。

带着李鸽到附近的一个小公园，母女俩一人捧一个椰子啜吸着，钟素琴将事情的始末一一交代清楚："姓梁的小伙子找到我的时候，我让他跟你实话实说。但是他怕打击到你。那时候番禺的店碰巧也要关了，正好就被他说成了一条掐断的线索。他第二次找我应该是在你来过广州以后。他请我继续给你汇款。我说她已经年满十八周岁，照理我已经完成了抚养义务。他立马就说，汇款的钱可以由他来付。我当然没要，我对他承诺可以一直供你到大学毕业。但是他也必须答应我，到那时候，无论如何都要告诉你真相。"

跨越十年和几千里的重逢并没有像李鸽预想的那样震撼。她只记得，在树荫里，钟素琴掏出纸巾帮她擦掉额头上的汗，不仅没让她感动，反而让她无所适从。临了，她也只是轻轻问了她母亲一句："那个人他对你好吗？"

"挺好的。你放心。"

她一刻也没有在广州逗留，当天买了回去的票。去火车站的路上，她给梁冶文打了个电话，说她在广州，但要回去了，问他能不能来送送她。梁冶文当时正在佛山做社会实践，但他什么都没说，一口答应，在发车前最后一刻出现在李鸽面前。

李鸽原本要释放给母亲的眼泪就像梁冶文一样虽迟但到。旅客以为这对拥抱在一起的年轻男女不过是为寻常的别离伤感，只有梁冶文明白，他悄悄用他的爱情为她的亲情奠基一事大抵是败露了。

这当然也是李鸽给周清响的说辞。她实在没有勇气告诉她，露台上，他端着酒杯说很高兴认识你的那个夜晚，她已然充满内疚地心动了。

这样的内疚不断升级，直到毕业那年冬天登顶——她作为优秀的"家生女"被导师内推留在附属医院就职，占用了一个外考名额。而假使再多一个外考名额，周清响就会成为她的同事。周清响并未表现得很失落，她给李鸽编辑了一条很长的短信：

鸽子，造化弄人是弄一次还是弄十次，对我来说没什么分别。我高兴的是，纵然我与理想的学校、钟情的男子、心仪的岗位——失之交臂，但它们都在命运的岔路口拐了个弯，投向我最好的朋友的怀抱。人生被替代却无怨，我想仅仅是因为若干年前，有人在放学后用三轮车载了我一程。她的笑容瓦解了我求学他乡的一切苦闷。

鸽子，古人云成家立业，我就按这个顺序来吧。工作的事丢在一旁，我预备先和阿仔结婚了。周六下午三点，记得来婚庆公司试伴娘服啊。

8

周清响婚后差不多又过了三年，在单位新招聘人员公示名单中，李鸽见到了她的名字。

这三年里，梁冶文重返棠远，进了一家国企，周清响则是随阿仔去深圳做生意。李鸽和她之间的联系并不多。看到名单，给她打了一通漫长的电话后，李鸽才得知他们的事业并不成功。阿仔融资艰难四面举债，周清响只能拾起本行求个饭碗。她入职后被分到心外科，和李鸽所在的产科一样忙碌，常常照面了也顾不上说几句话。有天难得下班都早，在地下车库遇见，两人都想找个地方聊聊。周清响提议回趟河婴："现在出发，到那也就七点半。"

出城稍稍堵了一段，之后便畅通无阻，就像两个人的心结全部打开。"从前骑三轮车载我，现在开汽车载我，以后再升级就得换火箭了。"

说说笑笑到了家，李大川见女儿回来了，麻利地剁了四五种卤味，交给李鸽时又趴在车窗上追问："我跟你打的赌到底还算不算数啊。就算你不在家我都一场牌没打，对门五金店给我作证。"

"你输了一辈子，这回算我输。爸，丢了就丢了，别老回头找，日子要朝前看。"

李鸽载着周清响来到母校附近的一条小河边。两人席地而坐，面朝粼粼的月光，周清响也说起了她的父母。她还没跟家里透露她回来的事。别说她在这种境地里准备做母亲必定为他们所不容，甚至到现在他们都还为她跟一个没有正经工作的男孩闪婚而耿耿于怀。"你呢，鸽子，你还记恨我吗？"

"还能不能翻篇了？"

话是这么说，但她们两人这辈子都不会忘记，在婚礼上，喝多了的周清响忽然操起话筒，把李鸽和梁冶文推到台前，向宾客们隆重介绍："喂喂喂，大家静一静。这两个人，一个是我最好的朋友，一个是我前男友，他们现在处对象了。今天他们能同意来做伴郎伴娘，我真是三生有幸。"

想到这里，周清响不由得把头埋到李鸽肩上啜泣。李鸽抚摩着她的头发说："都过去了，日子要朝前看。"

日子像车辙辘一样滚滚向前，转眼到了冬天。棠远初雪这一日，李鸽拿到周清响一切安好的检查报告打算给她送上去，刚走到住院部，就见一堆人慌慌张张闹成一团。

"清响被死者家属骗到天台上去了。"

随着人群赶往天台的途中，李鸽搞清楚了事情的始末——患者在一个小时前失去了全部生命体征从ICU里被推出来，家属无法接受，认为是医生推诿，不肯继续治疗，就挟持清响，逼院方就范。

天台上拉起了警戒线，保安劝退陆续前来旁观的医患。院里派出了一位负责政工的副院长出面做家属的思想工作。但那人一点不听劝，拿着一把水果刀紧紧拽着清响贴在护栏边上。他们身下是三十二层的高楼。他放声大叫："你们现在跑过来围着我，婷婷躺在你们医院一个多月也没有看到这么多医生围着她。你们别跟我废话了，赶紧去抢救，然后让婷婷给我打电话，我就放人。"

见副院长苦口婆心了半天局面还是僵持不下，李鸽不顾保安的阻拦，大胆闯入天台。她一边走一边脱衣服，先是白大褂，接着是羽绒服，最后只剩下一件薄薄的羊绒衫。

"大叔，你别害怕。你看，我身上什么都没有，裤子口袋也翻给你看。我们这位同事就快要做妈妈了。这大雪天的，你把她绑在这里她真的吃不消。她和你女儿婷婷的年纪差不多大是不是，她的爸爸也像你一样等着她呢。我来替换她，她熟悉婷婷的病情，你让她回去。"

周清响瞪目，却吓得一句话都说不出来。李鸽一步步走近，面带微笑地叮嘱她："这里交给我，婷婷就交给你。"周清响迟迟不走，还是李鸽推了她一把，她才跌跌撞撞地离开了。当她拖着两条打软的腿来到楼下时，警笛倏忽响起，紧接着，李鸽便被畏罪的中年男人拖着一起从天台上遽速坠落。

透过落地窗，周清响最后一次看到了李鸽的脸，一秒，或零点一秒。她好像并不痛苦和恐惧，好像在展示她作为一只鸽子的飞行本能。

9

鸽子，这个城市有很多。

我这些年经常带着我的孩子去街心广场上喂鸽子。那些风干的玉米粒是它们的最爱。我也爱玉米粒。它曾经和莲子、桂圆、红枣等干货一道出现在我的婚房。

据说当时有人提醒李鸽，说这些东西娘家人早就准备了。她的回答很像《红楼梦》里那个托人给朋友送蔷薇硝的蕊官，她说："他们准备他们的，我准备我的。"她说那些东西她都一个个上手拣过，一个虫眼霉点也没有，而且比别人的多出玉米这一种。我问她这是什么道理，她说不管是在河婴还是在棠远，去广州还是去深圳，在我看不见她又想她的时候，只要往掌心里放一粒玉米，就有一只鸽子会向我飞来。

今日
阳/光/明/媚

✽ 林舒蓝

"有了这样的答案，心里一下变得和窗外一样，阳光明媚。"

天空一直在下小雨，可能是白噪声的缘故，大课间变得格外嘈杂，扰得沈小宇的心更乱了。冷风从窗户的缝隙吹来，沈小宇打了个寒战，悄悄瞥了眼朱凌的座位，是空的，大概是去买零食了。

往常买零食小队也有沈小宇，下课铃一响，朱凌就会从后排跑来找她，跟她手挽手去食堂，一人一根外皮焦黄的烤肠，或者合吃一碗泡面。胃暖和起来，心里也跟着热腾腾。沈小宇想着，去接了杯热水，冰凉的指尖总算有了点热度，可脑袋里还是乱哄哄的。

沈小宇的包里还装了一罐那种可以当摆设、味道也不错的小星星糖，原本她都想好了，等朱凌看过纸条，自己就可以装作若无其事地递给朱凌，说："我昨天尝到觉得味道不错，喏，给你也带了一瓶。"

再然后，她们和好如初，连裂痕的影子也看不见。但现在，沈小宇觉得，自己和朱凌之间，是真的被狠狠砸出了一道裂缝。

怎么偏偏在这种时候发现了呢？早知道就不该进新华书店。沈小宇完全不知道该怎么办，她迷茫地趴在座位上，余光瞥见朱凌一个人箭步走到座位，不远处的何笑和几个女生围在一起，噗嗤笑着什么，沈小宇叹了口气。

就在今天上午的体育课前，沈小宇和朱凌的矛盾，还只是因为何笑吵了一架。是沈小宇起的头，虽然现在想起理由，她恨不得钻进地缝，从此和鼹鼠搭伙，再也不出来——她"吃醋"了。

其实这么说也不准确啦，女孩子本来就很容易介意你和她玩不和我玩这种小事儿，而且沈小宇觉得，是因为当时自己在为被班主任找去背书这件事而心神不宁。她最怕给老师背书了，明明自己背时，虽不能倒背如流可也算是流畅，但每次站到班主任面前，一看到班主任那双带着审视的眼睛和紧皱的眉头，就一口气提不上来，大脑里一片空白。

所以每次都是朱凌拉着她，一直给她鼓劲儿："怕什么，反正你会背，这次紧张了就再背一次，跟班主任死磕到底！"

朱凌大咧咧的话像灵丹妙药，沈小宇听完会觉得好像的确没什么大不了，过关率也会高一点。

可当沈小宇那么紧张地想找朱凌，朱凌却不见了，沈小宇挺委屈的，她已经把全部力气用在学习上了，连每周末去练琴的时间都牺牲了，怎么就不努力了？她想像往常一样跟朱凌碎碎念，但抬起头，朱凌正跟何笑一同神采奕奕地走进班里。

沈小宇跑上前，朱凌还是没看她，何笑一边捂嘴笑，一边说："那个情节也超搞笑的。"沈小宇尴尬极了，站在她俩旁边像个多余的人。于是她一跺脚，夸张地转身大步走了，朱凌这时才看见她，跑过来："小宇，我给你留了小蛋糕哦！"

"我不吃。"沈小宇一挥手，蛋糕就掉在了水泥地上，脏兮兮的，看着还有点恶心。

"你怎么了？"朱凌一头雾水。

"你刚才去哪儿了？"沈小宇气势汹汹道。

"何笑让我陪她去拿校报啊。"

"可是……"沈小宇偃旗息鼓了，她想说可是我昨天已经告诉过你，我要去背书的，但她突然反应过来，朱凌本身也没义务陪自己去背书，自己到底在生什么气呢？

沈小宇突然有点无地自容，干脆丢下一句："我想安静会儿，这两天我们别说话了。"

朱凌真的没再来找沈小宇。

等第二天沈小宇冷静下来，就想跟朱凌和好了，加上道歉的那种。她想写张小纸条放在朱凌桌上，跟朱凌认真解释一遍自己的全部心理活动，但万一被别的同学看到，岂不是丢人丢大发了？

可是不道歉，又怎么面对朱凌呢？而且下节课就是体育课了，最近老师都是带大家做一遍热身训练后就让大家自由活动，这时候找朱凌，显得自己只是因为没人陪，想利用朱凌跟自己玩。

沈小宇决定再等等，结果一直拖到了体育课自由活动。老师不准同学回教室，沈小宇就在附近瞎转悠，溜进了学校里的小新华书店。这是朱凌特别爱来的地方，沈小宇随手翻开一本封面画得很梦幻的书，好巧不巧，瞥见了一首熟悉的诗。

"格桑，吹着骨头的号角……"

沈小宇愣了一下，看看书的封面和作者，迷茫了一下，又翻回内页。如果不是这本书的作者一直接受采访，分享很多自己的经历，沈小宇肯定会以为朱凌低调地瞒着大家出书了。

沈小宇赶紧一连翻了十几页，终于确认，这上面的故事跟朱凌写得完全一样。可朱凌为什么要抄袭？

故事是一个女孩独处的经历。朱凌说，这是她自己的亲身经历。

"有点离奇呢！"沈小宇随口说。旁边一个女生插话："你和她关系那么好，还不知道吗？她的家庭背景很独特。"

其实沈小宇稍微知道一些，但她不八卦，始终觉得别人的家庭是别人的隐私，除非对方主动说起，否则她不会瞎打听，可现在……

沈小宇真的被这个发现烦透了，偏偏是这个故事，换作别的，自己都不一定发现得了；又偏偏，朱凌还跟自己确认了，这是她本人新写的作品。

"这个行为不好。"沈小宇嘀咕，但她不知道要不要这么跟朱凌说。特别还是在她们有了矛盾之后。

除此之外，沈小宇还有一点小失望。她和朱凌能成为很好的朋友，是因为沈小宇有点内敛。开学第一天，走进陌生的环境，她生怕自己一个朋友也交不到，要尴尬地一个人去洗手间和食堂，什么小组作业都没法完成……所以一进教室，沈小宇就几乎屏住呼吸，装了雷达一样捕捉起四面八方的信息。

这个同学说桌子脏，沈小宇立刻递上纸。那个人问班主任是谁，她赶紧凑上前说："听说是带出过很多优秀毕业生的老教师。"然后彼此寒暄一番，说自己叫什么，原来在哪所小学，一通折腾下来，沈小宇累得脑瓜疼，但也没觉得和大家亲近了多少。

她靠墙休息，无意中瞥见朱凌一个人挥舞着胳膊用袖子抹了遍桌子，书包往桌上一丢，就托着腮发起呆来。这时有人组织大家玩游戏，虽然沈小宇一点兴趣也没有，但她不想不合群。

人数要双数，还差一个，鬼使神差地，沈小宇跑去招呼朱凌："你不一起玩吗？"

"不了，我真不喜欢玩这种游戏。"

"我也是。"沈小宇瞬间像找到了战友，"但毕竟开学第一天。"她配上一个无奈的表情，结果朱凌说："那又怎么样，反正大家迟早会认识，不喜欢玩还非要凑在一起干什么？"

"啊？"沈小宇惊讶，"但我很怕交不到朋友。"

"该成朋友的人怎么都能凑到一起，而且一个人也很好，不用什么都互相等，能节省很多时间。"朱凌说得气定神闲，沈小宇服了，冲那边打了声招呼，说她也不玩了，正好大家又成了双数。

想了想，沈小宇又跑去和朱凌聊天："你平时喜欢做什么？感觉中学课业会很紧，我妈妈把我的钢琴课都停了。"

朱凌说自己喜欢看小说，喜欢玩滑板，还喜欢画画，她还拿出自己写故事的本子，已经写了小半本。沈小宇当时就转成崇拜模式："哇，写了那么多了，那你有投稿吗？"

"没。"朱凌笑着说，"我属于那种写了很多开头，但很少能坚持下去写出完整一篇文章的懒人。"

沈小宇笑得合不拢嘴："那也很厉害啦！"

她就这样和朱凌熟悉起来，沈小宇觉得朱凌很开阔，好像什么事儿都不放在心上，还有点佛系，又有自己的爱好。相比之下自己抗压能力太差了，还总是想很多，压在心里整天都闷闷不乐的。

所以她特别喜欢和朱凌一起玩。但抄袭这件事，和朱凌给自己的印象大相径庭啊。

朱凌怎么会做这种事呢？而且朱凌说过，她特别讨厌说谎的人。

沈小宇和朱凌彻底开始交心，其实已经是第一学期要结束的时候了，那天沈小宇又被班主任留下来背书，等背完，天都快黑了。她在公交站等车，被一名穿高中部校服的学长撞了一下："哎呀对不起，我赶着去补习，实在是抱歉。"

"哦，没关系。"沈小宇下意识说。等学长走开，她才发现手里捏着的一元钱不见了，阴沟道里似乎新躺进一枚锃亮的硬币。她想叫住撞她的人，又不太好意思，一元钱而已，也是自己没拿稳。但这天沈小宇忘了带钱包，这用来坐车的一元钱还是问朱凌借的。

沈小宇心里有点不是滋味，幸好家也不远。沈小宇刚走，肩上突然被拍了一下："你怎么不乘11路回家呀？"

"啊？"沈小宇反应过来，"那个学长急着去补习，撞了我一下，钱掉下水道。幸好我家也不远。"她抬手指了一下前面，朱凌摸着口袋的手顿住了："你等一下！"沈小宇目瞪口呆地看着朱凌拔腿追上了那位学长，又风一样带着一元钱回来，学长还回头对沈小宇做了个抱歉的手势。

"喏，给你。一元钱我无所谓，但他骗人，我就不能忍了。"

"啊？"

"书包都没背，去哪上补习班？正好我表哥就是高中部的，我去找他的时候见过那个人，一直在跟别人聊游戏，他赶着去干什么，我不说你也猜到了吧？"

虽然是件很小的事，但沈小宇觉得心头特别舒畅，之后不知不觉中，朱凌帮过她好多次这样的忙。

朱凌在沈小宇被同学非议时怼过那群同学，陪沈小宇看青春片，还亲手给沈小宇炸过好吃的丸子……每次，沈小宇都又幸福又感动。那么，现在到底该怎么办？不知不觉，沈小宇又拖到了放学，朱凌已经拿着书包回家了。沈小宇叹口气："算了，明天吧。"

沈小宇没想到，早上打着哈欠走进教室，朱凌就笑嘻嘻迎上来："我买了巨好吃的饭团，给你。"

"啊？"沈小宇愣了一下。朱凌说："你不是说想安静两天吗？现在是第三天啦。"沈小宇一下就笑开了花。在她心里磨了很久的大疙瘩，就这么解开了一大半，她问朱凌："你不问我为什么发脾气吗？"

"你想说就会说了，而且每个人不都有心情不好的时候吗？"这是很朱凌的回答了。

"也是哦。"沈小宇啃着饭团，还是决定说出来："那个，我跟你说件事，你别生气哦。我看到一本书，里面的故事跟你前些天写的一模一样……"

朱凌一下顿住了，沈小宇的心也开始跟着下沉，朱凌突然问："还是被你发现了，那小宇，你会嫌弃我吗？"

"不会啊！"沈小宇努力表达真诚，"我就是好奇你为什么那么做？"

"真相是，只有那一段故事是我抄的。我也特别喜欢那段，才顺手摘抄的，没想到你误以为是我写的，激动得要命，我一下就不知道该怎么否定了，还有点怕你失望。"朱凌挠挠头，脸上写满纠结。

"就这样啊！"沈小宇白了朱凌一眼，心里的乌云散尽，"你直说不就好了。"虽然她也知道，有时候就是到了某个点，就没法说一些话了。

不过这些都不重要，沈小宇反而觉得，经过这些零碎事儿，自己和朱凌的关系更好了。因为不管她俩之间有什么磕绊，不管朱凌做了什么，她都想和朱凌做很好的朋友。有了这样的答案，心里一下变得和窗外一样，阳光明媚。

三 后来你被我写在诗里

季望

※ 鹅打

1

别人是一见钟情，我是一见"丢脸"。

很奇怪，在季望面前，我好像总是很丢脸。

第一次见到季望是在朋友组织的聚会上。闹到最后，我在用AirDrop传合照给朋友时，手一抖，就将照片悉数发送给了在场的另一位不明用户。

那位不明用户的名字就是"季望"。这两个小小的楷体字很快在头像下鲜活起来，我眼睁睁看着对方选择了接收。

其实，如果这些照片只是我自己的做作自拍，倒也不会那么让人想死，可其中偏偏夹了那么几张我偷拍别人的照片。

当时坐在我旁边的一个男生喝了几杯，带着点醉意缩在角落里，脸红红的，头发蓬勃着立起，透着一股顽劣的少年感，很好看。虽然是第一次见面，但作为一名摄影师,我还是被美打败,没有忍住,掐着手机偷拍了男生。昏暗的光使照片充满噪点,摇出另一种风情。

我对自己的作品还是很满意的,前提是它不会成为我是变态的佐证。

三秒后,我绝望地看到被偷拍的那个男生抬起眼,神色懵懂,他环顾四周,最后将目光锁定在了我的脸上。

他是季望。

窘迫逼近,我抓起提包仓皇而逃。门在身后关上的那刻,我难堪到想干脆成为地板上散落的氢气球,成为杯子里的酒精,成为门边掉漆的led挂牌,成为地上被踩灭的烟头。

总之成为什么都行,只要不是我自己。

2 ///
所谓"冤家路窄",说的大概就是你我。

从那之后,那位朋友组织的聚会我再也没脸去过,因为我怕遇见季望。

但你知道,生活有时像个圈,还是纯可可脂的糖霜甜甜圈。一座城市说大是大,可有的人你磕磕碰碰还不是一样要遇到,不论你是在淡季的影院,还是在午夜的便利店。

还是像我此刻,在庆祝小学同学生日的包厢里,冷不丁看到门被拉开,然后季望从走廊的光中走进来。他扫了一眼房间,看到我后眼神动了动,竟径直向我走过来。

"别生气别生气,我这就滚——"

我生怕他因为上次偷拍的事情来兴师问罪,礼貌得仿佛自己是值勤中的服务人员,点头哈腰一个不落,提起包就急忙上演一场仓皇而逃2.0。

"我没生气。"他虚晃着挡下我的手,轻轻地笑。

可还没等我回过神来,同学宛如蛰伏的野兽闻到猎物皮毛上的血腥味,一个箭步蹿过来,询问:"你们认识啊?季望是我球友,戴戴是我小学同学,还挺巧哈。"

"是,戴戴给我拍过照。"

季望顺势在我身边坐下来,含糊地回应一句。

"拍得挺好看的。"

"是吧,戴戴从小学就喜欢拍照,谁知道长大后真的成了摄影师。"同学今天是寿星,人逢喜事话都多上三分,一言不合就站着聊上了。直到有新的朋友需要招呼,他才轻飘飘地撂下一句:"不过也可能是因为她五年级后数学就没及格过了吧。"

留下我脸色青白地坐在原处,季望愣了下后大笑出声。

3 ///
所有的"约会",都是从误打误撞开始的。

不过在知道季望很喜欢那些照片后,我还是很开心,甚至大言不惭地和他谈起我的构图,我所追求的光影,我如何用摄像头去捕捉奇点,截取现实。

谈着谈着我想到现在是山樱的花期,于是开始向他描绘那种由粉白和绯红组成的美,我努力调动自己遣词造句的能力,将花簇的迷人讲述得更狂热,好让自己接下来提议的"一起去看看"拥有更高概率打动他。

没想到季望真的答应了。

然后我们就这样稀里糊涂地跟在一群叔叔阿姨和小学生后面,坐着春游专线大巴,去市里的公园赏花,好一个返璞归真。

说起来我是有私心的,以一名摄影师的身份。季望的条件非常适合拍照,五官和身材比例优越,并且他身上有一种莫名的游离感。他能打动你,撩拨你,可他自己却不知道。

"天空好漂亮!我给你拍一张。"

我喜欢拿起相机对准他,像是让猎物躺在我的枪口前。取景框中粉蓝色温柔地包裹着虹膜,在季望身上砌出红的紫的黄的光,将他的剪影打造成一只丰饶角。

一切都很好,如果没有横冲直撞的小学生将我撞到地上,导致我摔个狗吃屎并且扭到脚的话。

为了护住相机,我最终以一种奇异的姿势侧躺在地上,然后看着季望在旁边笑了三分钟还用手机拍照留念后,才慢悠悠地走过来问戴戴你还好吗。

"你再拍几张我想我能更好。"我咬牙切齿地说道。

4 ///
天气好不好没关系,最重要的是和你在一起。

虽然只是轻微地扭到脚,但我还是用它道德绑架了季望做我的专属模特儿。

后来我和季望去很多地方拍过照片,摸遍了这座城市的边边角角。像是破败广告牌下的公路,郊区蓝宝石一样的湖畔,小区居民楼的天台,医院里充满消毒水味的长廊,都很漂亮。

我每每将照片洗出来后就直接发给季望,不做任何后期,原汁原味,就算是拍糊的也会仔细归档。而季望是再好不过的模特儿,从不啰唆,没有要求,配合度又高。

但我有时候也纳闷:"我给你拍了这么多照片,怎么也没看你发呢?"

"相比发照片,我好像更喜欢看你拍我。"季望想了想,认真地看着我说,"戴戴,你拍摄时会很投入,比平常都漂亮,像在发光。你喜欢拍照,所以拍照也喜欢你,这让我很羡慕。"

然后季望随意打开一张我拍的照片,用手指敲敲屏幕。

"不过你觉不觉得,你把我拍得越来越不一样了。"

屏幕里,季望举着把红色的伞站在雨中,雨势磅礴,他穿着件宽大的风衣,下摆被风吹得鼓起来,于是他抿着嘴看我。

其实我当时拍这张,想传达的一种感觉是,这场狂风骤雨和季望没有关系,他只是纯粹地湿透了。

但是我看着看着就走神了,看季望抿起的嘴、钩住伞把的指尖、蓬乱的头发,看他不耐的眼神扫过,像在等待着有谁前来将他打捞。

怎么雨水明明是落在他的头顶上,却仿佛让此刻的我也湿透了。

5 ///
"你喜欢我,我知道的。"

有人说过,摄影或许无法洞悉拍摄对象,但有很大的概率能暴露自己。

我一张张划过自己给季望拍的照片,想自己是在什么时候喜欢上他的,想会是在哪场雨,哪片花,哪栋楼下开始的。但喜欢大概是种玄学,我怎么想也想不通。

想到最后我觉得还是不行,好羞耻,于是打电话给季望说以后不帮他拍照了,我们的合作关系就到此为止。从此我拿我的小单反,他走他的帅哥路。

季望在电话那边沉默了一会儿,然后问我为什么。

"什么为什么,我找到比你更好看的男生了。"我嘴硬。

"不会的,你喜欢我,我知道。"季望又笑起来,用他那种标志性的轻飘飘的笑,笑到让我顿时语塞,头脑一片空白,结结巴巴讲了半天也没回上一句整话。

"戴戴,照片不骗人。"

季望在电话那边叹了一口气,放缓了声音,然后纵容着我们沉默下去。

"……怎么办,好丢脸。"

过了很久,我察觉到自己的眼泪在往下掉,于是腾出一只手抹掉眼眶处盈出的眼泪,来回地擦,反复地擦,让这个机械般的动作成为我唯一能做的事。

"可如果你能在我身边的话,我好像可以不怕丢脸。"我最后一边哭,一边吼出这句话。

讲完这句话后,电话那头就失去了声音。又过了很久很久,仿佛沉默从未走开,我等得心灰意冷,认命般想算了,而眼泪好似在使坏一般,就是不肯停。

突然,季望说话了,用气喘吁吁的声音。

"戴戴,我打到车了,我现在就来你身边。"

我笑得一把鼻涕一把泪:在爱情里,谁会管谁更丢脸啊。

暮色/温柔

* 孟一柯

我已经记不清你的脸，只怪这暮色太温柔。

汪妍记得自己和顾伊凡的最后一张照片，是在顾伊凡家对面的涂鸦墙前拍的。

顾伊凡个子不高，足足矮了汪妍半个头，女孩子之间拍照，总有些明里暗里的竞争，于是她卖力地踮起脚。

而汪妍则不小心闭眼了，那天她戴着假睫毛，在楼下五元店临时买的，大到夸张，此时垂下来像极一场黑色的梦魇。

她们都对这张照片表示了不满，顾伊凡说，把我的腿拍得粗如石墩。汪妍啧啧了两声，我真难看，像恐怖片里的暗夜魔女。

但她们都没有要求重拍，而是让付琛将照片分别发给了她们各自保存。

送完了顾伊凡，汪妍和付琛一起去拿车。车停得很远，夜色缭乱，天空是抑郁的蓝色，一粒莹白的月亮迢远地挂在头顶。

两个人默默地走了好久，汪妍突然告诉付琛："你知道吗？伊凡喜欢你。"

"哦，我知道啊。"付琛说道。他的声音里有种幽暗的寂静，汪妍明白，这种静是出自了然。

他们步行的街区是这个城市的艺术区，街道两边所有的建筑都是涂鸦艺术家创作的对象，白日里游客往来众多，夜晚却沉寂得仿佛静止的废墟，墙壁上巨大的人像画在昏黄的路灯光晕中显得影影绰绰。

汪妍告诉付琛，顾伊凡的父亲是美院的教授，她家是一处一百八十平的大平层，客厅很大，摆放着很多画作和雕塑。

"我们很早就认识了,初中的时候伊凡被逼着练琴,我就坐在客厅等她,那几年她父亲开始成名,家里置了一个一人多高的鱼缸,里面养了乌泱泱的发财鱼,红色的,长大了我才知道它们叫血鹦鹉。那时候我总是一边听琴房里伊凡在弹海顿,一边数鱼缸里的鱼还剩几条。"汪妍淡淡地说着,她并不指望付琛会理解她幼时的寂寞,遑论她们女生间在很小时便滋生的情感羁绊。

付琛果然没有接她的话茬,而是打趣似的问:"只是简单吃饭,你为什么要戴假睫毛?"

回答这个问题的时候汪妍撒谎了:"本来是想给伊凡戴的。我自己化妆化不好,总喜欢拿她先练手,难道你没见过吗?她有很多乱七八糟的妆容,都是我的杰作。"

事实上她并没有解释清楚,但付琛想起了某天顾伊凡涂的松石绿的眼影,低声笑道:"难怪。"

汪妍和付琛两人的家离得不远,付琛开车送她回去。一路上她都觉得眼睛很痒,终于不堪其扰,照着手机卸下那对假睫毛。

刺啦一声,汪妍倒吸一口凉气,小声抱怨:"这胶水质量太好了吧!"

前面恰好是红灯,随着付琛停下车,刚撕下来的那片假睫毛被她失手松了开去,但她什么也没说,而是很迅速地调整好坐姿,镇定地同他一起看向前方。

二

汪妍和付琛第一次见面,是在她家附近的宠物店。

当时,她正准备带家里的英短来店里绝育。这只猫是顾伊凡买的,那阵子吸猫成风,身边很多人开始养猫,顾伊凡也兴致勃勃地拉着汪妍去猫舍逛了一圈,最终抱回了一眼相中的小奶猫。可是才养三天,猫就被送到了汪妍家。

"它抓花了我爸画了半个月的画,他气疯了,让我赶紧送走。"顾伊凡拎着猫箱,可怜巴巴地看着汪妍,"我给猫舍打过电话了,他们不肯退回。"

于是猫便在汪妍家住下了,汪妍家有老人,与猫咪相处得并不愉快。汪妍刚工作不久,经常加班,每天还要协调宠物与家庭成员的关系,非常疲惫。直到猫咪长到可以去绝育的时候,它还没有一个固定的名字。

其间顾伊凡来看过几次猫,每次都会冲着它冒出不同的名字来:波点儿、软嘟嘟、贝克汉姆……猫抓毛了汪妍家的棉麻沙发,两个女生坐在起毛的沙发上哈哈谈笑,用手中的果汁碰杯。

绝育是顾伊凡提出来的,她告诉汪妍,猫的绝育一定要慎重,"得演戏,真的,"她郑重其事,"猫是很通人性的动物,一旦它认定是你害它受苦,它以后便会用一百种方法报复你。"

汪妍第一次听说,她很好奇:"要怎么演?"

"要很真,情真意切那种,让它看到,你是被逼无奈的,你想救它,但是被人拼命拦截了。"顾伊凡很快设计好了剧本并盘算了人选,"这样吧,我找一个人过来跟我一起扮演坏人,妍妍你别掉以轻心,我查过了,很多没有演戏的铲屎官后来都惨遭报复。"

她找来了付琛,那个要和她一起扮演坏人的人。

付琛的戏外身份是顾伊凡的新同事,"刚从别的部门调来,居然分配在我们组,是我手下。"说完,顾伊凡又补充了一句,"我的手下就他一个人。"

汪妍记得,付琛那天穿着一件白色的连帽衫,不笑的时候让人觉得很冷漠,但实际上他并不闷,弄清事情缘由后很爽快地答应了:"得,这戏好演,主要得靠主角发挥……"说话的时候,他和汪妍的目光对上,汪妍愣了一下,不知道为什么,她突然想起了曾经在顾伊凡家看到的那些鱼。

那天他们预设了很多,足足排练了三遍,但真正将猫从家里带过来时,护士直接把猫箱提走了,完全不给他们演戏的机会。

顾伊凡急了,拉住护士衣角哀求:"姐姐,让我们和猫咪道个别吧!"

"就是个简单小手术,很快就好了。"护士没同意。

但后面的剧情有些急转而下,他们谁都没有想到,绝育后的猫出来后,第一个就把付琛给挠了。

三

后来那天的事情以两个女生一起陪付琛去医院打针收场,为表歉意,顾伊凡提出请客吃饭。

他们在饭桌上把整件事情梳理了一遍,"为什么我会参到与这么抓马的事情中来?"付琛说。

顾伊凡爱笑,笑得前仰后合:"估计给猫咪主刀的是男医生,它出来之后便开始疯狂报复男性。"

汪妍和顾伊凡断断续续地跟付琛讲述了养这只猫的波折,结果付琛竟然很主动地说:"如果你们都搞不定,又觉得我能试一试的话,我可以来养它。"

他真的接手了这只猫,小猫结束了颠沛流离的生活,拥有了猫生固定的名字,叫"贝贝"。

贝贝一岁的时候,付琛和汪妍曾经有过一次交谈,他们已经忘记是从何处说起的。汪妍跟付琛说:少女时期,我很喜欢《诗经》里的一句话:之子于归,言秣其马。讲的是心爱的姑娘就要嫁给我,我要把她的马儿都喂养好。

年少时她便那么觉得,爱一个人便是这样,会忽生出许多能量,爱得不遗余力。

汪妍说:"知道吗?贝贝就是你的小马驹。"

他们又一次不经意地对视,付琛的眼中像汪着一处静止不动的黑色湖泊,他忽然笑了起来:"我发现你有一个特别有趣的口头禅——知道吗?知道吗?知道吗?"

"其实你的这些'知道吗',我都知道。"付琛说。

汪妍一愣,她开始低头舀面前的西米露,那阵子她刚开始箍牙,牙套让她的神经紧绷,胃口也几近于零。

她和付琛在家附近的面包店偶然遇到,两人都刚下班,伴着夜色胡乱买东西果腹。付琛把最后一个起司蛋糕让给了汪妍。两人寒暄时他注意到她的牙套,说:"你这个得吃些流食啊。"于是他们去了一家快打烊的甜品店。

"伊凡最近怎么样?我好久没见她了。"

"忙得不可开交,前天去了深圳出差。"

汪妍讶异:"她什么时候那么积极向上了,居然答应出差?"

"我看她还挺乐意的啊。"付琛早已不是顾伊凡的手下,但两人依旧是同事兼饭友,偶尔他们三人还会凑到一起吃日料,之后去清吧小酌。

汪妍曾暗暗想过,他们三个人之间,应该会产出一对情侣吧。但奇怪的是,一直以来,他们谁都不曾主动谈论过爱情。

直到这一次,她与他说起《诗经》,贝贝就是伊凡的小马驹,而付琛慷慨无私地喂养它。她想,这毫无疑问便是爱情了。

四

汪妍始终觉得,如果真有运势这回事的话,她的运势是从那次上海之行坏下去的。也是在那时候,他们维系了很久的三人友谊发生了变化。

那是 2017 年初夏,汪妍公司的同事抢到了上海电影节的两场《曼哈顿》电影票,却在电影上映前分了手。汪妍安慰她的时候出于好心将两张影票转手了过来,她本想约顾伊凡周末一起坐高铁去上海看,伊凡是伍迪·艾伦迷,应该非常乐意。

还没等她和顾伊凡说起,对方先告诉她:"妍妍,周末我要带妈妈和弟弟一起去趟北京,给你带网红点心好不好?"

于是汪妍便没有把影票的事说出口,她默默地给自己订了高铁票和酒店,"好久没有旅游了,就当是一次短途旅行。"她想着。

到上海那天正下着暴雨,汪妍穿裙子,没有用鞋套,新买的凉鞋因此泡了水。她痛心疾首,只得先去酒店,在旁边的超市买了一双白色的洞洞鞋。

换鞋的时候想到顾伊凡曾经对洞洞鞋发表过很多仇视的言论,她是个审美很分明的人,接受不了这款鞋的设计。但此时它却解决了汪妍的棘手问题,汪妍和顾伊凡在这一点上很不一样,她包容度很高,应对很多事情更有弹性。

下午她独自一人去看了那场电影,这是部很老旧的黑白片,经过修复重新以 4k 形式放映。电影刻画了一群不可爱的中年人,他们无聊、软弱,却又贪婪得可爱。

这并不是伍迪·艾伦最有代表性的作品,汪妍却很喜欢,尤其喜欢海报上的那个场景,伍迪·艾伦和黛安·基顿并肩坐在曼哈顿与皇后区之间的皇后大桥下，很自在地聊天，据说他们所处之地是欣赏曼哈顿城中繁华的绝佳位置。

汪妍以为，两个人在一起最舒服的状态，无非就是这样，懒洋洋地做这个世界的旁观者。

观影前她到得早，买了爆米花和可乐，室内冷气开得很足，她吸着冰可乐，觉得有点冷。

这是汪妍第一次来电影看电影，观众都很安静，使她忘记去吃食物，结束时有掌声断断续续地响起，她也跟着一起鼓掌，然后口袋中的手机振动了起来。

"妍妍，你在哪儿啊？说话鼻音怎么那么重？"伊凡问。

汪妍被人群推着往外走，她小声地和伊凡解释了这一切，最后加了句："知道吗？我现在可以理解你为什么喜欢看伍迪·艾伦。"

顾伊凡惋惜了好久："好可惜啊，如果我们能一起去就好了，下一次重映不知道要等多久……对了，付琛也在上海，我让他给你买点药吧，你淋了雨，很容易感冒。"

五

雨已经停了。雨后的傍晚空气潮湿，付琛正在酒店附近的公园跑步，接到顾伊凡的电话他停了下来，站在花坛边听。

有一片肥厚的玉兰树叶不经意地砸落下来，付琛对伊凡说："你别担心，牙套妹是成年人，不会有事，等下我去找她。"

他和汪妍住的酒店在城市的两端，他费了很大力气才辗转找到她。

已经是晚上了，汪妍正发着低烧，新买的洞洞鞋又磨脚，她强打精神，勉力和付琛去吃粥。

那是间很小的粥店，店主是对中年夫妻，电视屏幕上正连着直播平台看金曲奖颁奖典礼。

那一年卢凯彤拿到最佳编曲人奖，她神采奕奕地捧着奖杯在台上和爱人告白："我知道这个世界不完美，我的人也不完美，但有了你，谁还需要完美。"

汪妍和付琛一起抬头去看这段演讲，表白的人又飒又酷，浑身上下充盈着温柔的壮怀激烈。

付琛赞叹了一声："哇哦！"说完，很自然地端起汪妍的碗，又给她加了点粥，"刚刚路上我买了体温计和感冒药，吃完测一下，回去好好睡一觉。"

汪妍有些昏沉，问他："你为什么会在上海啊？"

"过来跟进一个项目，待了有一阵子了。"

"那贝贝怎么办？"

付琛放下汤匙，很认真地回答她："已经托给我最好的朋友看护，你放心，他一直养猫，很有经验。"

他们在粥店坐了很久，和店主一起看金曲奖直播，虽然中途信号莫名其妙断过一次，虽然汪妍会时不时迷糊地想着这一切究竟是真实还是梦境，结束后付琛问她："需要扶你吗？"

她的脚痛得要命，但真实想法被理智紧紧压着："不需要啊。"

"还是扶吧。"他没有再犹豫，长臂一挥，揽上了汪妍的肩膀，架着她往前慢慢地走。

她瞬间红了脸，惊慌之余，汪妍想起顾伊凡。她和伊凡揽了十几年的肩膀，从少女时代开始，她们搭着肩膀一起听歌，耳机里常年响的是周杰伦和林俊杰，汪妍笑她："你一个学古典乐的女生，干吗天天听流行！"伊凡笑而不语。

汪妍曾多次亲证过伊凡学琴时被母亲严厉对待的时刻，伊凡的哭声凄凄哀哀地从琴房传来，她哭得撕心裂肺，让在客厅数鱼的汪妍瑟瑟发抖。

她很害怕，怕到想逃回家，虽然顾家的大门并没有反锁，但她一次都没有在伊凡挨打的时候离开过。她总是想，我要陪着她，否则她肯定更加害怕。

少女的心思单纯而又天真，她以为她们两个人一起面对，就可以不用那么害怕。

后来伊凡妈妈彻底对女儿失望，不再逼着她练琴，伊凡疏于练习，久而久之就不弹了。

二十岁那年，她们将生日挪在一起过。那天很热闹，伊凡很有兴致地借着饭店大堂的钢琴弹奏了一曲。

"还是很好听。"汪妍由衷地赞美。

"我已经不会弹琴了，妍妍。"伊凡的表情有些落寞，"这其实只是肌肉记忆。"说完，她凑到汪妍耳边，一手攀着她的肩膀，小声耳语："你知道的，我父母的婚姻早就名存实亡了，但最近我妈又怀孕了，她拼上性命最后一搏，想给我爸生个儿子，以此挽回婚姻。"

六

从上海回来后，汪妍的感冒持续了很久，她陆续吃完了付琛给她买的药，摆弄着胶囊的盒子，开始有一点想他。

想念这件事总是毫无章法，她想起很遥远的从前，小学英语试卷上的一篇作文——My Changes，她绞尽脑汁纠结了很久，难以下笔。考完后和顾伊凡抱怨，作文真是为难人，我这个人就真的很不喜欢改变。

伊凡经历的改变比汪妍多很多，她妈妈如愿诞下男婴，也维护了家庭的完整，随着重心的转移，全家对伊凡的关注明显比过去少多了。

这样想着，汪妍突然意识到，她想念付琛的时候总是要想起伊凡，结果隔天伊凡就跑过来看她。

"上海之行怎么样？电影好看吗？"伊凡买了新的腮红，从纸袋里拆出来给汪妍看，"是橘色的，海报上的模特儿跟你有点像哦，但她脸颊上有些小雀斑，现在很流行雀斑妆。"

汪妍的精神好了一些，她们拿来腮红刷互相给对方打了腮红，已经到了傍晚，两人的妆都有些花了，索性又认真地补妆。"我觉得有点隆重，化好妆并没有要见的人啊。"汪妍说。

于是伊凡又把付琛叫了过来。

汪妍吐槽："他这个人，还真是随叫随到。"

"怎么可能？他在我们公司很红的好吗？妍妍你想想，他是不是我们认识的男生当中，最好看的一个？"

付琛的样子便浮现在汪妍心间，他冷峻的侧脸，薄薄的嘴唇，眼中总含着点点星芒，特别深邃。

她突然有些紧张，同时又带着期待，一颗鼓胀的心好像一个坏掉一半的水果，既腐烂又甜美，她微微地笑了起来。

"妍妍，你和付琛试试吧，我没有在开玩笑，很认真地给你建议，你们要不试试在一起？让他以后陪伴你。"

暮色四合，顾伊凡说得很真诚，她原本想告诉汪妍，当初买猫，一开始她便打算将猫送给汪妍养。伊凡打算渐渐脱离家庭的帮扶，因此很卖力地工作，她希望送汪妍一只猫咪，在她因为工作而缺席的时候陪着汪妍。

这是女生间很微妙的心思，伊凡没有向汪妍说破。她也没想到后面铺陈的那些剧情——付琛无意地闯了进来。

在公司他和她说起过汪妍："你的朋友家离我家很近，我们偶遇过，你知道吗？最近她在戴牙套。"

他们在茶水间闲聊，伊凡说："我当然知道啦，她是我最好的朋友。"

又说："她这个人小鸟胃，不爱吃东西，下次你再偶遇她，帮我督促她吃饭。"

七

那天付琛赶来的时候遭遇了堵车，他开了很久，久到两个女生在路边等了好久，然后钻进路旁的店铺内玩耍了一阵。

那是间贩卖各式小玩意儿的店铺，汪妍盯着店内的镜子仔细地琢磨自己的脸："最近眼睛浮肿得太厉害，黑眼圈好重。"

一旁的顾伊凡正赏玩着货架上的假睫毛，取了一副在自己的眼睑处比画了一圈："看看这个，怎么样？"

汪妍笑道："很可爱。"

"真的吗？那妍妍，你要不要也戴着试试？"她们在店主的帮助下一起戴起了假睫毛。两人都是第一次戴，新奇的感觉无异于小时候偷穿妈妈的高跟鞋。

付琛到的时候，顾伊凡很果断地把假睫毛扯掉了，汪妍却忘记了这一茬，满脑子都是在上海那晚，男生修长的手臂碰上自己的肩膀。

年少时读的纳博科夫瞬时被她化用：我只要看他一眼，万般柔情，涌上心头。

付琛眼尖，看了一眼就对顾伊凡说："新腮红。"

"猜对了，妍妍涂得更好看，"伊凡走在两人中间，"我看网上说最近附近新开了一家餐厅，口碑很好，我请你们去吃好不好？"

暮色还没有褪尽，傍晚的天边还有最后一缕没有烧透的晚霞，将暗青色的天渲染得异常温柔。

伊凡兴致很好，一路上说了很多话。

"跟你们在一起我好开心，觉得自己特别幸福。"

"妍妍，最近我总想起我们小时候，急吼吼地盼着长大，后来成长到已经可以负担很多事情的时候，却发现其实我们并没有长大。"

"不长大也很好，我们可以永远陪着彼此。"

她像从前那样挽着汪妍，觉得非常满足。反倒是付琛暗自笑了，觉得自己此时有些多余。从他的角度侧过脸看去，刚好看到顾伊凡歪着头倚靠着汪妍，汪妍也偏了偏脖子，很自然地点了一下她的额角。

她的睫毛长且浓密，仿佛无尽的缠绕百结的心事。

之子于归，言秣其马。付琛想起这句话，他至今都难以相信在这个时代，会有一个女孩突然与他说起《诗经》，这古老的句子是他幼年识字时，案头的爷爷架着老花镜一句一句缓缓地念给他听的。他从未想过，二十几年之后，会有人为他寻来记忆深处的电波。

是啊，汪妍没有说错，男生喜欢一个姑娘，就会把她的马儿都喂养好。现代人没有马儿，于是他便喂养着她的猫，经常晚上加班，掐点与她偶遇吃饭。

流沙般质感的暮色终于完全消散，付琛走神了很久，他凝视着汪妍，觉得自己此生再也无法对另一个人，积攒出那么多眷恋与深情。

八

那晚的饭桌上，顾伊凡向两个朋友宣布了一则消息：她向公司申请了外派，去香港常驻，笔试和面试已经陆续通过，这两天她收到邮件，申请被批准了。

说完她举起手边的玄米茶："我们碰杯吧。"

汪妍和付琛都听得蒙住了，汪妍第一反应就是强烈拒绝："不行，伊凡，这太突然了。"

说完她又转脸和付琛说："你可以和伊凡一起去吗？"

付琛瞪大眼睛："应该不可以吧。"

汪妍沉默了，她用了很长时间才消化这个消息。伊凡耐心地跟她解释，只是正常的工作变动，并不会因此改变什么。

但她们心里都很清楚，其实不是这样的。有一层无形的却异常坚固的铠甲，从女孩们的周身无声无息地瓦解了，从此，她们得独自应对世间众多未知的凶险。

那顿饭吃得很沉闷，结束后付琛提出帮她们拍照留念。在涂鸦墙前，她们拍下了那张不完美的照片。

顾伊凡回家后，汪妍告诉付琛，伊凡喜欢他。

也仅是告诉他一声，并不能改变任何事。不久后，顾伊凡如期去了香港，此后，她和汪妍很久没有再见。

2018年夏天，傍晚时分汪妍在手机新闻上看到卢凯彤在香港离世的新闻，起初她并不相信，后来才发现网上已经铺天盖地。她仍难以置信地翻出手机中的音乐软件，确认昨天自己还在听她的《廿九岁的遗书》。

记忆被拉至一年前的上海，她和付琛在一间小小的粥店里看她在台上表白爱人。

爱情真美好啊，让人勇敢，无所畏惧。那时的他们不约而同地想着。

汪妍放下手机，独自哭了很长时间。

天快黑的时候，付琛给她打来电话。伊凡离开以后，他们便很少联系了，有一天，付琛在副驾驶座的脚垫上发现了那天汪妍遗失的假睫毛，他联系她时，发现自己被她拉黑了。

没想到今天又打通了她的电话，接通后付琛说："你在哭吗？"

"你怎么知道？"

"因为鼻音有点重……你还好吗？"

这句话似曾相识，汪妍记得，去年的那个傍晚，伊凡也曾这般关心她。

汪妍已经很久没有见到付琛了，久到她已经不能立刻想起他的脸，但是这一次她很主动地问："你现在有时间吗？"

"有时间，可以和你一起吃顿饭。"他说着，立刻拿了车钥匙出门。

外面，太阳已经沉落，暮色十分温柔。

无风之境

* 何满子

1

从大三开始,没有课程安排的周末,景春都会去当地法院旁听庭审。

那时旁听庭审还没有成为所谓的"最硬核约会方式",并没有多少人提前在法院网站上选好感兴趣的公审案件。如果想去,只要填好申请书,基本都能够审核通过。

法庭审判经常比电视剧还要狗血精彩,并没有太多大案,多半是一些邻里纠纷、夫妻离婚之类,景春经常一边听一边做笔记,同时在脑海中搜索自己平日里学习的法律条文。通常在法官宣判以前,她就在心中大致对审判结果和量刑做了基本判断。

学校里有学长追求景春,问她平日里有什么爱好。本以为她会回答看电影、去游乐场之类,谁料她一本正经地回答"旁听庭审"。学长立即在心中断定她是一个怪咖,打消了继续追求的念头。

深冬的某一天,一个关于恶意伤人的案件公审结束,景春戴好帽子穿好外套出去,下台阶时被人从后面叫住:"你好。"

她转过头去,是一个有些眼熟的年轻男人。

那个人再次开口时,景春反应过来,他是今天法庭上为被告人辩护的律师。

"你经常来?"他对着景春笑笑,"我看到过你好几次。"

是的,景春看着眼前这张脸,她是有印象的。有几次庭审,不同的案子,她都看到过这个年轻男人。

"嗯,"景春对他点点头,"经常来。"

天空中有纷纷扬扬的雪花飘落,台阶上也已经有了积雪,他把手中的黑色大伞撑开,对着景春笑了笑:"没带伞是吧,一起走吧。"

景春没有拒绝。法院通常有长长的台阶,沿着一级级台阶下去,他们交换了彼此的姓名。

他叫何寻，简单好听的名字。

走到门口的时候，何寻提议："我开车送你回学校吧？"

景春笑着摇头："我看了这么多场庭审，哪敢随便坐刚认识的人的车，我还是坐地铁吧。"

何寻笑笑："那我送你到地铁口。"

到地铁口还有不近的一段路，何寻撑着伞走在景春的外侧。温度是昨天夜里骤降的，雪下得很大，一阵风刮来，景春忍不住缩了缩脖子。

她觉得肚子有些饿，正好看到有一家冒着热气的牛肉汤店，伸手指了指："太冷了，我们去喝碗牛肉汤吧。"

两碗牛肉汤端上来，隔着热气，景春抬起头看了看对面的男人。他有着年轻的面庞，却又比校园里的男生多了几分成熟和儒雅。

何寻开口说话："我有好几场庭审都看到了你。"

他这么一说，景春便立即在脑海中搜索出了这个声音。她在法庭旁听，会认真聆听发言和辩词，确实没太注意过长相。有几场她当时在现场就觉得异常精彩的辩护，正是出自何寻。

"嗯，"景春边喝汤边点头，"我没课的时候基本都会来。"

"是法学院的学生吗？"何寻笑了笑，"我先前在法学院读书的时候，也经常会去。"

喝完牛肉汤，身体暖和了许多，已经是傍晚时分，飘着雪的街道上人烟寥寥。两个人并肩走着，闲聊着今天已经结案的审判，很快便走到了地铁口。何寻开口问景春要联系方式，景春歪着头笑了笑："等下一次见面的时候吧。"

不需要什么具体约定的时间，但景春相信她和何寻会再见面。

从地铁口出来到学校，还有挺长一段路要走。景春背着双肩包踩在积雪上，昏黄的路灯把她的影子拉得很长。

往日她走这段路回去，会觉得孤独，今天却并不觉得孤独，甚至心中还隐隐有几分雀跃。

为她和何寻的相识。

第二次见面仍然是在庭审现场，两周之后，他们交换了彼此的联系方式。

景春晚上在图书馆啃各种法律书目，遇到不太明白的地方，会拍张照给何寻发过去。他那边很快便会回复语音过来，讲解得清楚明白。

进法学院是景春少女时期的梦想，那时候香港TVB的律政剧走红，景春在城中村阴暗狭窄的出租屋里看过很多部。

年轻的女律师在法庭上慷慨激昂，生活中穿精致考究的服装，住高档的单身公寓，过着和当时的景春截然不同的生活。

景春读高中以前，一直生活在乡镇上。她凭借着自己的努力考进了市里的重点中学，和在这个城市打工的父母生活在了一起。父母没日没夜地辛苦操劳是为着景春哥哥以后娶妻生子，再加上还有个读高中的弟弟，生活对于景春而言，总是显得有些拮据和苛刻的。

因为这种物质上的困顿，景春在班里总有些格格不入。

她也没有什么要好的朋友，朋友是靠有共同的兴趣慢慢走近的。班里有些女生爱聚在一起聊美妆服饰，有些爱聚在一起聊新剧追星，都是景春不太能插上话的那种。

高二的时候，她有一次在手机上看到所谓"十大高薪职业"，律师就是其中之一，更是坚定了自己读法学院的梦想。

她不算聪明，但好在勤奋刻苦，经过许多次几近通宵的挑灯夜读，最终以优异的成绩考入了理想的学校。

对很多女孩来说，进入大学好似推开了乐园的一扇大门，里面足够缤纷多彩。但景春没有，她的课余时间几乎都花在了图书馆和法院的旁听席上。

和何寻相逢的那日，她穿的厚实的藏蓝色格子大衣已经有几分褪色，脖子上围着一条沉闷的黑色围巾，不施粉黛的一张脸，看起来并没有什么引人注目的地方。

后来何寻告诉她，当时吸引他的，是她脸上的认真。

大多数人来法院旁听庭审，多半是带着好奇八卦的神情。景春不一样，虽说那天她穿的衣服很沉闷，但她的眼睛亮亮的，有格外吸引人的光芒。

景春收到何寻发来的消息：周日你们学校有一场分享会，我会去做分享嘉宾。

法学院每个月会有两次案例分享会之类的活动，邀请一些律师或者法院工作者，在教学楼的阶梯教室举行。

室友照例抱怨："又安排在周日，懒觉都睡不了。"然后慢吞吞地从床上爬起来，给景春发消息：给我们几个人占位。

何寻出现的时候引起了小小的骚动，景春身旁的几个女孩子叽叽喳喳——

"哇，好帅。"

"早知道坐第一排了。"

"好年轻。"

他穿着一身笔挺的黑色大衣，入座前解开脱掉搭在椅背上，里面是一袭黑色西装，更显得整个人英俊挺拔。

他的分享很有趣，下面不时地爆发出些许笑声。而笑声之余，又会有让人沉思的地方。

景春抬起头看他展示的幻灯片，但有很多次，目光都情不自禁地落在了何寻的脸上。

不知道是不是错觉，景春觉得他的目光对上了自己的，嘴角溢出一抹笑。

那场分享会很精彩，结束的时候下面掌声雷动，景春拿出手机发消息给何寻：你讲得太好了。

景春和室友们一起混在人流中往外走。室友们一边兴奋地议论着何寻，一边商量着中午吃什么，她忽然听到身后有人喊自己的名字："景春。"

她回过头，何寻站在那里。

他面带微笑，往前走了几步："一起吃个饭吧。"

周遭原本热闹的声音那一瞬间好似都在景春的耳边完全静默了下来，让她几乎能听到自己胸膛里心脏跳动的声音。

在室友们投过来的不可思议的、羡慕的目光中，景春点了点头。

学校旁边有各式各样的餐厅，何寻的目光搜索了一番，带她走进了一家西餐厅。

景春来这里读书已经快三年了，基本都是在学校食堂吃。这家看起来就价值不菲的西餐厅，她曾经路过也渴望过，却从来没有走进过。

何寻点了个双人套餐。

第一次吃牛排，刀叉用得有几分别扭，但景春还是强装镇定，用眼睛偷瞄何寻怎么使用。

精致的慕斯蛋糕端上来，何寻用勺子舀下来一小块放到景春面前的陶瓷托盘中："你尝尝。"

从来没有体会过的细腻丝滑的口感，让景春的眼泪差点流了出来。

因为是周日，下午也没有什么特别的安排，吃完午餐之后，何寻又要了两杯咖啡。

景春以往也喝过咖啡，但都是学校超市里买的廉价速溶咖啡。何寻将饮品单递过去："你喝什么？"

她有些不好意思："我分不清这些，美式、意式、拿铁之类的。"

"要不要和我一样？"何寻笑着，"来杯热美式吧，以后你做了律师，经常早起熬夜的，绝对离不了美式。"

后来果真是这样，景春的办公室和家里都放着一台咖啡机，工作最忙碌的时候，一天能喝四杯美式。

那是对两个人来说都格外悠闲放松的一个下午，西餐厅里单曲循环着甲壳虫的《Hey Jude》。何寻同景春随意地聊天，聊一些法律条文、经办过的棘手案件。景春看着坐在对面的何寻，开口问道："何寻，你为什么要当律师啊？"

何寻的脸上是认真的神情："我想守护正义。"

景春微微一愣，这是她从来没有想过的答案。

晚上回到宿舍，室友带着八卦的表情围上来："景春，你们是怎么认识的？"

"对啊对啊，是不是去约会了？"

"在谈恋爱？"

平时在班级里也好，在宿舍里也罢，景春都是沉默的，没有人注意到她。这是她为数不多的受到关注的时刻。

也许是虚荣心作祟，也许是当真有着这样的期盼，景春没有否认，只是不好意思地笑了笑算是回应。

3

凛冬的寒意退去，初春快要到来的时候，景春同何寻更加频繁地见面。

有他作为辩护律师的庭审，景春几乎每场都会旁听。有简单的案子也有复杂的案子，何寻的陈词条分缕析，有理有据。景春捧着下巴认真端详，学习和记录他的话术以及举手投足之间的技巧，一场庭审下来，经常是一页纸上记得满满当当。等他结束后，她蹦蹦跳跳地在他身旁同他讨论，时常因为兴奋而满脸通红。

何寻看到她这个样子，总觉得有趣，忍不住逗她："景大律师，你这么说可太有道理了。"

景春撇嘴："你取笑我，真讨厌。"

"哪有哪有，今天胜诉了，我请你吃饭吧。走，上车。"他比画了一个"请"的手势。

同何寻一起吃饭，景春总是有几分忐忑的。他找的饭店都是平日里她从来没有去过的那种，高档的西餐厅或者精致的私房菜。景春暗下决心，等她存够了钱，也要在这种地方回请何寻一顿。

在这样的餐厅和喜欢的人一起吃饭，是景春少女时代便渴望过的生活。

何寻同她熟悉了一些之后，也会聊一些工作以外的事情。景春知道他的父母都是生意人，他是在美国读的法律硕士，有过一个相恋多年的女友，但因为女友执意留在国外而他想回国分了手，目前是单身。

"那你喜欢什么样的女孩？"景春同他开玩笑。

他抬起头看着她，带着若有若无的笑意："你这样的就很好。"

"何寻，你又取笑我。"她佯装生气，"不过我现在才不要谈恋爱呢，我要先成为一个厉害的律师。"

何寻看向她："你可以的，等你大四的时候，就来我们律所实习怎么样？"

"真的吗？"景春两眼闪闪发光，"实习的时候是不是就可以挣钱了？我想快点挣钱。"

"可以呀，实习也有工资拿的。"

景春的哥哥前两年结婚，几乎让父母掏空了家底，去年又有了孩子，父母不得不过去给他带孩子，也没有了经济收入，景春的生活费从大二起便断了。虽说在学校也有一些奖学金和助学贷款之类的，但她还是迫切地希望能去工作，改变自己的生活。

"等我当了律师之后，是不是能挣很多钱？"她捧着下巴歪着头问何寻。

"也不一定，看你打的哪种官司比较多。像我主要是接一些法律援助的案件，每个案子基本没有太多的收入，但我是比较愿意接这一类案件的。有些官司打起来就会比较挣钱。"何寻耐心地同她解释。

何寻生日的时候，景春给他买了一支钢笔。

是自己能够承受的最高价位，在高档商场的柜台精挑细选，怀着些许羞涩又兴奋的心情买下。

景春原本以为何寻口中的"生日想一起吃饭"还会有别人一同参加，但没想到，只有她和何寻两个人。

她的心中有几分雀跃，生日这么重要的日子，他选择和自己一起过。

那天没有去餐厅，何寻邀请景春去了自己的家。

以往居住在农村，来到城市也不过是住在城中村的出租屋里，再然后就是大学宿舍，这是景春第一次来到这种只在电视里看到过的高档公寓。

何寻已经买好了菜，给她开门的时候笑着说："想着老去餐厅吃饭也没意思，让你尝尝我的手艺，我学了好一阵子做饭了。"

但不得不说，他在做饭这件事情上的确没有什么天赋。景春坐在客厅的沙发上，听到他在里面一阵噼里啪啦手忙脚乱，赶紧起身去帮忙。

几平方米的厨房，两个人都挤进去便显得满满当当。景春去洗菜的时候何寻正转过身来拿碗，两个人差点撞在一起,景春不好意思地笑笑。

她早早独立,做饭烧菜这种事情对她来说易如反掌。虽然从来没有做过西餐,但因为和何寻吃过几次,她做起来倒也有模有样。

一个钟头不到,桌子上便摆满了菜肴。

景春准备的礼物还没来得及拿出来,何寻先拿出了给她准备的礼物。

他是在那个傍晚向景春表白的。

那个傍晚,已经是暮春初夏,天边暮霭沉沉,桌子上是可口美味的菜肴。何寻从口袋里拿出一个盒子,打开来看是一条精致的项链。他先是感谢景春陪伴他过了这个生日,然后表达了自己的喜欢,问她愿不愿做自己的女朋友。

在那种令人眩晕的巨大幸福感里,景春的脑海中完全没有想到她和他原本生活的巨大差异,也没有去想这是不是一段有未来的感情,她的声音因为感到幸福而有微微的颤抖:"我愿意的,何寻。"

大四临近毕业的时候,因为两个人的恋情,景春没有选择去何寻所在的那家律师事务所实习,而是自己找了一家律师事务所去当律师助理。

"我想靠我自己。"她这么对何寻说。

何寻点点头,对她的选择表示理解。

4

所谓律师助理,做的都是一些打印和复印案卷、整理材料之类的工作。但景春知道,基本上所有的律师都是这样过来的,所以也甘之如饴。

毕业之后,景春要租房子。

囊中羞涩,自然是租不起自己理想中的高档公寓。她也不愿意接受何寻的帮助,便与其他人合租。那是一套三居室房子里的一间,离上班的地方很远,坐地铁通勤的话来回需要两个多小时。

她虽然总是需要加班,却也尽量赶最后一趟地铁。但偶尔也会有耽误了的时候,何寻的电话正好打过来,问她有没有回去。通常何寻会开着车来接她,送她回去时带她在路过的日料店稍微吃一些夜宵。

也有一阵子,景春开始被事务所的老律师带着接触具体案件,每天有很多材料要整理,也有市区的一些地方要跑。何寻索性让她先在自己家住上几天,两个人经常在书房各自对着电脑忙到很晚。深夜的时候景春会去厨房煮上两碗面,两个人坐在餐桌前你一口我一口地吃掉。

两个人吃东西的时候会随便聊一些工作和生活上的事情,有一天聊着聊着,何寻想起什么,开口说道:"对了,你记不记得陆然?"

景春当然是记得的,是何寻曾经同自己说过的那个留在国外的前女友。

她的心咯噔了一下,不知道他会说些什么。

何寻坦荡地笑笑:"她昨天和我联系了,她回国了,在一个县城当老师。"

"是有什么事情找你吗?"

"嗯,是她学校里出了一件事。一个小姑娘盗窃案之类的,留守儿童,和爷爷奶奶在家,她觉得小姑娘可怜,想找个辩护律师……"何寻同景春解释道。

景春点点头,脑海中想起来的,是与他在西餐厅吃饭时,他神采飞扬地告诉她"我想守护正义"。

"那很好啊。"景春点点头。

"嗯,我也愿意接。但因为是陆然联系我的,所以要先和你报备一下。"何寻的笑容灿烂,有几分孩子气在里面。

"批准了,批准了。"景春笑道。

但不知为何,从那个时候起,景春的心中就开始有了隐隐不安。

以前陆然对自己而言只是一个遥远的名字,她从来没有想过这个人会再次出现在何寻的生活中。

"我吃饱了,真好吃,我去刷碗。"何寻起身往厨房走去。

他回来以后,景春已经又坐回了电脑前整理文件,手边是刚刚从咖啡机里制作出来的黑咖啡。

"真努力。"何寻笑着走过来,从后面揉了揉她的头发。

那个让景春忙前忙后的案子总算是尘埃落定,

委托人这边最终胜诉，景春也拿到了一笔提成。

她很高兴，打电话给何寻要请何寻吃饭。何寻有些抱歉地道："景春，我这边下午就要出差去那个县城了，等我回来后再给你庆祝。"

景春的心中有淡淡的失落，但还没来得及多想，家里的电话就打了过来。母亲在那头责怪她："我都跟你说了你弟弟病了，你怎么到现在都没有一点表示？你怎么做姐姐的，都上班这么长时间了，也没见你给过家里钱……"

她忙不迭地道歉，把卡上刚刚收到的钱转了回去。

5

景春虽说没有太大天分，但好在勤奋又刻苦，律师行业最难熬的第一年过去之后，她也渐渐有了一些起色，慢慢开始有一些自己的案源。

虽说都是一些民事纠纷的小案子，但第一次真正作为辩护律师站在法庭上陈词的时候，景春的心潮还是有一些澎湃。

二审结束之后，从法庭出来，何寻正站在台阶下等着她。见她出来，他冲她挥挥手，大声喊她的名字："景春。"她笑着小跑过去，何寻打开车门，从车后座拿起一束花递到她面前："祝贺你。"

"走，我请你吃饭。"景春把花接过来，搂着何寻的胳膊说道。

当事人发来消息表示感谢，她回复："不用客气，不用客气，以后身边有人需要可以再找我。"

那天景春请何寻吃日料，是一家她第一次见到就暗自下决心有一天要请何寻来吃的店。两个人喝了一些烧酒，没有开车，慢慢散步回去。夜色氤氲，景春借着酒劲儿踮起脚吻了吻何寻的脸颊，迷迷糊糊中，她对他说道："何寻，我一定会努力配得上你的，你等等我。"

何寻也有些微醺，伸出手来刮了一下她的鼻尖："瞎说什么呢，你怎么就配不上我了？"

景春笑笑，似想起什么："对了，你前两个月忙的那个案子怎么样了？那个小姑娘。"

"陆然介绍的那个？那个胜诉了，不需要负刑事责任。"

"那还挺好的，不过这种案子挣不到什么钱吧？"

"对，基本算是法律援助了，也算是帮人家一个忙吧。"

景春轻轻"嗯"了一声，那个时候她在想什么呢？她的心中掠过微微的惆怅。

真好，何寻家境优渥，有律师事务所，他自己当律师，几乎不需要有经济上的考虑，可以坚守"守护正义"的初衷。但对自己而言，放在第一位考虑的，永远是钱和收益。

谁错了呢？好像谁都没有错。

但即便如此，两个人也终归会因此走上不同的人生道路。

6

陆然给何寻打来电话，问他有时间能不能去镇上的学校做一下普法宣传，在电话中不免有些担忧："我在的这两年发现农村法治意识还是太淡薄了，校园霸凌也很严重，所以想请你帮个忙。"怕他误会，她又补充道："你上次是不是说你女朋友也是律师？和你一起来最好了。"

何寻同景春提了一下这件事情，景春微微愣了愣，然后摇摇头："我不想去，而且你知道的，我手中有个离婚案最近要开庭了。这场官司要是能打赢的话，抵我几个月的收入了。"

有钱人家的离婚案，是大部分律师很喜欢接的一种。而大部分闹上法庭的，最重要的就是财产分割。如果能够实现委托人的诉求，基本是要按照百分比收钱的。景春这个案子，是硬生生从别的律师手中抢过来的，并且已经向委托人做出了承诺，是打算全力以赴好好拼一拼的。

何寻的目光中有些许失落，试图说服景春："去普法的话，其实能够帮助到更多的人，也就一个周末的时间……"

景春心中不知为何忽然升腾出些许怒气，她一把合上电脑,转过头看向何寻:"你怎么就是不明白呢?我可不是为了帮助别人才当律师的,我和你又不一样。"

话说出口以后,两个人都微微愣了愣。沉默半晌,景春站起身来,收拾了一下桌子上的资料放进包里,拿起一件外套轻声说道:"我去所里了。"

何寻点了点头。

已是夜晚,景春坐在出租车的后座上,把头靠在玻璃窗上,有些疲惫地看着外面变化的景色和人群,眼泪忽然就流了下来。

那个周末,何寻独自去了镇上的中学。为了扩大那一次普法活动的影响力,陆然还联系了一些媒体,在官方平台上做了实时宣传。

景春是在平台上看到的视频,视频中那农村学校破旧的样子是她所熟悉的,她也曾在这样的学校生活过。她在视频中看到站在那里用案例宣传着《中华人民共和国未成年人保护法》的何寻,他的身边站着一个女孩,应该是陆然。

她和自己想象中的并不一样,想象中的她在国外待过,应当是洋气又精致,和乡村教师这样的称呼格格不入。但实际上,她美丽是美丽的,却是一种清水出芙蓉的美丽,没有景春所想象的精致的发型和时髦的妆容,还有高级包包之类。她上身穿着棉布白衫,下面是宽松的格子裤,但整个人看起来舒展又挺拔。

视频中她同何寻很少交谈,偶尔在环节需要的时候有眼神的交汇。中场休息的时候,她会过去帮何寻一起整理资料。

何寻说起过自己有个叫陆然的前女友,也说起过分手原因,但没怎么提起他们在一起相处时的种种。景春这样看过去的时候,心中就已经明白,他们是有着无可替代的好时光的。因为陆然和何寻,他们才是真正的同类。

有着相同的理想,有着相同的光明,愿意做那些帮助真正有需要的人的事情。景春还没来得及心碎,手机就响了起来,是离婚官司的委托人,询问她证据搜集的最新进展。

感伤烟消云散,景春恢复了冷静理性的语调,同对方分析着目前的状况。对方点头:"行,景律师,我相信你。只要能拿到钱和孩子的抚养权,律师费我可以多给一些。"

"我会尽力的。"景春说道。

7

何寻从镇上回来,给景春带了当地特产,一种很有名的糕点。

两个人之间好似并没有什么变化,又好似什么都变了。

何寻没有同她说普法活动的事情,顺不顺利,有没有什么感触,有没有什么印象深刻的事情,也许是笃定景春不会感兴趣,他什么都没有说。而景春这边,关于离婚官司她所有的证据辩词都已准备妥当,心中有十分的把握,再加上原本也是充满着狗血剧情的各种三角关系,她觉得也没什么好对何寻提起的。

两个人之间的沉默越发清晰。这是景春第一次恋爱,她不知道如何打破,只能被动地承受,把更多的精力放到工作中。

那场离婚官司她大获全胜,庭审期间出示的证据让对方意想不到,节节败退。

委托人很开心:"景律师,你可真厉害,我这个圈里要打离婚官司的人很多,到时候我都推荐给你,钱都好说。"

她第一次拿到了六位数的律师费。

在自己以往的想象中,挣到了一笔不少的钱,要先给自己买套好衣服,再买一个名牌包包,还要换一台新电脑……但实际上,她先转给家里一部分,因为听说母亲最近身体不太好,家里还想把老屋重新修葺一番。剩下的,她小心翼翼地存下来,想着自己以后要在这个城市立足,要买房买车,真正扎根在这里。

何寻出入的那些地方,那些需要普法的乡村,那些维权者住的简易房,是她永远都不想再回去的地方。但那个时候，即便心中有强烈的怀疑和动摇，但在看到何寻的时候，她也没能提出分手，哪怕两个人之间开始有了大段大段的沉默时间。

深秋时，那个离婚官司的委托人又给景春介绍了一个案子。

"是我一个朋友的儿子，和几个朋友打架伤到了人，本来想赔点钱了事，那家人也穷，农村的，结果人家不依不饶……"

委托人为了自己的儿子，自然是愿意付高昂的律师费的。景春接下了这个案子。

但将事情原委了解清楚后，才知道这是一个富家子弟仗势欺人的案件，从道德层面来说，他们确实是值得谴责的。

但景春清楚地知道，作为律师，需要维护的，只有自己委托人的利益。

她不带任何情感地去搜集证据，去走访，去翻看法律条文。

直到庭审当日，她走进法庭，赫然看到何寻作为原告的辩护律师坐在对面。何寻看向自己的眼中，同样有着惊诧和怀疑。

景春深吸一口气，让自己冷静下来，而后面无表情地坐在辩护席上。

何寻的辩护仍旧是以往的风格，入情入理，诉说那个被暴力伤害的孩子的现状以及家庭的悲惨，很快便将众人带入自己的叙述里。景春提出了三次抗议，均被法官驳回。

一审没有直接宣判，双方律师僵持，法官宣布择日再审。

那场庭审之后，何寻回到家，看到景春坐在那里，餐桌上是她刚刚做好的饭菜。对于一个平常的日子来说，那些饭菜有些过于丰盛了。

她向何寻提出了分手。

何寻沉默半晌，轻轻地点了点头。

似乎是觉得轻松，景春咧开嘴笑了笑："再一起吃顿饭吧。"

两个人安静地吃饭，餐桌上只有碗筷碰撞发出的声音。

尾声

景春二十八岁的时候已是业内小有名气的律师，与名气伴随的是争议。在网上搜索这个名字，有人夸赞她是美女律师，业务能力也很强；也有人指责她说只要钱给够，她就没有不接的案子，在法庭上过于强势，咄咄逼人。

她同何寻分手已有三年，三年里也有一些人追求她，却也没发生什么故事。她太忙了，无时无刻不在通往法庭和走访当事人的路上。最忙的一次连续两周每天睡眠时间都不超过四个小时，靠一杯杯黑咖啡提神。

她在这座城市付了一套小三室的首付，也有了两三个体面的包包，有定期去的理发店，也懂得了一些口红色号。

律所有新来的想从律师助理做起的小姑娘，抑制不住对她的崇拜："景姐，我觉得你就像港剧里的精英律师一样。"

她礼貌地笑笑，心中却并未泛起波澜。

她好似实现了理想，得到了一切。

但她并不觉得快乐。

同年，景春从同行那里听说了何寻结婚的消息。兜兜转转，他又和陆然重归于好了。听闻他放弃了自己在城市里的律师事业，专心去县城做了法律援助，因为几起关于弱势群体的案件，反而走进了更多人的视野。

景春心中有一瞬间的酸涩，但更多的是祝福。真好，祝福他和陆然。真好，他们本应在一起，他们拥有的才是最般配的爱。

她想起那一年，她打完自己人生中的第一个官司，借着酒意对他说"我一定会努力配得上你的，你等等我"。

那时景春以为，自己能成功，能挣更多的钱，能在这个城市有一个光鲜亮丽的身份就够了。

但并不是。如今这些她都已经拥有，站在高处，却发现高处除了高，空无一物，犹如独自一人，困在无风之境。

送你一杯芝芝桃桃味的日落

* 苏小城

她活得越来越皮实，不管是身体还是内心。

芝芝的口味很奇怪，她喜欢吃桃子，但不喜欢桃子味的任何饮料；她不吃荔枝，却对荔枝味汽水情有独钟。所以公司楼下某网红奶茶店开业大排长龙的时候，她被同事小达拉着去买了一杯爆款芝芝桃桃，当然她觉得并没有那么好喝。

排队的时候发生了一个小插曲——站在她们前面的一对情侣在吵架，女生甩了男生一巴掌后气冲冲地走掉了，男生愣在原地，脸上还有淡淡的手指印。他的表情很搞笑，是那种欲哭无泪的尴尬。

后来芝芝回想起那个男生的脸，总觉得似曾相识。想了很久，她才想起来男生当时嘴里嚼着口香糖，跟记忆中的阿海一样，他也总喜欢嚼口香糖。已经五年没有见过他了吧，那年她从老家来北京，走的时候，阿海开着他的面包车一路送她去机场。天气不怎么好，飞机晚点，他迟迟不肯走。

当时的芝芝想，如果航班取消了她就留下来，但凌晨的时候飞机还是起飞了。她记得阿海最后朝她挥着手，嘴里说着什么。但因为晚点滞留的人太多，她也没听清他最后说的话。

她也不是没有想过回去,回到那座她生长的海边小城。但时间从不给她喘息的机会,她过怕了从前的那种日子。在北京的生活虽然也辛苦,但总好过二十几年来的暗无天日。她是个没有野心的姑娘,好不容易靠自己的努力换来简单的生活,她拽得死死的,一刻也不愿意松手。

初到北京的那段时间,偶尔也会和阿海视频,他不喜欢用微信聊天,说打字太麻烦,晚上忙一整晚夜宵摊子,白天就在家睡觉。阿海最常问的就是"你什么时候回来啊",芝芝自己也不知道,就只能笑笑说:"快了吧。"

一晃就过了五年,她和阿海也早已失去了联系。

2

在北京的第二年,芝芝认识了均胜,他们在同一个市集上,两个摊位相邻。芝芝卖手作皮具,均胜卖古着。喜欢古着的男生看上去都怪怪的,那也是芝芝对他的第一印象。

因为下雨,来的人不多,附近的摊主就聚在一起聊天,大家各自讲起了家乡的小吃。芝芝说起最爱吃的清补凉,但在场的人都没吃过。后来收摊的时候,均胜跑过来要芝芝的微信,说很想去她的家乡尝一尝。

一来二去两个人就混熟了,后来他们又一起去了好几个市集,成了朋友。均胜大学学的是服装设计,毕业之后在后海开一家古着店,生意其实不怎么好,所以每个市集他都亲自跑。芝芝租的房子离他的店不远,散场之后就会和他一起拼车。

再后来,芝芝会把做好的皮具放到均胜的店里,他们成了生意上的伙伴。他有事外出的时候,就叫芝芝过来帮忙看一下店,晚上回来的时候顺带打包点烧烤或是麦当劳,就着冰啤酒和她边吃边聊。

店里有一台老式录音机,是均胜从旧货市场淘来的。虽然破旧了点,但它还能用。均胜就经常在店里放卡带听,旋律像是被涂上了一层薄膜,听上去旧旧的。芝芝有时缩在沙发上听港台流行歌,会有一种幻觉,像是回到了十五六岁。那时候,她用复读机听歌,那些港台歌星的卡带都是阿海去市里进货时帮她带回来的。

阿海让她别只听这些情情爱爱的歌,她就白他一眼,也懒得跟他解释什么。他嘴上虽然这么说,可还是帮她买了一盘又一盘卡带。后来那些卡带全被她妈妈给丢掉了,说听歌耽误学习。

她向阿海抱怨,阿海回了一句:"没事啦,以后再给你买好了。"可没过多久,MP3出来了,她的第一台MP3是个小长方块,去学校旁边的店里下载一首歌要一毛钱,一块钱十首歌,还可以赠送一首。

她就再也没有听过卡带了。

3

芝芝其实很多时候挺羡慕均胜的,他是北京土著,不用愁买房,念过还不错的大学,家里也愿意出钱支持他开店。而她呢?什么都没有。哪怕现在她和均胜恋爱了,他们换了一个更大的房子,她仍旧会觉得没有安全感,总觉得在这里不能落地生根。

均胜不懂芝芝的惶恐,他毕竟比她小六岁,他的世界里只有音乐、电影和古着,当然还有一小部分地方留给她。

她其实已经很知足,毕竟他真真切切地同她一起生活,一起吃饭散步,一起看剧摆摊。

只有在极少数失眠的午夜,听着窗外的雨声,她才会想念南方,想念那个在夏天总是会有台风光临的小城。她爬起来喝水,再也睡不着,一直睁着眼到天亮。

初秋时节,家里打来电话说妈妈要住院动手术,来北京这些年,她一次都没有回去过。这次均胜陪她一起,刚下飞机,湿热的空气便扑面而来。不知道是因了这久违的气味,还是眼前熟悉的景色,她的鼻子竟有些发酸。

妈妈的手术还算顺利,她在医院陪着妈妈,

也和妈妈说了很多话。从前那些觉得一辈子都解不开的心结，也一点点打开。妈妈终于亲口对她讲起了那件她一直不愿承认的事情。她的确是他们的养女，而且她的亲生父母就住在邻城。妈妈偷偷地擦着眼泪，告诉她："如果你愿意，我可以带你去找他们。"

但芝芝最终没有去。她心里其实对他们没什么真实的印象，只记得小时候听来的只言片语。虽然以前有问起过爸妈，但他们都说大家是瞎说的。所以后来再听到一些质疑，她会下意识地想要逃离，也开始变得叛逆，她发誓一定要去一个无人知晓她身世的地方。

也是在那个时候，她认识了阿海。她逃掉晚自习，和朋友们去吃夜宵，整条街就阿海家的清补凉最甜。当时的阿海还是个小帮工，朋友们都说阿海端给她的那一碗最满。

阿海嚼着口香糖告诉芝芝，他想要开自己的夜宵摊，想挣很多钱，想去市里买大房子。芝芝觉得这些都好遥远，她只想每天喝一碗冰冰的清补凉。

4

回北京的前一晚，芝芝带均胜去吃清补凉，从前的夜市变成了商业大楼。他们坐在一家装修精致的小店里，均胜吃一口，说："好甜腻啊！"他一个北方人，哪里吃得出这记忆中的味。

他们散步回家，路过她上的高中。她想进去看看，却发现大门紧闭。隔着栏杆往里望，仿佛还能够看到当年的自己正背着书包从里面走出来。她在最后一年问过阿海无数遍："我们一起离开好吗？"

阿海面露难色："我们没有钱，能上哪儿去呢？"

后来她高考落榜了，在家附近的超市找了份收银员的工作，休息的时候就拖着阿海一起去看皮料，她已经开始学着做简单的皮具。她给自己同时也给阿海一个三年的期限。

三年之后，阿海终于开了自己的夜宵摊，可他却不愿同芝芝一起走了。他说舍不得这白手起家的摊子，也怕出去之后会拖累芝芝。毕竟他连高中都没读过。但他告诉芝芝他可以等她回来。

芝芝带着三年来攒下的钱一个人去了北京，她从离开那天起就没打算回来。有怨恨吗？有不舍吗？有失落吗？当然都有。她自己也说不清到底是她好高骛远还是他井底之蛙。

也许，她和阿海终究不是一个世界的人。

5

北京的秋天很干燥，但芝芝似乎已经习惯了这样的天气。她下班后和同事们去后海喝酒，路过均胜曾经的古着店，那里现在已经成了理发店。一年前，她和均胜分了手，随后他关了店，去了日本。

起初争吵的时候，芝芝还会说服自己，毕竟他比她小，他还需要生活的磨砺才能成长。后来她才发现，年龄的差距所带来的危机感无时无刻不在困扰着她。或许从一开始他就只是想谈个恋爱，年轻人有的是时间谈情说爱，但他根本没打算和芝芝结婚生子，共度余生。

分手之后，芝芝进了一家互联网公司，从实习生开始做起，慢慢地站稳了脚跟。虽然工作很忙很累，但起码她不会有更多的时间去伤春悲秋。

生活给了她重重一击，好在如今的她终于可以喘一口气。她活得越来越皮实，不管是身体还是内心。

过年的时候回老家，老家一年一变，她都快认不出那些街道原本的模样了。阿海开着白色的凯迪拉克，车载音响放着当年她最喜欢的李克勤的歌。他是来机场送朋友的，然后认出了芝芝。

阿海告诉她，夜宵摊早就没做了，他现在开了一家酒楼。他穿着POLO衫、休闲裤，头发梳得有模有样，唯一不改的是喜欢嚼口香糖。

黄昏将至，窗外的日落像是她喝过的那杯芝芝桃桃的颜色，虽然很美，可她却不喜欢。

阿海带她去吃夜宵，他端来一碗清补凉，笑嘻嘻地说："这家最正宗了，十几年来都没有变。"

她吃一口，却感觉什么都变了。

月球暗面

✱ 血血理

等卸下妆容，剩一颗心脏，那时你要我吗？

1

向航第一眼注意到的，就是叶岑岑的那张脸——

突兀地上着厚厚的妆，脸上的粉底并不均匀，和脖子有明显的色差；眉毛是两条蚯蚓；眼尾那儿飞出黑色的一条，脏脏的，显露出勾眼线技巧的生疏；鼻翼那儿脏脏的，阴影重得像两撇粉刷；嘴唇上厚重的红色因为嘴唇干裂而显得支离破碎。看不大出来具体年龄，但向航猜她也就十五六岁，因为她背着一个旧旧的红色米奇书包。他想，现在的初中生就敢这么招摇地出现在校园里了吗？还是自己老了跟不上时代了？

然后是她身上的味道——

他不确定那是不是一种香水，如果是，那也是某种劣质或者过期产品。

这个女孩，试图往身上堆砌不属于她的年龄层的美丽。不幸的是，她失败得彻彻底底。

她在货架那儿徘徊了足足十分钟，苍蝇般地盯着几排唇彩和眉笔。他是这家彩妆分店的主管，刚开完会下来，顺道过来看看情况，就发现了她。

向航饶有兴味地观察了一会儿这个小姑娘，像是小学自然课观察某种小动物那样。在她踌躇着伸出手去时，向航利落地从货架上拿下了那支眉笔，随即握住了那只伶仃的手腕。

那一秒钟，叶岑岑听见心里响起一声细小的尖叫，等抬起头来，眉梢那儿已经瞧不出慌张。

"叫什么名字？"向航不打算难为她，只是不想见她小小年纪就走到岔路上去。

"叶岑岑。"

"多大了？"

"十五。"果真是个小孩。

向航撞上她的眼神，还死死盯着他手里的东西，那温度，烫人。

他摊开手："想要吗？"

叶岑岑眼睛一转，防备地打量着他，大概是怕自己再上他的当但肚子却先声夺人，响亮地发出咕的一声。

向航笑起来，索性把眉笔塞回她手里："饿了？想不想吃饭？"

叶岑岑的那双眼睛里闪出一种赤裸裸的光芒——没错，是欲望。那是夹杂在那一堆劣质化妆品里最纯粹的东西，这样说似乎有些讽刺，但事实就是如此。

那一秒，向航冷不防想到秦小茶，想起她那与此有着天差地别的纯黑的瞳孔。

这年冬天，向航二十四岁，大学早已毕业，开始学着接手父亲的公司,渐渐习惯穿西服打领带,即便他打得还不够熟练。

而距离秦小茶从他的生活里彻底消失不见,已经过去整整一年又三个月。

2

"喜欢广式茶点?"向航问。

面前一般大小的蒸笼摊了一桌,金钱肚、水晶虾饺、牛肉丸、奶黄包……从咸到甜,叶岑岑来者不拒,根本没空答他的话。她嫌那道糯米鸡用筷子拆荷叶包太麻烦,上了手,又嫌烫,拆了两下缩回来,瞪着一双精光水亮的眼睛,恋恋不舍——向航全看在眼里。

向航不是没见过饿虎扑食,当年他在学校,中午到了饭点,周围同学拼命往食堂挤,他不喜欢为了那二两热饭争先恐后,就去门口的小炒店要一份青椒肉丝盖饭带回教室,塞上耳机听歌。听完十首歌,饭也就吃完了。

这种日子一直持续到他认识秦小茶。

秦小茶是插班生,刚随班主任走进教室,向航就听到后桌发出一声下流的惊叹。他从漫画书里抬起头来,就看见了美丽非常的秦小茶。

十七岁的秦小茶,穿着夏天的校服,白色衬衫,蓝色半裙,声音干净。她说:"希望能和大家成为朋友。"向航在心里重复了最后两个字,然后笑了笑。

事实上,秦小茶没能和大家成为朋友。

这也不算什么意外。高二的功课压力已经不允许他们好好坐下来交朋友。所以当中午所有人都出去吃午饭时,教室里只剩下了向航和秦小茶。

"你不去吃饭吗?"向航经过她的座位,随口问道。

秦小茶露出一个简洁的微笑,甚至轻轻往上抬起线条漂亮的尖下巴。

"人太多了。"她说。

骗谁啊,明明是没人喊你一起。向航心想。

他没说破,走到教室门口,又停下来,转过头——

"喂,秦小茶,你想不想试一试青椒肉丝盖饭?"

等向航抱着两个饭盒从小炒店出来时,他看见正午的阳光毫无保留地浇在秦小茶的身上。她擦了擦额上的汗,在树下踮起脚来,越过人群看向他。向航突然感觉到,那个夏天的风轻轻地吹了起来。

"向……总……向总?"

叶岑岑踌躇地喊了两遍,向航才回过神来,心想,这小丫头从哪儿学的这么老气横秋的称呼,是在电视上吗?

"叫我向航就好了,你要是乐意,加个哥哥也可以。"他说。

那些蒸笼基本上已经被扫荡一空,叶岑岑却还像没吃饱一样贪婪地舔着嘴唇,眼神定定地落在光盘上。向航想,如果不是他在这儿,她一定会把那盘底的酱汁都舔得一干二净,嘴唇上的口红也早被她自己吃了个精光。

"小姑娘家,吃这么多。"

"我饿。"叶岑岑理直气壮地说,可她刚说完,向航就清晰地听见她打了一个嗝。

"真的饿?"

"饿。"

向航不懂了,她小小年纪,哪来这么多填不满的欲望?

那欲望几乎要从桌沿漫出来,滴落在脏兮兮的地板上。

3

向航很快就明白叶岑岑身上那种张牙舞爪的贪心到底是从哪儿来的了。

他提出送叶岑岑回家时,叶岑岑报出的地名他是知道的——

秦小茶以前就住在那里。

他开车驶进去的时候,发现时间在这儿几乎是凝固了。逼仄的巷子,令人担忧的卫生环境,人和车挤在一条道上,旁边的臭水沟里,还有菜贩们扔下来的烂叶子。这所有的一切,都和当初一模一样。

六年前,秦小茶领着他走进来时,在巷子口恶狠狠地警告他:"一会儿你要是敢笑我,我发誓以后再也不理你。"

一靠近楼道口,向航就闻到了一股酸臭味。刚皱了皱眉,他就看见秦小茶在前面停了下来。

"是不是很糟?"她转过头来看他,逆着光,看不清脸上的表情。

"没有！"向航下意识地这么回答她，"真的。"

然后他就看见，一向高傲得像只小孔雀的秦小茶在他面前哇一声哭了。他从没见过有人哭得这么伤心，好像整个人都要哭碎了。向航在那个楼道里明白了什么叫"心都揪在一起了"，他慌慌张张地走上两级台阶，站在秦小茶下面，和她的目光平齐，然后小心翼翼地捧起她的脸，就像捧起一件瓷器。

"不要哭了。"他说，"我承认，这儿一点也不好，但是秦小茶，在我的心里，你特别特别好，明白吗？"

那个时候，向航还不知道自己喜欢秦小茶什么，她的好看，还是她的骄傲？他困惑过，最后说管它呢，喜欢这东西，不就是个抓不着的浑蛋吗？它究竟是钻石还是玻璃，是陨石还是星星，一点也不重要，不是吗？

"我本来就特别特别好，又不是在你心里才这样。"女孩擦了擦眼睛，小声嘟囔。

向航就在心底笑了，这丫头真是可爱透顶。

那时他们已经高考完了，最后的那个学期，秦小茶的成绩排进了年级前十，就算向航再不在乎自己的分数，他那会儿也真慌了。"如果你要去北京，我好歹要够上一本的线啊。"向航把漫画锁进抽屉里，开始好好学习。

拿到录取通知书那天，他得意得不得了，去向秦小茶邀功。女生抿了抿嘴唇，把笑意藏在了"我请你吃晚饭好不好"的问句里。向航本以为会是在外面的小摊上随便吃点什么，没想到秦小茶告诉他："我做。"他才头一回踏进了那条巷子。

秦小茶炒了两个菜，还炖了鱼汤。她盛了一碗，汤头白白的，自己先尝了一口，然后跟向航炫耀："我做的菜比青椒肉丝盖饭好吃一百倍。"屋里开着风扇，秦小茶的头发因为汗黏在脸上，眼睛却亮亮的。向航从桌子前探过身去，吻了吻她。

他是真的觉得自己会一辈子和秦小茶在一起。

可眼下，在他身边的，不再是百合花一样的少女秦小茶，而是这个把自己画得像个脸谱似的小姑娘叶岑岑。向航递给她一张名片："以后如果有什么困难，可以找我。"

叶岑岑神情复杂地看着他，但还是接了过来，小声地说了句："谢谢。"她从副驾驶座上一骨碌爬出去，走出去没几步，向航又叫住了她。

"叶岑岑，你听过秦小茶这个人吗？她以前也住在这儿。"

叶岑岑攥紧了那张名片，转过身，认真地摇了摇头："没有。"

向航是在三个月后接到那个陌生电话的。

"是叶岑岑的家长吗？麻烦你到学校来一趟。"电话那头传来一个陌生的声音。

等弄明白对方的身份，他才艰难地想起几个月前的那张小花脸来。

他没想到那个小丫头真的会联系他，还是以这种方式。

向航赶到学校，遭了叶岑岑班主任劈头盖脸的一顿痛骂，说叶岑岑整天把自己画得妖里妖气跑来班上扰乱军心，今天甚至还教上了班里的女孩化妆。向航听得头都大了，本想一走了之，又看见叶岑岑孤零零地站在办公室一角，顶着一张被腮红打得滑稽的小脸，心就软了。只得一边替她赔礼道歉，一边在心里叹气。

他终于确定，这个小姑娘和秦小茶是截然不同的两类人。秦小茶念书那会儿一向素面朝天，连乳液都不怎么用。

秦小茶十八岁生日，向航在商场给她买了一瓶香水——Anna Sui 的许愿精灵，瓶子顶端坐着一只小小的精灵。他很高兴，觉得秦小茶和那只精灵一样剔透。

拿到秦小茶面前时，她一脸兴致缺缺。

"拜托，这个很贵呢！"向航可怜巴巴地说。

秦小茶听到这话，拿起香水往他手里一拍："很贵了不起吗？那你退回去好了。"

向航讨饶："大小姐，商品出仓，拒绝退还，这是规矩。"

秦小茶就笑了，她脾气大，却也好哄。

后来向航在她身上也只闻到过一次那种味道，他不好奇，自己买来只是想让她高兴而已，至于东西的去向，他一概不问，包括后来他陆陆续续送的许多东西,他都没见秦小茶用过。

向航不明白的是,怎么到了最后,他连秦小茶都找不着了呢。

后来两个人在北京念大学,他想得很简单,等毕业了就和秦小茶一起回来。不回来也行,找个离对方近的公司,下了班他走过去接她,两人一块儿回家。周末就找个餐厅打打牙祭,再看一场精彩的电影。

在每一个与秦小茶有关的梦里,秦小茶都站得离他有一段距离。她说:"可是我不想。向航,这不是我要的将来。"

秦小茶,你知道吗?生活里没有你,却冒出来一个莫名其妙的小丫头,这也不是我曾经想要的将来。

向航和叶岑岑从办公室出来时,操场上的人都已经走了。夕阳落了下来,像一个咸蛋黄。叶岑岑小心翼翼地走在边上,没说话。

向航终于没忍住,开口问:"就这么喜欢这些东西?"

叶岑岑点点头,小声说:"亦舒说,胭脂是女人的灵魂呢。"

向航无奈于她的歪理一套一套,更无奈于她在"变美"这件事上超乎寻常的热情。他倒不是觉得女孩爱美是坏事,只是对叶岑岑而言,有些为时过早。他到现在都记不清楚她究竟长什么模样,总觉得过一阵见她,她又换了一副面孔。

他依旧试图说服叶岑岑:"可我还是觉得……"

"向航哥哥,"叶岑岑打断他,"你喜欢的那个人,她好看吗?"

向航想了一会儿才明白她是在问秦小茶,即便他想撒谎,最后也只能承认:"她是这个世界上最好看的小姑娘。"

"那不就结了,"叶岑岑狡黠地眨了眨眼睛,"别说什么冠冕堂皇的大道理,你看,事实就是,好看的姑娘才惹人爱呢。"

这鬼丫头,才丁点儿大,就想被谁爱啊?

"快回家吧,"向航投降了,"你爸妈要担心了。"

叶岑岑定了一秒,然后露出一个艰难的笑来。

"没关系的,向航哥哥。"她的声音像一个小小的铃铛,"他们死了。"

向航蓦地一惊,却只看到她瘦削的侧影,轻描淡写的,像是一个断句。

5

向航升入大四那年,无意中发现秦小茶正在申请全额留学奖学金,他这才知道她打算丢下自己偷偷跑掉。

"秦小茶,你这算什么?"

秦小茶的语气淡淡的,像是早就料到他会这样:"我不想你勉强自己,但我也不想放弃。我出国,你留在这儿,不用等我。如果我回来时,你还愿意和我在一起,那……"向航霍地站起来,留给她一个伤心的背影。

向航自己也很清楚,他一点也不擅长学习,更别说要到一个全然陌生还要说外语的国家去。秦小茶是对的,她讲的道理也都没问题,可如果什么都没错,为什么相爱的人要分离呢?

直到秦小茶出国,他都没去送她,两人陷入了长久的冷战。他那时正躲在家里,看着桌上那一堆雅思备考材料。

"你就是要我一辈子追着你跑就对了。"他生气地想,却又对自己的妥协无可奈何。

他打算考上后就申请学校,去美国找秦小茶。

第二年七月底,向航在登机前给秦小茶发去一条信息,他说:"我现在在机场,我来找你。"

等飞机落地,他抵达异国,再开机,那边只回了三个字——"不用了!"那个叹号让他看得心惊。

之后不管他再发什么信息,秦小茶都没有回他半句。等再收到秦小茶的消息时,他已经在国外待了将近四个月。她说:"我现在很好,希望你也是。"

他不得不承认,这回秦小茶是真的不要他了。于是他收拾行李,撤退回国。

他想她大概有了全新的生活,在美国钻研着自己喜欢的领域,或者有了喜欢的其他人。她一向很优秀,他清清楚楚知道这一点,所以他才会觉得,爱上她是自己捡到了宝。

撤退回国后很长一段时间,他都无法好好开始新生活。

遇到叶岑岑后,尽管他的生活被搅得乱七八糟,但是他承认，他的生活开始往前走了。他开始敢想秦小茶，也敢和人提到她。

或许用不了多久，他就可以彻底忘掉秦小茶。

正是因为怀抱着这个不那么磊落的期许，他对叶岑岑的事变得越来越上心。那几年他去学校替她挨骂，替她检查作业，没收她乱七八糟的化妆品，又被她讨饶着要了回去。

后来他没辙了，就把其中一些换成了质量好一些的再给她。

"以后脸烂了有你哭的。"他骂叶岑岑。

叶岑岑朝他吐了吐舌头。那段时间，她的化妆技术突飞猛进，连向航都不得不承认她其实很擅长。她把自己的脸当成一张白纸，在上面勾勒出不同风格的画，他每次见她都要辨认好一会儿。她高兴地告诉他"有人说我好看呢"，向航心里便也开出一朵花。

她快乐起来时，日子都亮些。

问题出在那个暴雨天，天气预报里没有播报。他开车往叶岑岑的学校去，发现她湿漉漉地从校门口冲出来。他探出头去喊她上车，结果她顿了片刻，往前冲得更猛了。他下车追她，结果手在搭上叶岑岑肩膀的一刹那，他惊骇地看着女孩蹲在地上，捂住自己的脸不肯让他看，他这才意识到问题的严重性。

"别看我，求你。"她说，"很丑。"她的妆花了，不同的颜色混在一起，包括她的眼泪。

"叶岑岑，你听我说，"他诧异且悲悯地看着这个蜷成一团的女孩，"你生病了，我得带你去医院。"

没了那层"假妆"，她就像丢了一副面对世界的铠甲。

6

叶岑岑十七岁那年住进了向航的家，向航给她办了一年休学。

起初是心理医生说的，她的"爱美"已趋近于病态，再这样下去，她得戴着面具才能感到安全。向航认定是自己对叶岑岑的放任自流导致了这一切。

"对不起。"他把一间卧房腾出来给叶岑岑。

叶岑岑看他一眼："你这样太有责任心可不行。"

"怎么？"

"会容易让女孩赖上你的。"叶岑岑痛心疾首。

向航笑笑："这么严重啊，真害怕。"他承认，那一瞬间，他并不排斥这种可能性。"秦小茶"这三个字已经走得太远了。

叶岑岑用力点点头，不用见到同学后，她的确没有从前那么依赖化妆，她会尽量在焦虑感袭来的时候听听歌，或是读一本书。可是向航每天下班回来前，她还是会仔仔细细为自己化个妆。后来向航隐约发现了这一点，尽量在办公室待到叶岑岑睡了才回来。

有一天晚上，他从梦中醒来，感到脸上有些湿，然后他就看见了隐藏在黑暗里的叶岑岑，眼睛像小动物般发亮。

"岑岑？你哭了？"他伸手想去开灯。

"别开灯。"叶岑岑叫住他，"我没化妆。"

他叹了口气，坐起来："好，怎么了？"

叶岑岑一定是有很重要的事要对自己说，他想。

可是叶岑岑只是递给他一串钥匙，说："向航哥哥，我家衣柜里还有些衣服，麻烦你明天下班后帮我带过来吧。"

他本想问问到底怎么了，但他还是照做了。他很疼她。

第二天下午，他又去了那条巷子，他把叶岑岑橱柜里的衣服都收进了一个箱子里。

他想，都是些旧衣服，改天给她换点新的。

离开那个黑黢黢的小房间时，他回头看了一眼，仅仅是一个闪电般的念头，他伸手过去拉开了叶岑岑的抽屉。他只是觉得自己得这么做，等反应过来，那个小小的抽屉已经在他面前暴露无遗。

眼影盘、粉底、口红，形形色色用来化妆的小工具，然后——是那瓶 Anna Sui 香水。里面的液体快要干涸了，上面的标签已经变得很旧，但他一眼就认了出来。因为上面用水性笔写了三个歪歪扭扭的字——给小茶。他打开瓶盖闻了闻，是他第一回见到叶岑岑时她身上的味道，那瓶香水已经过期很久了。

叶岑岑撒谎了，她从一开始就在撒谎。

向航脑中一片空白，他抱着收拾好的东西下楼，当然也没忘记那瓶香水。

楼道口右边就是一个杂货店，他走了进去，守店的是老板娘。

他先买了一包烟,然后假装随口问道:"您听说过秦小茶吗?以前就住在这里的。"

他的心怦怦直跳,他想要一个答案,却又害怕真的得到什么答案。

"那不就是几年前出车祸的那个女孩?这片地儿谁不知道啊——"女人夸张地捂住胸口,"那家人真是太造孽了,好像是姓叶吧,夫妻闹矛盾结果连累无辜的人。我记得报纸上也登了好一阵呢。"

那会儿他人在美国,所以他不知道。

向航不记得自己是怎么出现在叶岑岑面前的,他把东西放下,叶岑岑见到他,轻轻地喊了他一句"向航哥哥",接着她就看见了那瓶小小的、晶莹的许愿精灵。

"她在哪里?"向航走近一步,压低嗓子问,"告诉我。"

也是在这一秒,他发现叶岑岑不知不觉中长高了很多。他后来才想起,这年她已经十八岁了,危险的青春期悄然过去了。

"我很小的时候就认识小茶姐姐了。"叶岑岑说出这个名字时,看见向航闭了闭眼睛。

叶岑岑记得的是承包了一辆出租车后早出晚归的父亲,和在那光线不好的屋子里显得越发干瘦的母亲。门口如果走过年轻的女孩,母亲就会用力吐一口口水。

叶岑岑明白母亲是在嫉妒她们的美丽。有一天父亲很晚才收工回家,母亲同他爆发了激烈的争吵。她疯狂地咒骂:"我晓得你每天往外跑就是去找狐狸精。"父亲忍无可忍,掀翻了桌子,一声巨响过后,叶岑岑听到一句低低的"神经病"。

那天以后,两人形同陌路。

有一天叶岑岑从学校回来,班上要交二十块钱班费,她已经拖了好几天,不得不向母亲开口。母亲那天坐在巷子口,她小心地走过去,嗫嚅着说:"妈,班上要交班费了,要二十块。"母亲抬起头来看着她,冷笑了一下:"多少钱?"

"二十。"

"去问你那个不着家的爸要啊,怎么就知道找我呢?讨债鬼。"

叶岑岑看着她,忽然觉得自己可笑又可怜,为了区区二十块,站在这里丢人现眼。她甚至没意识到自己的嘴角浮起了一个嘲讽的微笑,而这个微笑显然刺伤了母亲。

"瞧不起我是吗?"母亲的手轻轻抚上了她的脸,"等着瞧,将来你也好不到哪儿去。就凭你的样子,以为能留得住男人吗?"她的眼睛里掠过几乎可以被错认为温情的恶毒。

就在那个瞬间,叶岑岑的胃里泛起一种无止境的空虚。她木然地拿了钱,在转角处的早点铺买了几个馒头胡乱嚼了咽下去,也还是觉得没饱。像是有一只贪得无厌的手从她的喉咙口伸了出来,伸向那些热气腾腾的食物,好像只有吃掉它们,她才能获得片刻的安宁。她看着镜子里的自己,嘲笑道:"叶岑岑,亏得你这样吃还不胖。"等她渐渐长大,她也真的应了母亲说的那句"将来你也好不到哪儿去"。

十岁的一天,她记得很清楚,她被班上的男孩嘲笑是"丑八怪",回家时又不小心跌了一跤,膝盖钻心地疼。她蹲在巷子口呜呜地哭,天上下着雨,来来去去的人谁也不看她。

就是在那儿,她碰见了秦小茶。叶岑岑从不知道这条巷子里也会住着秦小茶这样的"仙女"——那是十岁的她能想到的最恰当的词了。秦小茶的身上有一种好闻的清香,叶岑岑形容不出来那到底是一种什么味道,好像混合了甜蜜的花香和果香。被扶起来的时候,叶岑岑用几不可闻的声音说:"姐姐,你身上的香味真好闻。"

那天她说了很多话,在素未谋面的秦小茶面前说了自己的母亲,也说了班上那些男孩是怎么欺负自己的。说完她一扬头,说:"其实我一点儿也不在乎,我瞧不起他们。"

秦小茶被她逗笑了,走的时候往她手里塞了一样东西。

"送你。"她愉快地眨了眨眼睛,"你很勇敢。"

叶岑岑回到家,发现那是一瓶小小的香水。她闻了闻,就是秦小茶身上的那种味道。她尝试着去读上面的英文:"安……安娜……虽?"那瓶许愿精灵被叶岑岑小心地藏进了抽屉深处,成了她人生中第一个有关美丽的秘密。

后来见到的次数多了,秦小茶会主动喊她的名字。那种时刻,叶岑岑总是欢欣雀跃的。再后来秦小茶上了大学,叶岑岑为此还沮丧了好久。

然后就是那个黑沉沉的夜晚,叶岑岑记得分明,那是七月底,天气很热。父亲又去出车了,母亲委顿地坐在门口,没有像平时那样兴致勃勃地骂人。父亲出门没多久,顶多一个小时,警察就找上门来了。母亲端庄地站起来,梳了梳自己的头发,说:"是我干的。"

后来她才知道,母亲在父亲那辆出租车的刹车上动了手脚。父亲从机场高速下来没能停住,撞向旁边的路障,当场身亡。她不知道母亲竟怨恨父亲至此。

只是谁也没想到,副驾驶座上还坐着一个秦小茶。

那天秦小茶刚回国到家,就收到了向航从机场发来的消息,她在巷子口匆匆搭上了父亲的出租车,发了一条信息后就去追向航。她想要告诉他自己不走了,她想留下来,参与他的那个伟大的假想。出国后,她每天都在想念他。

巨响和疼痛来临的一瞬间,秦小茶发现,原来美丽这东西真的很容易碎。她以前对此不屑一顾,是因为她不知道上天是会轻而易举就把这样东西夺走的。

她模模糊糊地想:向航,你送我的那些化妆品,我还没来得及用啊。

8

向航终于见到了她,她就坐在那小小的二层阳台上。

这几年,她就静静地待在那里,却没等到他来找她。想到这儿,他心里就疼。

她的小身板挺得笔直,声音里浸着晨光。她读的是一首诗,声音还是少女时代那样,有一种水洗过的清澈:"被宇宙抛弃了,她会叫宇宙去见鬼,她会找到一湾水,或一面镜子,在上面居住。""见鬼"那两个字读得重重的,向航知道,她现在对这个世界有一点小意见。

他远远地看了一会儿,包括她那张有些骇人的脸。他做过心理准备,但糟糕程度还是有些超出他的预料。他走上前去,敲门,听见她的声音从里面传来,像是从岁月深处传来:"谁啊?"

他屏息,然后开口:"秦小茶,我是向航。"

里面没人说话。

他想过最坏的情况,无非是她不肯见他。但往后还有这么长的时间,他有足够的耐心等下去。

门开了,她的脸藏在了一个大大的口罩后面。

"我来送你一样东西。"他说。

当年十七岁的像百合花一样美好的秦小茶,他喜欢的小姑娘秦小茶,此刻背对着他坐着。她的前面是一堵白色的墙,上面什么也没有。

"秦小茶。"向航耐心地喊她。

"口红?眉笔?还是香水?"她终于开口,然后转过头来,解下口罩,车祸遗留下来的沟壑和瘢痕依旧触目惊心。她丢开一切似的将自己暴露在他面前,赌气般地说:"无论是哪一样,我都用不上了。向航,你明白吗?"她早就把那些东西送给了来探望自己的小姑娘叶岑岑,她还没来得及去学习怎么化妆,那些东西就派不上用场了。

"不是那些,给我一分钟,可以吗?"

秦小茶用力地叹气,却乖乖坐好了。

"真是个乖女孩,手伸出来。"

一只纤细的手便摊开在他面前,是白皙的、光洁的,牢牢一把抓住过他的心脏的。

向航将藏在后面握成拳的手伸到那只手的上方,秦小茶嘟囔:"到底是什么?"然后——

拳头放下去,张开,握住她的手。秦小茶有些惊慌,想挣脱,五指却被扣得紧紧的。

"我自己。"他的声音里像被撒了一把灼热的沙,"秦小茶,这次我把我自己送给你,商品出仓,拒绝退还。我说过的,这是规矩。"

很多年前他问自己的那个问题,他到底爱她哪里,等他来到这儿,看到这个女孩在晨光里读诗的片刻,便有了答案。

他爱她,是因为她足够爱她自己。无论是十七岁时不施粉黛却清丽出挑的她,还是此刻这个不复美丽却依然身上有光的她,都住在那面镜子上。而那镜子照出的,是特别特别好的秦小茶。不用别人明白,她自己知道这一点,就足够了。

她就像个永恒的少女那样,不会老,也不会死。这真令他安心。

"我不要你的同情。"她倔强地说。

"我不是同情你,秦小茶,我爱你。"

"向航,你怎么现在才来,可疼了。"女孩泄了气,委屈地抱怨。

"我知道,你怪我好了,打我也可以,我就在这里,哪儿也不去。"

9

叶岑岑二十四岁那年,化妆的手法已经很纯熟,再也不会闹把眉毛描成蚯蚓的笑话。只是她也能在时间来不及时,草草应付就出门。很多人喜欢她,也有不怎么知名的导演找到她,让她出演一部文艺片。导演说的是:"我喜欢你身上的可塑性,叶岑岑,你的脸有无数种可能。"她笑笑,不知该不该高兴。

那时她已经很久没有和向航见面了。

从向航的家里搬出来时,向航没有阻拦她。这是一种默契,或者说在她看到那瓶香水的一瞬间,一切就已经有了答案。

那个夜晚,她想说的本来是"我爱你",可她知道,如果真这样做的话,就太卑鄙了。她必须把那个隐藏的选项交出来,让向航自己去选。

她是故意让向航发现那个抽屉的。

她自己也想知道,如果秦小茶已经不再像电影里走出来的姑娘,向航是否还会爱她。

答案很明显——叶岑岑想,这两人还真光干些电影里男女主角才会干的事儿。

电影首映的当天,她被安排出席。

坐在化妆间里,对着镜子,看着自己上过妆的脸,她忽然感觉到疲惫。

她像对待一件易碎的艺术品那样,轻轻地抚摩着自己的脸颊。如今她已经不会再无端地感到饥饿,不会病态地追求一张不真实的脸。只是她比谁都清楚,自己想要的,还是没有得到。

十三岁那年,她在屋檐底下看见了和小茶姐姐一同走回来的那个男孩。他们俩就像从二十世纪八十年代的电影里走出来的人一样,天下着雨,他们共打一把伞。男孩把伞往秦小茶这边送,左肩湿了一大片。

在那一瞬间,叶岑岑的饥饿感被按下了暂停键。

人在这个世上,见过一只鸟、一朵花、一座山、一片海,因为见过,所以想要拥有。而她叶岑岑,曾经在那条小巷子里见过温柔的爱。那种东西,她没能从父母那里得到一星半点。

她没想过自己会再遇到向航,起初只是怀疑,当他问到秦小茶,她才终于确定了。

车祸后,母亲被送进监狱,叶岑岑去见过秦小茶,秦小茶很快就认出了她。当知道她就是造成这一切的那对夫妇的女儿时,她举起了手。叶岑岑几乎以为秦小茶要扇自己巴掌了,她闭上眼睛,却只感觉到头顶被轻轻覆住,然后秦小茶说:"小可怜。"

她当时还无知地觉得,毁容的秦小茶比起自己要更可怜一些。

现在她坐在镜子前,看着那个美丽的幻影,扯起嘴角对自己说:"小可怜。"

然后——她撕掉双眼皮贴,摘下了假睫毛,洗去所有的妆,露出了那张连她自己都没怎么仔细瞧过的脸。短短的眉毛,眼皮肿肿的,鼻子没那么挺,嘴唇并不饱满,皮肤也有些暗淡。她深吸一口气,在心里说:叶岑岑,你看,灯光熄灭,退场时分,也没你想象的那么糟。

她起身,出门,经过了他的车,和从车上下来的他。她给他寄了一张首映场的电影票。

离着几米的距离,她朝他微微一笑。他只觉得笑容眼熟,不等细想,他们便擦肩而过。

他不记得她原本的样子,或者说,她还是未曾让他看到过。

起初是因为自卑,后来是因为爱,末了是因为想离开。

到头来,也不晓得残忍的到底是谁。

向航再没见过叶岑岑,也不曾在人群中找到她。

所有人再提及这个女孩,只能想起她的名字,犹如昙花一现。

"叶岑岑"这三个字,雕饰着华丽的金粉,描绘着凄艳的红妆。

不过半年光景,他们通通忘了她的模样。

在所有虚构的故事里,那么恰好,是你。

因为遇见你,很多年以后,我终于明白了"喜欢"两个字的含义。

宋宁宁承认,见到陆澄的那一刻,她的心跳快了一些。

宋宁宁已经很多年没有这种感觉了。

读书的时候,除了上课没有其他活动,宋宁宁闲得无聊还会和同学趴在走廊围栏上看看路过的男同学,讨论几班的谁谁谁有点像韩国明星,几班的谁谁谁打球很厉害,几班的谁谁谁点外卖被抓了个正着。

那个时候的宋宁宁脑子里还是有"喜欢"这件事的。长得好看的人会喜欢,元旦晚会的主持人会喜欢,运动会跑第一的人会喜欢……被人家开玩笑说"喏,你的×××来了"还要故作害羞地说"哎呀,别乱说"。

但这都是很久以前的事了。

宋宁宁已经很久没有这种"喜欢"的感情了。她好像不会心动了,除了遇见陆澄的这一刻。

只有一点点。心跳只快了一点点。

是陆澄主动喊了她的。

早上宋宁宁慢悠悠地进公司,刚要关电梯门的时候有人喊了"等一下!"

下一秒,陆澄就闯了进来。

他说:"谢谢。"可能是谢谢宋宁宁没关门。她就小声地说了句:"没事。"看到对方没按楼层,她又好心问了一句:"几楼?""哦,21。"他说。

和宋宁宁同一层,那一层就只有一家公司。

宋宁宁没好意思开口问他来做什么,还好心地

虚构者的解药

✱ 李明尔

帮他刷了卡带他进去，结果前台的小姑娘人不在。他就又问："你知道新员工报到是在哪里吗？"大概是时间晚了，他有些焦急地看着宋宁宁，好像宋宁宁是他的救命稻草。

宋宁宁看着有些心软，说："我带你去吧。"

宋宁宁以为，这就是她和陆澄的全部交集了。

她回到办公室，照例开始收邮件回邮件。到了中午，人事部的姐姐莫莫过来串门，一进来就直奔宋宁宁的工位，兴奋地问："宋宁宁！今天新来的那个小帅哥你认识？"

大家马上八卦地凑了过来。

"是咱们宁宁亲自带到会议室的。我看了，跟宁宁一个学校的。"莫莫说。

宋宁宁有些紧张，支支吾吾地道："我们不认识。前台不在，我就带个路。"

"没关系，"莫莫大手一挥，"不认识可以认识起来，晚上他们新人破冰，宁宁也一起来吧。"

宋宁宁不喜欢这样的活动，一群不认识的人，尴尬地坐在一起吃饭，说不定吃饭之前还要做个自我介绍。去年已经无趣过一回，但这次因为陆澄，宋宁宁愿意去当个摆设。

新人的破冰活动是莫莫组织的，倒是和宋宁宁去年入职的时候不大一样，莫莫花了很多心思，准备了很多小游戏。每一个进入餐厅的人会抽取一张号码牌，号码相同的人为一组，一起自我介绍。

"哎呀，感觉我们这一届新人女生好多哦。"莫莫一边收拾号码牌一边说，她连续喊了五组，都是女生组合。"接下来我们看一下，拿到6号的是哪两位同学！"

宋宁宁看到陆澄举起手，挥了挥手中的小纸条。

莫莫马上笑意盈盈地看了过来："那让我们看一看，这次会不会是爱的号码牌呢？还有一位6号同学是谁？"

宋宁宁看到她的表情，觉得这一切都是她安排好的。宋宁宁手里的，也是6号。这是她进门时，莫莫单独塞给她的。

她喜欢陆澄这件事，这么明显吗？

宋宁宁慢吞吞地站了起来，大家立刻在莫莫的带领下开始起哄，恨不得让他俩立刻来一首情歌对唱。毕竟，早上所有人都看到宋宁宁带陆澄进了会议室，总觉得他们之间是有什么关系的。

宋宁宁的自我介绍平平无奇，去年来的时候她还会说她喜欢画画，介绍平时喜欢看的杂志。上了一年班，她好像已经对这些没了兴趣，以前一期不落的杂志已经好久没有买了，反正喜欢也不能当饭吃。

其实她是有些紧张的，站在陆澄旁边也不敢胡说什么，大家都是一个专业的，她也没什么拿得出手的作品，怎么好意思说喜欢画画。

陆澄倒是大大方方，说自己和宋宁宁很有缘分，她是自己进公司见到的第一个人，请她多多关照。

大家听完反倒好奇了起来，七嘴八舌地问："这么说来，你们是同一个学校同一个专业的？直系的师姐弟？"

"是啊。"陆澄点了点头。

这个时候，宋宁宁部门里的人突然问了一句："他比你小一届，那他应该认识你男朋友吧？"她转而问陆澄："陆澄，你认识宋宁宁的男朋友吗？"

宋宁宁根本没有什么男朋友。

别说男朋友，就连同龄男性友人她都没有。从小被教育不要早恋，不能和男生一桌吃饭，不能一起走在路上，通讯录里有个男生的名字都要被父母盘问半天。久而久之，宋宁宁觉得远离异性是一种趋利避害的本能。即使念完了大学，这种本能还是在她的身上根深蒂固。

每当父母问起："身边就没有玩得好的男生吗？"

宋宁宁立刻摆摆手："没有。"好像说"有"就是犯了天大的错误。

但很快，她遇到了另一个问题，开始不停地有人问她："宁宁，你没有男朋友吗？我给你介绍一个。"

宋宁宁不好意思拒绝别人的好意，又有些惶恐，支支吾吾地站在那里，结果人家问了一句："怎么？

你已经有啦？"

宋宁宁害羞且欲言又止的表情让对方确信。"真的吗？"

"有了。也不一定是有男朋友的意思，可能是有喜欢的人。"

想到这里，宋宁宁委婉地笑了一下。

"怎么认识的？"对方很聪明地接话。

"就……朋友的朋友。"多么安全的说法，成了一个谎言的开始。

"介绍的？"

"也不算是。"宋宁宁看过那么多小说练就的编故事能力在此刻显现，"就是和闺蜜吃饭的时候，她男朋友带朋友一起来了，然后就认识了。"

"那是同学吧？"

"算是吧。"

"什么叫算是？不是一个班的？"

"哦。"宋宁宁意味不明地应了一声。

对方继续问道："那他在哪里上班？"

宋宁宁知道的公司就那么几家，对别的行业也不了解，编不出个所以然，干脆就说："还在读书。"

"那比你小啊？"

"是啊，小一届。"宋宁宁这一次干脆利落地点了点头，就这样吧，来个挡箭牌一了百了，以后就不会有人催她找对象了。

"那你厉害的嘛。"对方笑笑。

用一个谎言，换取了一年的清净。当时是本着不想恋爱的心情，但现在她遇到了陆澄。

原本以为无人在意的一句玩笑话，如今被摆到了喜欢的人面前。

或许他下一秒就要问："学姐你男朋友叫什么名字，是我们专业的吗？我可能认识哦。"毕竟他刚刚说他在学生会工作过，肯定交友广泛。

但陆澄没问，他笑着说："私人问题我们私下讨论。"

宋宁宁终于松了一口气。

对于宋宁宁那个从未露面的"男朋友"，莫莫是不看好的，她的评价是"有和没有都一样，不如换一个"，她还劝宋宁宁别随便将就，别听那种什么"找个差不多的就嫁了"，她说："你要真遇到喜欢的人，你看他的眼神都会不一样。"

看到宋宁宁看陆澄的眼神，莫莫觉得对了，这才该是宋宁宁命中注定的真爱。

吃完饭，大家纷纷结伴回去，莫莫见到宋宁宁就问："你那倒霉男朋友是不是不来接你？"

看到宋宁宁点头，莫莫立刻大声招呼起来："来，陆澄，你是坐地铁吧？你跟你学姐一起走。"

晚上的地铁人还是很多，并没有莫莫设想的什么浪漫的情节。宋宁宁和陆澄穿过人群艰难地挤上地铁，再千辛万苦地挤到一个角落站着，就是为了从夹心饼干变成单面饼干。

"刚下班那会儿人还要多吧？"陆澄问。

"嗯，等明天你就可以体会了。"宋宁宁说，"站在外面什么也不用做，就会有人把你挤上车。"

"就像沙丁鱼罐头吗？"

"那沙丁鱼可能想，快点把我挑出来吃了吧，不然我就被挤扁了。"

"那你还是一条有思想的沙丁鱼。"

说完，地铁突然猛地刹车，一群站着的人因为惯性倒了下去，又因为人挤人而没能倒下，骂骂咧咧地互相推搡着站定。

那一瞬间，宋宁宁也没控制住自己，往陆澄的方向滑了一下。

就一下，触碰到了对方的手臂，然后她迅速地扶着扶手杆站直了身子。

陆澄倒是没什么意见，专注地看着人群倾倒的景象，他可能第一次见到这样"壮观"的场面。

宋宁宁偷偷地瞄了他一眼，又迅速地低下头看自己的手机。她已经很久没有这样的感觉了，站在一个人身边会觉得有些紧张又有些兴奋，她不知道靠着墙会不会显得有些邋遢，乖巧地站好又会不会有些拘谨；一直看手机会不会不礼貌，不看手机不说话又会不会有些尴尬。

她内心翻滚了无数的想法，见陆澄回过头来有些犹豫地说："对了……那个事，我可以问吗？"

"嗯？"

是他们说的男朋友的事吗？毕竟在描述中是和他一届的人，好奇也可以理解吧。宋宁宁迅速地思考是要说分手了还是干脆地承认就是骗人的。

结果听到陆澄开口,他说的是:"你喜欢的人,是什么样?"

第二天上班,宋宁宁破天荒化了妆。

她失眠,实在睡不着干脆就起来化了个妆。她路上还在想,要是遇到莫莫,她是不是又得开她和陆澄的玩笑。

当然了,她也承认其中有一部分是陆澄的原因。

她失眠的原因。

宋宁宁走进办公室的时候,陆澄也在,部门主管正在带着他熟悉环境。同事一看到她就来了一句:"呀,宁宁今天打扮啦?晚上要和男朋友约会吗?今天是七夕哦。"

她要是不说,宋宁宁根本不知道今天是农历几月几号,这年头商家为了卖货,情人节都变出来一大堆,宋宁宁从来不关心这些,却被人说了好几次怎么都不和男朋友过情人节。

一年四五个情人节,过得都嫌累。

宋宁宁只能笑着应付过去,结果人家继续问:"你们去哪里玩?"

"还没定。"宋宁宁说着拿起电话,开始催一份根本不着急的文件。

大概是因为"节日"的气氛,这天大家都走得比较早,可惜天公不作美,临到下班的时候突然下起雨来,宋宁宁出了写字楼才发现自己没带伞,只能拐进一楼的便利店,打算吃个盒饭等雨小些再走。

盒饭的品种一年如一日,宋宁宁找了个角落坐了下来,才吃了没两口,对面有人问她:"我可以坐这里吗?"

宋宁宁抬起头,居然见到了陆澄。

宋宁宁往周围看了看,大概是因为下雨,便利店仅有的几张桌子都坐满了人。

宋宁宁点了点头,看着自己没动两口的饭,在思考是丢了它赶紧跑还是怎么样,毕竟早上还说什么特意化了妆,要去过情人节,结果一个人在便利店吃盒饭。

怎么看都很搞笑。

果不其然,陆澄一开口就问:"怎么,下雨取消约会了?"

真不错,连理由都替她想好了。

"嗯。"宋宁宁点点头,硬着头皮继续吃。

"你在学校里是不是也经常去便利店吃饭?"

"嗯?你怎么知道?"是看到过她吗?

陆澄说:"一看就是老江湖了啊,你手上这份蛋包饭是最火的,我都买不到。"

"那是你到得太晚。"

"有的时候到得早还没上货。"

"这就得看机缘了,每家店都有自己的到货时间,以前我也不知道这些,都是……"宋宁宁顿了一下,她一紧张说话就会很快,说话一快就会不过脑子。她有些慌乱地说:"都是我一个朋友告诉我的。"

乍一听让人觉得是男朋友。

其实她说的是夏研。她的闺蜜。

但在陆澄面前,她害怕提这个名字。

伍

"你们猜我昨天看到谁了?"第二天一早,莫莫就在办公室里卖着关子讲故事,非要等到大家都好奇得不行了,她才说,"是宋宁宁的男朋友!"

一句话让宋宁宁被刚喝到嘴里的咖啡呛得半死。

"我昨天忘带家里钥匙了,来办公室取,结果看到宋宁宁从楼里出来,是个小帅哥帮她撑的伞。"

"很帅吗?"大家问。

"那当然了,不然她干吗藏着掖着不带出来!"莫莫说着朝她坏笑了一下,"是不是啊,宁宁?"

宋宁宁揉了揉脑袋,又低头假装在打电话。

莫莫又跟他们聊了一会儿才回办公室,她路过宋宁宁的时候,还意味深长地说了句:"宁宁,你藏得好深哦。成了都不谢谢我。"

完了。

莫莫现在一定以为自己保密的"男朋友"就是陆澄本人了。

有什么说不出口,有什么见不得人,从来不敢在公司楼下出现的神秘人物,其实是害怕办公室恋情被曝光。对莫莫来说,这个剧情既有趣又顺理成章。

其实是昨天他们俩吃完饭雨还没停,宋宁宁就蹭了陆澄的伞去地铁站,那时候天都黑了,谁知道还会被莫莫撞见。

虽然莫莫看起来打算替她保密,没有说出陆澄的名字,但是作为唯一在现场吃过瓜的观众,她的旁敲侧击可谓非常直接。直接到全公司都觉得他们有点猫腻。

那天宋宁宁上楼送文件,正好在电梯间看到莫莫和陆澄也在等电梯。

又是电梯。狭隘的无处可逃的环境。

看到宋宁宁过来,莫莫突然问陆澄:"对了,陆澄你有女朋友吗?"

"还没有。"他老实地回答。

"哎呀,那蛮可惜的。本来你和宁宁很配的。"莫莫很遗憾地说,"说起来,宋宁宁的对象你到底认不认识啊?"

"不认识。"陆澄很镇定地说。

莫莫看着他的表情有些怀疑。这种怀疑很快被她付诸实践。

公司有个什么培训,莫莫就安排宋宁宁和陆澄一起去,说什么学姐应该带带学弟。公司搞个什么团建,莫莫就安排宋宁宁和陆澄一组,一起做游戏。她在那随机抽名字的时候,毫不掩饰地把他俩的先挑出来放到一起。

后来,宋宁宁去吃饭,他们就问"你不喊陆澄一起?"宋宁宁下班,他们就说"你不和陆澄一起走?你们不是顺路吗?"

宋宁宁和莫莫聊过这个事,说他真的不是莫莫想的那种关系,她觉得这样会让陆澄很困扰,可莫莫说:"如果是和自己讨厌的人被拉CP,他应该早就表现出不高兴了。可是陆澄没有,至少说明他不讨厌你。宁宁,你应该给自己一个机会。"

她说的有些道理,可是宋宁宁从来没给过自己机会。

她遇到有些喜欢的人,不会过去说话,不会去要电话,不会去制造什么偶遇。她只会看一看,然后算了。

可能是她的"本能"在作祟吧。

直到那天,办公室里有人查资料,查到了三年前大学生设计大赛的一个获奖作品,那个人在办公室很惊讶地喊了出来:"宋宁宁你怎么这么低调?你拿过大赛金奖啊?怎么没听你说过。"

"嗯……"宋宁宁低低地应了一声,"都是学校里的事了。"

"这个奖含金量很高的。"她看着屏幕继续读了出来,"获奖人宋宁宁和夏研。这个夏研是你闺蜜吗?这个名字怎么有些耳熟。"

听到这句话,宋宁宁转过头,却突然对上了陆澄的眼神。

他们这一届里,唯一出挑的就是夏研。

虽然说大家都是学了画画,才考进设计专业的。读高中的时候可能每个人在班里都是天之骄子,都会被称为班里画画最好的人。但进入这个专业之后,这些特殊都成了普通,这里谁都会画画,什么画种都有人精通,没什么了不起的。

但夏研就是个例外,她在高中的时候就在杂志上连载漫画,成了圈里小有名气的漫画家。大家忙着准备期末考作品的时候,她在忙着出漫画书。毕业季的时候所有人都在挤破头找工作,只有她成了职业漫画家,不用为五斗米折腰。

作为直系学弟,陆澄知道她也不奇怪。

"陆澄。"那人突然道,"拿过金奖的学姐,你之前居然不认识吗?"

"我认识那个夏研,但是宋学姐那时候没机会认识呀。"陆澄的语气好像有些遗憾。

但宋宁宁根本没有心思去分辨他的语气。

他用的词是"认识",不是"知道"。

夏研是宋宁宁最好的朋友,她羡慕夏研,羡慕她的才华,她的际遇。

设计大赛出通知后,她们就决定一起参加。考虑了很久,她们选了最普通的书籍设计,想要在小小的尺寸间,做出不一样的设计。夏研平时工作很忙,她就负责封面的绘画,宋宁宁负责整个装帧设计的过程,从纸张材料、印刷颜色到装订模式,她一个个环节都认真地做下来。这个设计最后拿了奖,宋宁宁很高兴,这是她的专业能力第一次获得认可。

可是后来,宋宁宁却听到班里的同学议论,说她是跟着夏研蹭到个奖。她们说她跟大画家做朋友,自然是大树底下好乘凉。还说她是不是想蹭个奖好保研,这样对大家都不公平。

后来,宋宁宁就再也不提这次获奖的事了,甚至都不好意思把这个作品写进简历里去。她很怕面试官问,这个作品是她和夏研共同创作的,那谁是主导谁是参与?

填报名表的时候,夏研把宋宁宁的名字填在了第一个,可是宋宁宁不敢开口说自己是项目主导。她能领导夏研?谁会信呢。

夏研是专业画家,而她只是个找不到工作的普通大学生。

下班的时候,宋宁宁背着包迅速地离开了办公室。整个下午她都魂不守舍,听着办公室里的人议论原来夏研就是那个画某某作品的漫画家,原来宋宁宁跟她是同学,怎么从来没听宋宁宁说起过。

好不容易逃离了那个环境,可在等电梯的时候,她又遇到了陆澄。

"今天怎么不等我了。"陆澄说。

这句责怪的话无端让人听出些暧昧的味道,他们一直顺路,到了下班的时候就坐同一班电梯下去,好像也没有谁刻意等过谁。

宋宁宁不知道该怎么回答,手足无措地站在那里,好在电梯来了,里面人多,陆澄没有再说话。他们一起走出写字楼,就听到陆澄说:"我看过你们那个设计。"

原来特意追上来是为了聊夏研。

原本紧张的宋宁宁一瞬间泄了气,听着陆澄继续道:"夏研喜欢画油画,她用色很复杂,很有层次。你选的纸和印刷能最大限度地呈现原画,你们应该是很默契的朋友吧。"

"你对夏研的画很有研究嘛。"宋宁宁道。她的表情看起来很自然。

"不是我,我跟她男朋友谢珩一个宿舍的。"陆澄说道。

话音刚落,宋宁宁原本平和的表情一瞬间变得惊惧起来。地铁站人很多,为了避让人群,他们不得不走得分散些。陆澄没有发现,宋宁宁的手紧紧地攥着她的包。

——就是和闺蜜吃饭的时候,她男朋友带朋友一起来了,然后就认识了。

这是谎言的开端。

柒

挤进地铁车厢,他们照例站到角落处的位置。陆澄每次都很贴心地让宋宁宁站到里面一些。他一只手扶着扶手杆,继续刚才的话题:"谢珩这个人,你也知道吧?简直是夏研的脑残粉。每天就听他夏研长夏研短的,耳朵都要起茧子了。"

应该有很多人找陆澄打听过,告诉他宋宁宁的男朋友就是她和闺蜜吃饭的时候认识的,是她闺蜜男朋友的朋友。

而那个闺蜜就是夏研,那个闺蜜男朋友就是陆澄的室友谢珩。

"他还经常提你。"陆澄说,"说你跟他抢女朋友。"

谢珩这种天天把夏研挂在嘴边的人,自然经常也会提起她的朋友,说夏研和宋宁宁一起去旅游了,一起去海边了,一起去看画展了,一起去逛游乐园了,反正就是不带他去。自然也常常抱怨宋宁宁为什么不找个男朋友,天天霸占着他可爱的夏研。

以谢珩爱闹腾的性格,宋宁宁要是有了男朋友,他得高兴到去开个派对。

所以陆澄一开始就知道,宋宁宁的话全都是谎言。

根本没有什么谢珩的朋友,没有什么神秘的男友。所以他才不会当着所有人的面问她男朋友是哪个专业的,不会问那个虚构的对象为什么不和她过七夕。

他都知道,甚至善意地替她隐瞒。可这一切更让宋宁宁觉得自己很可笑。

她每一次费劲地圆谎,都被他看在了眼里。

"他都瞎说些什么。"宋宁宁有些紧张地道。

"他还说等他有钱了就要投资你,让你做夏研新书的设计师。"

"是吗?"

"是啊。你可是拿过金奖的设计师,那算是他占便宜。"

"我那哪算什么金奖,都是沾夏研的光而已。"

"别谦虚了,这是个设计奖,又不是书画奖。夏研那是跟着你蹭奖。"陆澄看宋宁宁要反驳,立刻道,"这话可是夏研自己说的。"

宋宁宁摆了摆手道:"都是开玩笑的。"

"我以为你会去出版社做设计师呢。"陆澄说。没说出口的话是,没想到你也为了赚工资来做新媒体,每天为了阅读量而发愁,想着什么样的题图能吸引眼球,天天跟着热点跑。

"都是混口饭吃罢了。这年头工作也不好找。"宋宁宁说。

她的人生好像一直在走下坡路,艺考的时候一直被老师夸,还以为自己能当大画家;考进了大学终于不再做梦了,却以为自己能找个不错的工作。结果就是海投面试了一家又一家公司,最终都是石沉大海。

高中的时候学《逍遥游》,每个人都在思考长大了是要变成鲲还是变成鹏,结果最后都成了地铁上的沙丁鱼。

连成为朝九晚五的上班族都是勉勉强强,宋宁宁才明白自己不过是世界上最最普通的一个人。

"我感觉你有些妄自菲薄。"陆澄思考了一下这个成语的用法,"老师说过好几次,你们的学姐宋宁宁是很有才气的,大家有空可以多看看她的作品,她是细节都处理得很好。"

"唔……"

"所以,那天听说你男朋友是跟我一届的,我就想,我们这一届也没有什么出类拔萃的人,就很好奇你喜欢的人会是什么样,得多有才华才能被你喜欢啊。"

所以第一天见面就很冒昧地问了那样的话,在得到宋宁宁"就是普通人"的答复后,才意识到自己唐突了。

"所以,后来听夏研姐说那估计就是你编出来骗人的,我才舒了一口气。"

"咦?"宋宁宁愣了一下。

"因为我觉得我们那一届没有什么优秀的人。"陆澄皱着眉头在思考。

"你不是吗?"

本来只是想恭维他一下,好像听起来又有些歧义。

"我?我太普通啦。不然你怎么会在学校三年都没记得我。"陆澄叹了口气。

"也不一定不记得。"宋宁宁想了想说。

捌

在陆澄的故事里,谢珩在无数次抱怨宋宁宁抢他女朋友之后,还开玩笑地跟陆澄说过,说你不是很喜欢宋宁宁,还去找老师要她的设计稿,说什么参考学习,结果当宝贝似的供着,不洗三遍手都舍不得拿出来翻。你既然这么喜欢宋宁宁,你去追她吧,让她把夏研还给我。

在宋宁宁的故事里,她需要编造一个她喜欢的人。她确实撒了谎,那个人没有跟她一起吃过饭,只是见过几次。是谢珩来找夏研的时候,陪着他一起的人。确实是闺蜜的男朋友的朋友。是同一个学校不同班,比她小一届的人,确实算是同学。是很低调,不太擅长交际的人。是很难见到面,但每一次靠着机缘巧合见到都会让人开心的人。

他们之间的交集就只是这么一点点,并没有其他了,甚至连一句话都没有说过。以至于离开学校以后,她很快就忘记了这种感觉——喜欢一个人的感觉。

她确实是个骗子,她一直骗自己,离开了他在的地方,她一点儿也不遗憾。

但宋宁宁承认,再次见到陆澄的那一刻,她的心跳会快一些。

他是她编造的人。

又是真实的人。

在所有虚构的故事里,那么恰好,是你。

因为遇见你,很多年以后,我终于明白了"喜欢"两个字的含义。

三

我们是小小的尘埃，也是光

我们都曾迷恋"抑郁症"

※ 李柏林

我们错把少年情怀当作抑郁,还迷恋得那么深,恐怕也只有那个时代了吧。

高二的时候,班里开始流行言情小说。里面的男主都自带抑郁气质,忧郁的眼神,冷峻的脸庞,生无可恋的样子,成了大家心目中的白马王子。

那时候的电视剧也是,心事重重的男孩,愿意为女孩打开心扉;身患重症的女孩,总会遇见执着的男孩。仿佛人只有变得抑郁,才会被关注,才会被承认长大。

我们也觉得,只有忧郁的女孩子,才能配得上特别的男孩。于是,抑郁变成了一件很酷的事情,甚至在我们班里,掀起了一阵抑郁热。

我们先在外形上下功夫——再也没有女孩子愿意穿粉色的衣服,因为在我们看来,那些颜色太轻浮,只有黑色才能给我们一种成熟感。我们也不再喜欢扎高马尾了,看了太多的偶像剧,大家都学影视剧里的女主角,披着长发,风一过,掀起一阵青春。

为了把抑郁的气质发挥得淋漓尽致,我们还要熟读青春疼痛文学。上课的时候,我们在课堂上偷偷抄青春作家的文章;晚自习的时候,我们在桌子下偷偷翻看青春作家的小说;周末的时候,我们还要省钱去买青春杂志……仿佛只有这类作家才能培养我们的抑郁气质,读完那些书,我们每个人都是青春疼痛文学的主角。

可是好景不长,当我们沉浸在自己的忧郁世界中,觉得悲伤都要逆流成河的时候,迎来了兵荒马乱的高三。班主任在学校以厉害闻名,他为了让我们一门心思备战高考,阻止了一切不利于高考的事情发生,包括我们的忧郁。他觉得,吃得饱穿得暖,正是要奋斗拼搏的年龄,有什么好抑郁的呢?

他开始用行动来抵御这场"抑郁风",不允许女生披头散发,并在班级里没收言情小说,他还进了同学群,搞得我们改掉一批火星文的昵称,穿上了"马甲",只能在表面佯装着积极。那些喜欢东想西想的同学,还会被他叫去谈心。

有了老师的严格监管,很多"抑郁"都只能在他面前消失。那些露出脸的女孩子,也许更能看清黑板了吧?那些没有课外书的男孩,也许更能好好做题了吧?全班都害怕这个老师,只有我在这种抑郁的情绪里入戏太深,走不出来。

第一次月考结束后,班里其他同学的成绩都有了提升,而我的成绩却停滞不前。那天晚自习,老师看着我还未来得及扎起来的长发,把我叫到讲台上,恶狠狠地说:"一个女孩子整天的心思都在头发和无病呻吟上,有什么前途?"

青春期的敏感脆弱,让我在那一刻情绪崩溃。晚上回到家,我哭得很伤心,觉得人生没有什么值得在意的,我在这个世界上也是多余的,这次我是真的抑郁了。

然后我偷偷打开家里的电脑,在网上搜了一份抑郁症测试题,边哭边做。我要让大家知道,我没有骗人,我是真的有抑郁情绪,很重很重的抑郁情绪。

那些测试题做完,网上出现了一张测试结果单,显示轻度抑郁。我写了一封邮件,附带上这张检测结果的截图,发给了以前的班主任。我说:"新学期我很不适应,老师都不喜欢我,家长也只会怪我,同学们也不交心,我觉得所有人都不理解我,我真的得了抑郁症,可是没人相信。"

老师很快回复了我,他没有怪我考得不理想,只是说看到我的信息很惋惜,也替我担心,希望我快点儿好起来。在他眼里,我的前途是美好的,和扎不扎头发没关系。我的那些情绪也很美好,但是要放在正确的时间。

我的情绪突然有了回应,我的抑郁终于被人看到了。那一晚,我想了很多,我突然想把自己的抑郁放一放,先解决眼前的高考。高考过后,就没有人再来约束我了,我要披着长发,开始写伤痛的文字,认真地悲伤。

第二天,我把所有的青春杂志都放进了书柜,也不再和同学去讨论隔壁班的男生,我扎起了马尾,开始努力学习。高中的后半场,我再也没有去讲究过穿着、发型,我保持着这种状态,一直到顺利考进大学。

在外地上大学,初入大城市的我,感觉一切都新鲜极了,悲伤也一拖再拖,直到我渐渐忘了这件事。有一天,我跟大学同学聊天,她说,她小时候一直觉得自己有抑郁症,甚至一度痴迷抑郁。因为那个时候,她觉得抑郁看起来真时髦啊!

我突然想到高中时的我,大概那时候的我也是这种感觉。如果别人都没有,只有我有,即使是抑郁,也会显得我很特别吧?

我还想到了改变我的那封邮件。那个测试,不过是网上和抑郁症有关的广告的问卷,谁做都是有抑郁症的。那位老师,肯定一眼便能看出那是一个广告。可当时,他并没有拆穿我,更没有告诉我,真正的抑郁是什么,他保留了抑郁症在一个青春期女孩心目中的美感。为了保留这种美感,我不断奔跑,想为抑郁留存一段最美的时光。

后来,我大概知道了抑郁症是什么。可是,这并不妨碍青春如诗,给一切事物都加了滤镜。那时,有人为赋新词强说愁,还自认为已是戏中人;更难得的是,有人看破不说破,让你在戏中演好自己的角色。

你是这个世界上，另一个我

※ 草帽鹿

安如潮：

你寄来的蒸汽护眼罩我已经收到了，满满一大箱，够我用小半年了。我算了算价格，大概是六百块，对比你过万的月薪，是算不了什么的。可是，我再也不能心安理得地接受你对我所有的好。原来，你一直不曾亏欠我什么。

早在24年前，我们就是最亲密的人，在同一个子宫，相依成长。出生时，你只不过快了我一分钟，这辈子我都要喊你"姐姐"。大抵是双胞胎，我们不仅外貌相似，连性格都差不多，风风火火，大大咧咧，永远都是天不怕地不怕的样子，是远近有名的害人精。

小时候闯过很大的祸：我们在天台上玩擦炮，不小心点燃了天台上晾的衣物，火很快烧起来。我害怕极了，你拉着我的手，大喊着："快跑！叫人灭火！"好在，火被及时扑灭了，没有造成恶劣影响，但爸妈气愤极了，拿着皮带责问我们："到底是谁惹的事？"

其实，我们都很清楚，那个引起火灾的擦炮刚好是我放的。你没有指认我，也没有将一切错误揽在自己身上，你只是坚定地说："是我俩一起做的。"无论如何，都不改口。最后，我们一起被狠狠揍了一顿。

后来，我问你，为什么非要两个人一起挨罚？你回答："因为我们是姐妹，好的坏的都要一起承担，做什么都要一起。"你知道吗，当时我感动得眼泪都出来了，我的姐姐是多么特别啊，她不会替我挨打，但会和我一起承受属于我的责罚。

自此，我们一起闯祸，一起挨打，也一起被夸赞，我从来没有怀疑过你会舍弃我，我们一定会永远在一起。

大学毕业后，我们都想出去闯荡一番，但是妈妈的身体忽然出了状况，要好好调理，我俩必须要有一个留下来顾家。晚上，我们又躺在一张床上，认真讨论这个话题，我对你依然有坚定的信任，你的决定一定是最好最公平的。

"小水，我想过了，谁的梦想都不能被牺牲掉。我们轮流出去，轮流照顾父母吧。"你的话让星星都发光了。我抱住你，亲昵地蹭你，我就知道你不会让人失望的。

第一年，我留在小城，你去了远方。你是口腔医学专业的，沿海地区有先进的技术，很多工作机遇，所以你选择去了深圳。离别的时候，我抱住你，依依不舍道别，在你踏上火车时，我在心里默默给了你最好的祝福：愿姐姐能安稳顺遂，我会乖乖等你回来。

你去了深圳，似乎是我的祝福起了作用，每次视频通话，你都会欢喜地与我分享你的经历：你找到了一份好工作，遇见很好的人，发生了很多有趣的事，一切都很顺当。我一边为你开心，一边愈加期待明年，属于我的精彩际遇。

在我日复一日的期盼中，一年结束了，你如约回来了。我满是兴奋，我是学传媒的，早就计划去北京碰一碰运气，那里有更多机会。我们又一次睡到同一张床上，你已经变得很棒了，是一家大型牙科诊所里的医生,业务越做越好,薪水越来越多,明年可能还能晋升,我真心为你骄傲。但是,你最后居然提出要求,希望我下一年还是好好待在家中,照顾父母,你继续去深圳工作。你还说,你会寄钱来,会好好养家……

我第一次打断你的话,眼泪憋在眼眶里,难过地拒绝:"你不可以这样,你不是说过谁的梦想都不能被牺牲吗?"你叹了口气,试图摸我的头发:"小水,我们都长大了,要面对的不是父母的一顿责罚,我是舍不得你吃苦啊。"

我再不肯听你的解释,倔强着收拾行李,又在网上投了简历,一定要去追寻自己的远方。然而,最后离开的人还是你,不知道你和父母说了些什么,最后爸妈找我谈话,希望我留下。面对父母的请求,我根本没有选择,所有的执拗变成不甘。

你又去了深圳,这一次我没有去送你,我气你怨你,你怎么可以那么残忍狠心,为了个人的前途梦想,背弃约定,束缚我的翅膀。

我们的关系瞬间降到冰点,此后找你,再也不是嘘寒问暖,而是找你要钱。我的心态变得很差,既然是你享受了去外面打拼的资格,有高工资和好的工作机遇,那你就该付出点代价。在网上看上的东西,直接把链接甩给你;"双十一"的时候更是找你清空购物车;平时会用各种借口找你要红包……我的想法很简单,报复那个自私的你!

而你,只要在你的承受范围内,从没有拒绝过我,甚至还会主动给我买东西。你知道我业余时会写作,特意给我买了键盘;公司组织旅行,不忘给我带手信;你在朋友圈里见我抱怨眼睛疼,就给我邮寄了蒸汽护眼罩。这份贴心,给我一种错觉,你还是我最爱最亲密的姐姐,可是当我看到小城熟悉透了的风景,又会不甘心地怨恨你一遍。

到底是为什么,那个说要事事一起的你要失约于我?我也曾试图与你好好聊聊,但你总是叹气,说外面并不是那么好的,希望我能过得更幸福些,有些苦不必要吃。我无法理解你,认为那只是你的借口,并打算这么与你作对下去,直到你将我的权利还给我的那天。

可是,世界上就是有很多比戏本还要巧合的事情,就在昨天,我看见一个微信公众号的推文上关于你的故事。没想到,我们关注了同一个微信公众号,那期活动的主题是:谈一谈独自在外漂泊的经历。那20个异乡人的故事里就有你。你说:

"我是22岁来深圳的,至今2年了。深圳真大,刚来时经常迷路,为了找工作我不得不快速熟悉这个城市。但是,后来我才明白,并不是认识了路就算熟悉一个地方的。我的职业是牙医,这的确是赚钱的职业,但这后面的辛苦根本无法与他人言语。想要拿到高薪水就要做很多业务,我不得不和各色人打交道,说服他们选择我,有了业务后要长期低头工作,我已患有严重的颈椎病。深圳湿热,我住的房子不好,不幸长了湿疹,真的很痛苦。"

"独自在外打拼,我吃了很多苦,所以我拒绝最爱的妹妹'北漂'了,现在她不理解我,但是我真的不后悔。我肯定会离开深圳,但不是现在,既然我已经体会到这些辛酸,那就再咬咬牙,家里人过得好,也是值得的。"

署名"霸气不羁安姐姐",那是很中二的时候,我给你取的昵称,你还记得。我看着这两段文字,泪流不止,我很想你,恨不得立刻来到你身边,给你一个深深的拥抱,向你道歉,是我错了。此刻,我才明白,你的那句"小水,我们都长大了,要面对的不是父母的一顿责罚"是什么意思,如果前方是汹涌的暗潮,你不会与我共同承担,而是推开我,独自承受这份艰难。你从没有牺牲过我,一直是最爱我的那个人。"

这些年,你总是报喜不报忧,我以为的亏欠,是我对你的误会。想起那些任性与为难,愧疚与自责不可言喻,我最后悔的是,我对你的信任太浅薄了,才会这般自以为是。想起妈妈说过,安如潮和安如水,就是爱如潮水的意思,不仅是父母对我们的爱永不熄灭,也是希望我们的姐妹之情如潮水般永远澎湃!

早在24年前,我们便亲密地共同生长,当我们呱呱落地,你便是这个世界上另一个我,我们不仅要荣辱与共,也该有深入灵魂的理解与懂得。我会乖乖等你回来,我们要一起躺在一张床上谈心聊天,一起努力让这个家变得更好。

安如水

孤独
从不是穷途末路

✻ 何 安

1

初中时的我，是个彻头彻尾的书呆子。可能是我太过无趣的原因，那时的我和同学们之间总是没有共同语言，不和同学们打游戏，也没有朋友一起谈论明星八卦。

看着三五成群的同学们，总是孤身一人的我羡慕不已。我努力地想融入人群。但我发现当我努力加入一个热火朝天嬉闹着的团体后，气氛总是会因为我的加入而骤然冷淡。参加团体活动时，同学们也经常会想不起我。没有恶劣的校园霸凌，没有夸张的排挤冷落，只是自然而然地想不起。

然而"想不起"才是最让少年的我郁闷难过的。我像一个游移在人群里的透明人，没有人看到我。

可那时的我太小，我的世界也太小，学校是它的二分之一。在学校里没有朋友，相当于我的小世界有二分之一是坍陷的，是灰暗的。

我把自己所有的时间都安排得满满的，拼命用"没有时间感受孤独"取代"感受孤独"。只是偶尔几个内心脆弱的瞬间，我的脑海里会忽然蹦出一个很萧索的词——穷途末路。

很久之后我笑着自嘲说那时的自己太过中二。可回溯那段时光后，我知道那是当时的我最真实的想法。孤独让我感觉走到穷途末路了。

2

或许是物极必反吧，尝够了被孤立的滋味，升入高中的我努力放低自己的底线来融入人群。舍友问"要不要一起去逛街"，我会马上说"好啊"，即使本来打算去图书馆；别人提议一起买一套衣服，我说"好啊"，即使那件衣服并不适合我……

但每当发生了这样的事，我又会有些隐隐的后悔和迷茫。这就是我想要的吗？

直到那天同学聚会，我在一片欢声笑语中悄悄打开电子书看。当我读到丁立梅的《寂寞是安在人心底的弦》时，我感觉周围突然静了下来，静到我可以清楚地听到我扑通扑通的心跳声。

我在心里一遍又一遍默念那段让我心头一震的文字。

"我坐在一群人中间，喝茶聊天唱歌，我的心突然游离得很远很远。我像一个旁观者，看着身边的喧闹，觉得莫名其妙得厉害。我不属于那份热闹，我不属于。那一刻，我是那么难过，我听到寂寞在骨头里开了花，随即，又凋零了。没有人知道，没有人懂得。原来，寂寞是安在人心底的弦，稍一拨动，就响彻心扉。"

如同被窥见了内心最隐秘的角落，我因为这段话红了眼眶。也是这个时候我才发现，靠刻意迎合他人换来的"不孤独"不是我想要的。

这种刻意就像一把无形的枷锁，不仅不能排解我所谓的"孤独"，反而更加禁锢了我自己。我因为这把枷锁，无法更好地倾听自己内心的声音。

我心里隐隐约约有个声音在告诉我：原来走上了别人的路才意味着走上了穷途末路，才是真正永远也不能抵达我要的终点。

可是明白道理是一回事，改变是另一回事。

我没办法像小说里写的一样在某个瞬间幡然醒悟，然后马上付诸实践。我能做的只是在一个个孤独的瞬间安慰自己，努力让自己适应孤独。

3

渐渐地，我又回归到了每天独自一人的状态。不过这一次，我告诉自己不要再彷徨心酸。我要学着享受那些和自己交流的时刻。

就像山本文绪的《然后，我就一个人了》里写的："一个人逛街，一个人吃饭，一个人旅行，一个人做很多事。一个人的日子固然寂寞，但更多时候是因寂寞而快乐。极致的幸福，存在于孤独的深海。在这样日复一日的生活里，我逐渐与自己达成和解。"

我也逐渐和自己达成了和解。

我发现一个人时是那么自在，用朱自清先生的话便是"什么都可以想，什么都可以不想，便觉得是个自由的人"。

那天自习课后我照例一个人去操场跑步，毫无缘由想起自己的一个小嗜好。

我一直很喜欢在雨天把伞压得低低的，这样就可以待在伞下的小世界里，静静地听雨打在雨伞上沙沙的声音，每当那个时候我总会忍不住嘴角上扬。

原来我早就享受过独处带给我的美好瞬间。

而我现在也很享受自己最近的状态。虽然我还是会在某些时候害怕孤单，虽然我还是经常生发出想迎合别人融入人群的念头，但是在那些瞬间过去后，我会自我调侃，也拥有了越来越多笑着度过孤独的时刻。

我相信终有一天，我会不再害怕孤独，反而迷恋上独处的乐趣。

那时的我也一定能明白孤独从不是穷途末路，它只会让我走上自己真正该走且想走的那条路。

还以为你最好的朋友是我

* snow

小时候在体育课上玩过一个游戏：班里所有人随机排序，然后围成一个圈朝着一个方向旋转。老师一声令下，大家要按口令迅速找到愿意与自己抱团的人。落单的人，会受到一定的惩罚。

每次玩这个游戏，我都胆战心惊。因为那时候在班级里我虽然有不少关系不错的朋友，但她们几乎都有自己最好的朋友。在慌乱的情形下，我很难相信自己坚定地选择一个人，会得到对方的坚定回应。我曾经做过一个梦，梦里我孤零零地站在操场中央，周围都是一对对关系亲密的朋友在欢声笑语，而我四处张望，却不知道要往哪里去。我感觉下一秒自己就要变成气球，被风刮到天上去了。

后来，只要一想起那个梦里手足无措的无助感，我就特别难过。也是从那个时候开始，我变得格外在意自己在好朋友心中的排名，特别渴望自己也能被最好的朋友坚定地喜欢和选择。

在寻求"被坚定地喜欢"的路上，我走了不少弯路。

那时候，为了增进和某位朋友的友谊，希望成为她最好的朋友的我，做了很多努力。我为了买到她期待已久的限量版海报，跑遍了周边所有的商店，还特地从大人那里学会了绣十字绣。为了在她生日当天送她一幅十字绣，我断断续续绣了半年。我希望这些特别的心意也能交换到她给出的区别于她的其他朋友的特殊待遇。

但这个想法很快就落空了。有一次，她从外地回来，送给我一罐五彩斑斓的糖果，罐子的表面有她用马克笔写的一句赠语。我为此开心了好久，把那罐糖果放在枕头旁边，舍不得吃，光是看着就觉得特别甜蜜。后来有一天，我在另外一位和她关系不错的朋友家里看到了一罐同样的糖果，上面也有她用马克笔留下的字迹。我突然意识到原来那份我特别珍爱的礼物不是我一个人的专属品，瞬间就觉得特别失望。于是，我像一只一碰到障碍物就敏感收回触角的蜗牛，渐渐收回了对那个朋友特别供应的喜欢，把她重新归回到"普通朋友"的行列。

直到我带着这种心态继续建立新的友谊，积攒了很多次失望以后，我才明白：当带着渴望得到100分回应的心态对一个人投入100分的喜欢，那么这份喜欢其实会在无形中给对方带来非常大的压力。

过去我以为，要想被坚定地喜欢和选择，就必须得到对方专属而特别的偏爱，但后来我发现不是这么回事。我意识到，当我带着严格的标准去衡量对方投给我的回应，从而去判断自己有没有被对方坚定地喜欢时，我总会失望。因为我忽视了寻求"被坚定地喜欢"并不意味着这份喜欢一定要是专属且特别的。就像那罐不只属于我一个人的糖果，虽然它也被送给了其他人，但它同样被赋予了真挚而重要的情感。

真正明白这个道理，是在大学时代认识好朋友林鹿之后。

那时候，我和她经常挤在上铺，拉上床帘，猫在里面看恐怖片。看饿了就踩着拖鞋，找两辆共享单车，骑到大学城附近的美食广场，点两碗酸辣粉，埋头嗦起来，吃到需要互相扶持着才能站起来。这些只属于我们两个人的特殊经历让我们的关系迅速升温。

我以为我们之间的情感联结是独特且不可替代的，但当得知她面临重大的抉择时有比我更优先的倾诉对象，我陷入了"不被需要"的巨大失落之中。她意识到我的情绪时，并没有急着让我知道她的朋友和我谁更重要，而是提醒我，我的反应可能和恋爱关系中常说的"感情洁癖"有关。拥有感情洁癖的人在对待友情的时候，通常也很难接受自己最好的朋友拥有多个"最好的朋友"。她告诉我，很多时候"最好的朋友"其实无法靠一个人承载那么多的情感需求。所以，我们就需要在不同的朋友身上寄托不同的情感。

我们在寻求帮助的时候，选择的优先级并不意味着关系的重要性。因为每一位朋友提供给我们的情感价值都是独特且珍贵的。所以如果你也有像我一样的敏感时刻的话，那么我也想提醒你：就算不是最佳好友的第一选择，也不要轻易否定自己的独特和珍贵。

年轻人，你就是做得太少但等得太多

✲ 陶瓷兔子

一个刚上大学的小姑娘找我聊天，说自己好像是个透明人，总有一种在人群中披着隐形斗篷的感觉：明明站在那里，却总是不被看到。

别人嘻嘻哈哈闹成一团，她却只能手足无措地站在一边插不上话，只好假装在回微信。可从头到尾，也没人发现她打开的对话框里没有一条消息。

早上八点有课，她起得最早却故意磨磨蹭蹭地收拾，等着其他几位舍友。她们经过她时却只是略带惊讶地客套一句“×× 你还没走呀”，就笑嘻嘻地挽着手离开了。

她的那句“等等我”像是在沸水中反复翻滚煮到稀烂的水饺，终究还是没能说出口。

她的名字是那种重复率超级高的常见名，可班里的同学总是记不住，她们跟她搭话时总是带着一点心虚的歉意：你是跟 ××× 一个宿舍的吧？你叫……？

她为此偷偷哭了好几次，在公众号里找到我的微信，开门见山地问：

“为什么他们都看不到我？

“多希望有个人能来爱我呀，不需要很多，看到我就好了。”

我理解她口中的那种“看到”，就像言情小说里，酒会上独自在阳台躲清静的女主角总能邂逅男主，躲在天台偷偷哭的女孩儿总会收获带着体温的手帕。

就算不能那么理想，总也有同病相怜的女生来和她交个朋友，两个都没有存在感的人，互相依偎着取取暖也好。

可现实从来不是这样的，酒会中的男主角会被最漂亮的公主吸引，天台上除了风雨什么也没有，那个如你一般的人也隐身在自己的世界里，你们都在等对方出现，但谁也等不到。

我问她："当舍友问你还没走的时候，你为什么就不顺势接上一句'我在等你们呀'？反正都已经在等了，何必怕对方知道。"

她被我问愣了，犹豫半晌才回道："可如果我这么说了，她们还是不等我，我岂不是丢人丢到家了？"

那种自卑和骄傲交织的复杂情绪，让她开不了口却又总不甘心，所以才会期待某个善解人意的人出现，读懂她所有的渴望和别扭。

我不知道一个人的一生，有多大的概率能遇到这样一个从天而降的人。但既然你已经有了心心念念之事，又何必要通过另一个人得到？

微笑着做个自我介绍，坦然地说出"等等我"，或者干脆就更老实一点，承认"你们聊的那些我觉得有趣，但我不大懂，你们教教我"。

能有多丢人呢？最坏的结果也不过是跟现在一样，热闹都是别人的，而你只有自己。

为你真正想要的东西，值得一搏。

我刚工作的时候，曾经提交过一个很好的项目创意，拿给我当时的老板看，她眼中明明有赞许，却还是有些犯难："你的想法很好，真的。但是你看，公司资源有限，没办法匀出人手在新项目上试水，如果做到后期，系统也不兼容，所以……"

"没事没事，我也就随便想想，不行的话就算了。"我急忙为她也为我自己解了围。从此以后，那份策划案便被我压在最下面那层抽屉里，像是什么见不得人的东西。

一年后我跳槽去了另一家公司。离开时，同组的男同事帮我搬东西，无意中看到我丢在垃圾桶里的那份策划案，两眼发光："这个能不能给我？"

"拿去吧。"我意兴阑珊地摆手，"反正老板说了，这是个没法弄的东西。"

可就在我离开之后的两年，这个项目居然奇迹般地被他做成了，不仅做成了，甚至连带着优化了整个供应链，推广之后将公司的净利润拉高了好几个百分点。他也实现了几连跳，成为公司史上最年轻的中国区经理。

之前要好的同事为我打抱不平："他不过是捡了个便宜罢了，这个策划案本来应该是你的。"

是啊，它曾经是我的，但那毕竟是曾经了。无论那是多么好的机会，终究是我自己放弃了它。

我没有像他一样坚持，哪怕人手不够，一边忙着手上的项目一边去调研新的市场；也没有他那样的毅力，顶着所有人不认同的目光，自己从计算机程序设计语言学起，跟技术部门死缠烂打、软磨硬泡，最终完成公司跟新客户的系统兼容。

而最重要的是，我根本没有想过他走的那条路，就像他在电话里跟我说的那样：

"老板虽然没松口让做，但也没说不让做啊，我就自己先做着，万一做成了呢？"

那是我从来没想过的万一，所以才心服口服。

我早已习惯了等，就像小时候等妈妈点头买那件花裙子，上学时等老师同意才能走出教室。

习惯性地等待，习惯性地被动，习惯性地因为一句"可能不行"就忙不迭地说"算了算了"，即便已经长大自立，口口声声地说着要做生活的主人。

身边有太多跟我一样的人：

等着被问起才知道回答，等着父母同意才谈恋爱，等着男朋友同意才换工作，等着老板同意才开始做事。

更可怕的是，我们常常意识不到自己的被动。每天只想着"要是她们跟我说话，我该怎么回答才显得落落大方"或者"我要如何才能说服他答应我"。

从一开始便选错了方向，无论怎么努力，都不过是南辕北辙。

长大之后的生活不用等，也不需要那么多七弯八绕的内心戏，归根结底，不过是：

我想做，我去做，我来承担一切后果。

做塌鼻子里的九十分女生

✱ 阮文星

1

十四岁那年,我第一次意识到我的不漂亮跟鼻子有关。

我有一双好看的桃花眼,一张饱满的唇,唯独鼻子,又扁又塌。我在网上疯狂地搜集资料,并且开始存钱,我告诉自己,等我十八岁,一定要去医院整容,把一个精致漂亮的鼻子送给自己当成人礼。

没有人知道我的计划,我潜伏在暗淡的青春里,等待着最美的绽放。

直到小周成为我的班主任。

我记得那是初二开学第一天,班长一进门就兴冲冲地对我们说:"陈老师休产假啦,新来的班主任是个年轻的女大学生,好漂亮呀!"

听到这话,男生女生们将班长围了个圈,示意他具体说一说新班主任有多漂亮。突然人群中有人咳嗽了两声,大家赶紧戴好口罩,回到座位坐好,窗户外一个长发飘飘、穿着白裙子的女孩经过,大家屏住了呼吸,斜着眼睛打量她的外貌。

果不其然,这个戴着无框眼镜,皮肤白皙,身材颀长的女孩就是我们的新班主任。她摘下口罩,老练地做着自我介绍,声音清晰且柔和,我定睛一看,这不是我的侄女张小周吗?

我属于典型的年纪小辈分大,若是按辈分排,在家族里跟我同辈分的人,有些都已经当爷爷奶奶了。小周是我堂哥的二女儿,我们只有春节时才会见面,因为交集不多,所以她的很多情况,我都是从堂哥口中得知的。

小周的爷爷也就是我的大伯,长兄如父,爸爸一直都很孝敬这个大哥,逢年过节便带我们一家人上门拜访。每次我来,堂哥都说:"你成绩那么差,暑假得让小周好好辅导辅导你。"听到这样的话,我实在是怕极了,好不容易盼来的自由时间,我可不想被小周给霸占了。

小周现在变成张老师了,她是师范大学高才生,今年刚上大四,我是她的第一批学生。

四下无人时,她偷偷把我叫去办公室,亲切地问我:

"你告诉我,咱们班的同学,谁比较靠得住,我得组织一批班干部,锻炼锻炼才行!"

我一五一十地将同学们过去的表现告诉了她,她笑着说:"我这次来你们班,事儿特别多,还得准备毕业论文,作为我的小堂姑,你得帮帮我!"

我忙不迭地答应,小周笑了,塞给我一个橘子:"去上课吧,以后你可是我的得力小帮手了!"

我受宠若惊,捧着橘子,一路小跑回座位,同学们好奇老师怎么奖励我一个橘子,纷纷围过来问原因。我骄傲地摆弄着橘子,笑着告诉他们:"因为我是张小周老师的堂姑姑啊!"

同学们笑声一片,刘楠不屑一顾地质问我:"骗谁呢你!张老师是你的堂姑姑?"

我急得脸颊发烫,纠正她:"我是张老师的堂姑姑。"

"别说年纪对不上,你看看你的样子,跟张老师哪里像亲戚了?"刘楠继续讽刺道。

我百口莫辩,脸颊更烫了。谁会相信我跟小周是亲戚呢?小周那么漂亮,我那么不好看。

2

爸爸知道小周来我们学校代课后,激动得不行,当天晚上就把我拉到了大伯家。

见我们来,大伯并没有很高兴,他板着脸,坐在沙发上直摇头,堂嫂更是气冲冲地对我们下了"逐客令":"小叔,你带着小星回去吧!小周不配做老师,别让她把小星带坏了!"

"爸!我就是想割个双眼皮而已,你至于吗?"小周无奈地对堂哥说道。

撞见这样的场面,我和爸爸都尴尬极了。

"有什么事好好说嘛!"爸爸出来打圆场。

"身体发肤受之父母,你整容就是不行!"堂哥依然强调着自己的观点。

"我已经成年了,这件事我可以自己决定!"小周红着眼,委屈地说。

就在双方闹得不可开交的时候,堂嫂从厨房里出来打圆场:"小星来了啊,你快带小星去你房间,帮她辅导功课吧!"

堂嫂话音刚落,小周就一把拉着我进了她房间。

"你都这么漂亮了,还要整容啊?"房门刚关上,我便忍不住问小周。

"是啊,大家都说我漂亮,可是我的眼睛是单眼皮,我还想再漂亮些啊!"小周瘪着嘴对我说,"你看看,像你这样的眼睛才好看呢!双眼皮那么深,我可太羡慕了!"

看着小周真诚的样子,我叹了口气说:"有什么好羡慕的,我的鼻子又大又塌,等我长大后,我要去整鼻子!"

小周看我说得信誓旦旦,扑哧一声笑了:"你可别整鼻子,整鼻子太受罪了,我看到好多整过鼻子的人最后都得去做修复手术的。"

"那怎么办,我也想像你一样漂亮啊!"想起同学们对我和小周的评价,我心里更酸了。

"想变漂亮,光靠一个鼻子可不行,因为一个人好不好看,是从整体出发的。就比如说我看一个人,先看到的,是他的头发是否健康有光泽,他的皮肤是否平滑紧致,他的身形是否挺拔。接下来,我会关注他的一些自内而外的表现,比如他的坐姿走姿是否端正,他的谈吐是否优雅,他的为人是否正直善良……至于五官,当然也重要,可是再漂亮的五官,如果没有达到以上我说的要求,也会变得俗不可耐!"小周侃侃而谈。看样子,她对变美真的很有研究。

"那你还做双眼皮干吗?你想变得俗不可耐?"我忍不住脱口而出。

小周白了我一眼,娇俏的单眼皮往上一翻:"我就是因为其他方面都达到了美的标准,所以才来改造我的五官，让自己更美啊！"

这逻辑满分，可我还是觉得道理上说不通。

小周见我不屑一顾，便翻开手机相册，点开一张照片给我看："这是我模拟整形后的效果，好不好看？"

"不好看！"我直白地回复她，"你这样刚刚好，双眼皮不适合你！"

"小小年纪，审美不成熟，我明白！"小周摆出一副不跟我计较的模样，乐呵呵地继续刷手机了。

夜里回家，爸爸一边开车一边跟我吐槽现在的整容风气，我不敢发表意见，因为我真的很害怕爸爸知道，才十四岁的我就有了整容的想法。

3

经过一段时间的磨合，小周和班上同学的关系越来越好，有些同学甚至开玩笑要给小周介绍男朋友。大家也开始相信我和小周的关系，并且纷纷鼓励我向小周靠拢。

我开始不自觉地挺起腰板走路，像小周那样抬头走一字步，摇曳生风，看起来真的很棒很精神；开始减少电子产品的使用时间，让眼睛不再暗淡无光；开始多吃蔬菜和水果，养好自己的皮肤和头发……两个月过去，大家都说我变了，变得朝气蓬勃，自信舒展。

我欣喜若狂地接受着同学们的赞美，学习也更努力了，毕竟要成为一名内外兼修的大美女，必须也要在学业上奋发图强！

小周的整容计划也进行得有条不紊，她不顾家里人的反对，硬是带着我一起去了一家整容医院面诊。

接诊的医生很随和，对着小周的脸观察了许久，然后很认真地告诉小周："你这个眼睛啊，不但要加深双眼皮，最好再开个眼角。还有你的太阳穴，不够饱满，显得整张脸的三庭比例不好，建议你再做个脂肪填充。"

小周明显愣了一下，过了好一会儿她才反驳道："开眼角会显得眼距过近，我不是很喜欢。"

我在一旁，心里直呼："好家伙，这个医生算是碰到对手了！"

"当然啦，这个看你自己的意愿。"医生笑着说。

小周也笑了笑，拉着我走出了医院。

一路上，小周有些闷闷不乐，我问她："你怎么不开心啊？是因为做双眼皮手术的钱不够吗？"

"不是啊。这两个月的工资加上我之前的积蓄，足够了。"小周叹了口气，"我只是在想，我好像不需要整容了。"

我惊叹于小周的想法改变得如此之快，忍不住赞叹道："你终于想通了！"

"你看看那个医生，很漂亮吧，一张绝美的'网红'脸，可我怎么看都觉得别扭，一整套流水线式的审美产物，真的很没意思。"小周笑着说。

突然，她转过脸看向我，眼神格外坚定："小星，我宁愿做单眼皮里的九十分女生，也不要做双眼皮里的六十分女生！"

小周的话太有力量了，我的内心受到了震撼，随即重重地点了点头，坚定地说道："我也是，我宁愿做塌鼻子里的九十分女生，也不要做高鼻子里的六十分女生！"

看着彼此像乎乎的模样，我和小周都笑了。

后来，我们之间的话题再也没有过"整容"两个字。小周把她的积蓄存了起来，准备作为读研时的生活费用。我用自己的整容基金给妈妈买了一件漂亮的羊绒大衣，因为冬天快来了，我希望妈妈也能美美的。

十四岁那年的整容计划在十四岁落空，但我一点儿也不觉得难过。我依旧是个塌鼻子女生，但我慢慢地喜欢上了我的塌鼻子，因为我的塌鼻子不但提高了我的辨识度，还让我更自然。

或许以后的我依旧算不上什么大美女，但我的心态已悄然发生改变。我渐渐明白，美的标准多种多样，但一定要以健康自信、悦纳自己为前提！

第一千零二个夜晚

食梦

岳初阳

陆言再次光顾祈愿居时，老板娘正忙着招选奉茶侍女。

不大的院子里挤满应选者，然而，一杯杯色泽温润的香茶被端至老板娘眼前，她皆是稍抿一口，便皱眉摇头。

无数人碰了钉子，垂头丧气地走了，只有一个红衣褴褛的小姑娘，不服输地一次次将茶倒掉，一次次重泡。

陆言没有上前，只是静静地等着。

老板娘瞧见门外有人，撇下面前站了一排的姑娘们，过去打了一声招呼："陆公子今日前来，所为何事？"

陆言抬起头："没什么，我只是想让您帮我实现一桩心愿。"

老板娘挑了挑眉，道："你当知道，我是开门做生意的。我予客人心愿，客人予我酬劳。只是，这酬劳非金非银，而是你的余生寿数。换言之，你心愿达成的瞬间，便是你生命消亡的时刻。所以，你若想在我这里求得仙道佛缘，皆不可能，哪怕我有能力给你，你也无福消受。"

陆言摇摇头："你知道我所求的不是这些。"

老板娘瞧了一眼陆言火红色的眸子，终于盈盈笑了："你既已有觉悟，那么便说说吧，到底是什么样的心愿，值得你一个灵族付出千万年的寿数。"

陆言没有说话，他抬起头，六月的骄阳如火似烧，许多手捧香茶、弯腰颔首的姑娘，支撑不住，摔了茶盏，恶狠狠地盯着这厢一边打着蒲扇一边悠闲聊天的老板娘。唯独那个红衣褴褛的小姑娘，依然硬撑着，似不得到这份工作不罢休。

她汗如雨下，目光却无比执着。

陆言看着她，觉着那倔强的模样像极了当年的越之之。有风撩起他额前的碎发，一些隔了很久的事情如走马灯般——浮现。

陆言第二次见到越之之，是在一个万物复苏的春天。

彼年，越之之十五岁，陆言十九岁，距离他们初次邂逅已经相隔了十年，而越之之早已忘了她的小哥哥。

那天，陆言和管家一起到劳力集市给自家药铺挑选抓药伙计。

劳力集市在一条幽深、阴暗的巷子里，陆言不喜欢这种地方，便买了三个肉包子，一边吃一边等管家出来。

可直到三个大肉包下肚，还不见管家的影子，陆言有些担心，便硬着头皮往巷子里走去。

他刚踏进巷子，贫穷、肮脏、黑暗，那些人间最丑陋的东西便展现在面前。他努力克制自己不去回忆过去，可往事如一只巨手，拉扯住他，将他往旋涡深处拽去。

就在他即将沦陷的时候，一声哀求将他拉回了现实："求求您，我真的什么都能做，您就选我吧。"

陆言循声望去，只见一个面黄肌瘦的小姑娘正扒着管家的胳膊，苦苦哀求。

瞬间，他全身的血液仿佛凝滞，他僵在当场，望着小姑娘。四周沉寂，静得能令他听见自己的心跳声，一下一下，那般强烈，那般痛楚，那般欢喜。

她竟然还活着！

他惊喜极了，却笑不出，只能大步上前，对管家说一句："就她吧。"

管家犹豫着，她是个女孩，如今十五岁却面黄肌瘦，不及十岁孩童，别说爬上爬下、抓药干活，有没有病还是未知。

她连忙上蹿下跳几下，解释道："别看我长得瘦小，身子骨可壮了。"

陆言低头看她，小姑娘一尘不染的倔强清眸，犹如春天里的第一缕春光，穿越严冬，暖暖地照进他心里。

陆言最终坚持把她带回了药铺。

如管家所料，她根本胜任不了抓药的工作。她不认识药材也就罢了，竟然大字不识。无奈之下，管家只好将她调到后院，她便成了陆言的贴身丫鬟。

她被带到陆言面前，被问起名字时，颤声道："越之之。"

陆言见她有些怕，朝她伸出一只手去，却被她躲开了。

他转过身，望向镜中的自己，心想，再好看的眉眼放在一张不会笑的脸上，总归令人避而远之。

笑容，是生灵传达善意最浅显、明了的方式。陆言不会笑，但他相信一定有其他方式能够让她感受到自己的善意。

他开始自己洗漱、自己穿衣、自己叠被，这对他来说不是难事，他不是生来就过着少爷的生活，这些事情他早在十年前就已经学会了。

他包揽了她的一切工作，她却不开心。起初他不明白，后来，他看见她躲在屋子里一边数着铜钱一边掉眼泪，才明白了一切。

他告诉她"就算你不干活，我也照付工钱"时，她哽咽着问他，是不是真的。

他点点头，将一串铜钱郑重地放在她手心。于是，她第一次咧开嘴，笑着向他眨眨眼。

她坦然接受了他的好意后，他以为她终于能轻松轻松，休养休养身子，却没想到，第二天她就接来了新活。

越之之来陆家的时间不长，看起来又十分缺钱，下人们便纷纷廉价将她收服了。

有时候，别人不过给她一个铜板，她就愿意帮人家洗一天的衣服。久而久之，挑水、洗衣、烧柴……几乎整个陆家的活，都被她一个人干了。

不仅如此，她还把每天剩下的时间用来认字。她希望赶紧把药名认全，这样就可以回到药铺，赚更多的钱。

陆言远远站着，每天望着拖着疲惫不堪的身体回到丫鬟寝屋，又坐在窗前挑灯夜读满眼血丝的她，就心疼不已。

为此，他找了一个机会准备了鸡鸭鱼肉一大桌好菜，然后把她叫进了房间。

比起几个月前，她变了许多，她穿得更干净、整洁了，身子却瘦了一圈，唯有一双倔强的眼眸，一如初见。

他招呼她坐下，给她盛了一碗饭，又夹了一些肉。

她误以为陆言要赶她走，这才叫她来吃一顿"散伙饭"，吓得一下子跪在地上大哭起来："我再也不白要你的工钱了,你别赶我走。"

陆言连忙摇头,说:"我只是想告诉你,钱财乃身外之物,你不必看得那样重。"

越之之使劲儿摆手,道:"不行,我得赶紧攒够路费去祈愿居,听说那里可以实现人的任何心愿。"

出乎意料的回答让陆言忍不住好奇、探寻起来。

越之之敛了神色,目光坚定道:"我要找回师父。"

越之之把有关师父的事情告诉了陆言。

她说,如果没有师父,她十年前就死了。

她从五岁起就跟着师父。他带她走过很多地方,涉过许多河流,踏过许多小桥。她牵着他的手,从一个稚嫩孩童长成一个乖巧姑娘。

他常给她讲故事,教她唱歌谣,在她开心的时候陪伴着她,在她难过的时候安慰着她,不知不觉中,她对他的感情早已超过师徒情谊。

她以为,他们会这样一直相伴相随,直到自己再也走不动路,满面皱纹老死在他怀里。可半年前,她一觉醒来,却发现师父不见了。

不久前,她听说異国有个叫祈愿居的所在,那儿可以实现人们任何心愿。她想去,可是路费太贵了,这才想着多赚点钱。

夕阳透过窗户斜射进来,陆言安静地听着她的故事。

他问她:"你可知你师父是哪里人?"

她茫然摇头。相处十年,她对师父知之甚少,甚至不知他的名字。不过,她知道,她的师父是灵族人。

陆言恍然大悟。当年她伤得那样重,寻常人又怎么救得了她?他叹了一口气,心里一阵失落。早知会这般难受,当初他再害怕也不会逃走。他多么希望和她相伴十年的人是自己。

可惜,世上没有回头路。

陆言知晓了越之之的执念。他知道,总有一天,她会离他而去,他阻止不了,只能在她还在的每一天里,默默看着她。

日子一天天过去,越之之的钱越来越多,就在她即将攒够路费可以离开陆家的时候,意外发生了。

她在洗衣服的时候,不小心摔碎了陆家家主的玉佩。据说,那玉佩是乾国第一玉雕师的遗作,天下无第二枚,是无价之宝。

越之之吓坏了,她被拖进柴房杖责三十的时候,死死捂着腰间的钱袋,咬着牙,一声也不出。

陆言从药铺回来,得知消息时,越之之已被打得浑身是伤。他心疼她的同时,却也有一丝雀跃,他想,那枚玉佩那么贵,她怕是一辈子都要留在陆家偿还了。

他一边想着,一边朝柴房走去,却不期然身子一痛,再一回神,那熟悉的明眸便映入眼帘。

越之之死死抱着怀里的包袱,一张小脸煞白如纸。

她跪在地上,一下一下朝他磕头,她求他放过她,她要去祈愿居,她要去找师父。

陆言愣在那儿,他从未见过这样的她,眼里流着泪,哭得毫无声息,绝望如死。他俯下身,感到一股钻心刻骨的痛。

不知过了多久,他朝她伸出一只手,幽幽道:"我陪你去祈愿居。"

那晚,他带她回到自己房间,给她讲了一个故事。

她坐在昏黄的灯光下,犹如数月前的他安静地听她讲自己的故事,安静地听着。

他说,他的母亲是灵族人。

十几年前,他的母亲曾和一名灵族少年相爱。那时,他们隐居于人间闹市,每天过着柴米油盐的生活,无忧无虑。直到有一天,母亲遇见了年轻风流的陆家家主,陆家家主爱上了她。

后来,陆家家主用计杀了她深爱的少年,又逼迫她和自己成亲。

一年后,她有了身孕,却再也受不了这个牢笼。于是,在一个月黑风高的晚上,她逃了出去。

再半年后,她生下一对男孩,一个是陆言,一个是他的弟弟陆梦。

之后几年,母亲开始带着他们四处乞讨,吃尽了苦头。那时,陆言做梦都想要一个完整的家。

上天似听到了他的祷告。一日清晨,一身绫罗绸缎的陆家家主便出现在他面前,抱起他,宠溺道:"走,跟爹回家。"

后来,陆梦失踪,他成了陆家最得宠的少爷;而他的母亲,被陆家家主带回来后,被打断了双腿,锁进了陆家最奢华的院落。

陆家家主的残忍因此得名,但只有陆言知道,父亲多么爱母亲。

他见过父亲几日不吃不喝,照顾得风寒的母亲;他还见过父亲因为母亲一句想吃瓜,便不惜寒冬腊月跑到极南之地,天价运回新鲜的瓜。

他想,这就是爱吧,只是他太小了,还不懂。

第二天清晨,陆言带越之之来到父亲面前。

他说他愿意和越之之一起前往祈愿居,等她实现心愿,就把她带回来,到时候再清算摔坏玉佩的账。

父亲看了他一眼,问:"你爱她吗?"

他垂了头,淡淡一笑。

父亲目光一凛,望了一眼陆言母亲的小院,说:"那么,就用尽一切办法,留住她吧。"

陆言蓦然一怔,抬起头将目光投向焦急不安地等在外面的越之之。这样就是爱一个人吗?他不确定。

拜别了陆家家主,备好了马车,两人便出发了。陆言听人说过,祈愿居在巽国都城。此去千里,两人白天赶路,夜晚找客栈休息。

一天傍晚,两人进了一座小城,随意找了一家客栈休息。陆言的房间和越之之的房间仅有一墙之隔。

那晚,他睡得极不安稳,总感觉有人在黑暗中看着他,可举目四望,除了模糊的桌椅轮廓,什么都没发现。

第二天,他被一声凄厉的哭声惊醒,来不及穿衣,披了外衫就冲进越之之的房间。

此时,越之之正抱着膝盖蜷缩在床上,指着窗户对面的酒楼,道:"我做了个梦,梦见对面的酒楼起了大火,好多人困在里面出不来,其中,好像有师父。"

陆言安慰她说,不要害怕,那只是个梦。

可是,就在这时,对面酒楼突然响起一声尖叫,紧接着,浓烟散出,火舌伸向天际,无情的大火瞬间燃烧起来。

见此情形,越之之不顾一切朝大火冲去。

他拦下她,将她抱在怀里,任她撕咬。他告诉她,这只是巧合,若因此丢了性命,她就再也见不到师父了。

她瘫软在他怀里,哭得梨花带雨。

她没有告诉他,这已经不是她第一次在梦中预测到要发生的事情了。她不敢说,因为,未卜先知,哪怕在灵族中亦是超乎常理之事。

那场大火中,共有七十人丧生,其中,七人的尸体损伤严重,但越之之确定没有她的师父。

经此一遭,越之之变得焦虑不安,身体也虚弱起来。陆言不敢耽误,催促车夫快马加鞭,终于在七日后抵达巽国。

找到祈愿居那刻,越之之兴奋极了,一扫多日阴霾,神采焕发。她想,她终于能见到师父了。

然而,与老板娘交谈过后,她再次白了脸。

因为,按照祈愿居的规矩,她要找到师父,须以余生寿数为代价。可是,她寻找师父的目的是和他在一起,陪他几十年,最后老死在他怀里。这不是她想要的。

于是,那单生意,老板娘最终没有做成。

陆言见越之之心情低落,加之她身体尚虚弱,便擅自做主,在城外村子里租了一间小院,让她静心休养。她本想拒绝,却被陆言强硬的态度压了回去。

半月间,陆言想尽了办法哄她开心。

白天,他带她到花红柳绿的湖岸折柳条、放风筝、划小船;夜晚,他带她到灯火通明的夜市听大戏、砸罐子、吃地摊。

她不傻,当然能感觉出陆言对她的丝丝情意。

他不会笑,可他说的每句话都在努力让她发笑。有时,她会想,如果没有师父,或许她早就被感动了。

可惜,没有如果。

春天快结束的时候,越之之开始频繁地做预知梦,身子也跟着虚弱起来。这件事很快就被陆言发现了。

他莫名问起她师父的相貌。

她仔细想想,发现师父的容貌竟和陆言有几分像,不一样的是,她的师父会笑,笑得那样灿烂,可陆言不会。

陆言若有所思,而后说:"你好好养病,我要离开几天。"

越之之有种不好的预感,拉住他的衣袖,道:"以余生寿数换一个心愿,不值!如果有一天我病死了,你千万别去换。你有那么长的时间,一定能遇见一个真心待你的姑娘。"

那是她第一次绕开师父同他说那么多话,他一时没有反应过来,微微一怔,而后才说:"好。"

陆言离开七天后,带回了一株药草。

他告诉越之之,她之所以身体虚弱,是因为做了预知梦。这梦枕草,分三次吃下,之后就可以不再做梦。

起初,她是拒绝的。就在不久前,邻村发生矿洞塌陷,其中,数十人因为她的预知梦死里逃生。她是个善良的姑娘,她想救更多人。

可是,如果继续这样下去,她的身体会越来越糟糕,总有一天会危及性命,那时,她就真的见不到师父了。

权衡之下,她接受了陆言的药草。

然而,当陆言把梦枕草拿到她眼前时,她有些惊讶。

她发现,这梦枕草和师父某本图志中的一株植物长得一模一样。师父说过,这种药草十分珍贵,如今这世上已经很难寻得了。

她问他从何处得来如此珍贵的药草,他说没什么,不过一桩交易罢了。闻言,她吃了一惊,几乎从床上跳起来。

他摇摇头,说:"放心吧,我没有去祈愿居。"

说到这儿,他便没有往下说。

其实,这世间,不论你想得到什么东西,都要付出一定的代价。而他,便是利用这七天去了一趟天阙山,以自己珍贵的东西为代价和山神做了一个交易,换来了这株梦枕草。

越之之问他是不是有事情瞒着自己时,陆言没有回答,只淡淡道:"我去煎药。"

半个时辰后,陆言端着煎好的药进来。药很苦,他很细心地放了几颗冰糖,然后,盯着她把药喝完。

之后,他接过空碗,出其不意地说了一句话:"之之,你若不嫌弃,我也可以牵着你的手一生一世,等你老了,我便抱着你,你就睡在我怀里。"

他说这话的时候一直努力翘着嘴角,想对她露出一个好看的笑容,却终究没有成功。

越之之微微一愣。

她怎么会嫌弃他呢?他只是不会笑而已。他生得那样好看,还会说那么美的情话,哪个姑娘不喜欢呢?可惜,她先遇到了师父,于是,她对陆言纵有千言万语,也只剩一句:对不起。

陆言垂下了头。

她不爱他,也许这是最好的结果吧。他一遍遍告诉自己:没关系,不要在意,不是已经打算好了吗,不求回报,只求能静静地陪在她身边。可是,为什么,他的心还是那么痛?

他突然想起和父亲的对话。

"你爱她吗?"

"那么,就用尽一切办法,留住她吧。"

他想,他有一点理解父亲的做法了。

越之之的师父是在三天后出现的。

彼时,越之之已经服食两次梦枕草,一夜无梦。第二天,她精神不错,和陆言一起到河边放风筝。

风筝是陆言亲手做的,很漂亮。暮春的天空很蓝,阳光很暖,而她笑得很开心。

他想,那大概是他一生中最美好的一天,以至于后来回想起来,心里还是会和吃了蜜一样甜。

可惜,这美好太过短暂。

傍晚时分,他们回到家,发现院门外站了一个笑容灿烂的男子。

越之之诧异片刻，旋即如一只小鸟般飞过去，搂住他的脖子，朗声道："师父！"

陆言没有觉得惊讶，只是默默站在原地，望着欣喜若狂的姑娘，莫名伤感。他们的重逢明明在他预料之中，可那银铃般的笑声还是刺痛了他的心。

他深深吸了一口气，而后缓步上前，淡淡道："弟弟，好久不见。"

越之之无论如何都没想到，她的师父竟然就是陆言失踪十年的弟弟，陆梦。

那晚，越之之特意为师父设下了接风宴。

酒至半酣，陆言说："之之，只要明天再服食最后一次梦枕草，你就可以彻底摆脱梦的束缚，余生的每一天都可以一觉睡到大天亮了。"

越之之笑着说："嗯。"

只是，这第三次药尚未入锅，村子里就发生了一件大事。

第二天，越之之被一阵喧闹声吵醒。

她披衣起床，和陆言找遍了整个小院，却怎么也不见师父的踪影。

两人走出家门，看见村头围了许多人，仔细询问才知，昨晚，一名癔症病人闯入村子，不仅杀害了数名村民，还刺伤了一名外乡人。

越之之闻言身子一颤，缓缓移动视线——那古树下浑身血淋淋的男子，不是她的师父，又是谁？

大夫说，师父虽未伤及要害，却不知何故，脉象微弱，凶多吉少。

她悔青了肠子。她知道师父有酒后散步的习惯，早知如此，她就不该张罗什么接风宴。

陆言安慰她道："这是他的劫数，不怪你。"

她想起什么，抓住他的胳膊，道："对了！灵族之心可医百病、救百伤，对灵族人同样有效吧！"

陆言目光温柔，道："可是，如果我把心给了你师父，我就活不成了呀。"

越之之沉默下去，房间内陷入一片死寂。时间一点点流逝，她抬起头，落泪道："阿言，我不想要师父死。"

他微微一怔。那是她第一次唤他阿言，宛如仙乐绕梁，那般动听，那般诱人，他险些就答应了，却最终狠心转身。

越之之拉住他，扬声道："如果不是你给我吃梦枕草，我也不会失去做预知梦的能力，那样我或许就能预知到这场劫难，师父也不会性命垂危！"

什么？她说这话什么意思？她是在怪他，还是在逼他？

陆言有些难过。

越之之意识到自己说了很过分的话，蹲在地上，抱膝而泣："对不起，我只是太害怕了，太害怕了……"

她怎么能不怕呢？从小到大，她因师父而喜，因师父而悲，她不知道，如果师父死了，她活着还有什么意义。

想到这儿，她如魔怔了一般，拔下头上的发簪，刺向毫无防备的陆言。

鲜血飞溅的瞬间，她终于回过神，捂着嘴一步步后退。天哪，她做了什么？她竟然为了师父妄图杀害一个无辜的人！

陆言回过头，捂着肩头的伤口，静静凝视着她。对她，他好像只有这一种姿态——凝视，凝视，再凝视。

可即便如此，她的眼里也只有别人。她从来不知道，他为她付出过多少；她从来不知道，他有多么爱她。

念及此，他犹如吞下一枚刀片，那么心痛，那么心酸。

他又回想起父亲的话——"如果你爱一个人，就要用尽一切办法留住她"。

这一次，他终于彻底理解了父亲。

于是，他扬起右手，一掌劈在她的后颈，喃喃道："之之，我爱你，比这世上的任何一人都爱你。"

七

越之之睁开眼，发现自己被人绑在了一张靠椅上。

房间四闭，砂锅里煎着梦枕草，整个屋子里弥漫着一股草药的苦涩味道。

陆言坐在一旁静静瞧着她，她被对方眼中的痴狂吓到了。她拼命挣扎，却动弹不得。

陆言又看了她一会儿，这才起身去处理那早已滚烫的汤药。他耐着性子一遍遍过滤，直到药汁中再找不到一粒渣滓，才端至她面前。

越之之别过头去。

他料到她不会再接受这汤药，他知她再不想失去这做预知梦的能力，他知她已不再信任他。

可是，他要怎么跟她解释呢？他该怎么告诉她，早在十年前他们就见过面？他又该怎么告诉她，她如今异于常人的能力来自他的一滴眼泪呢？

他没法解释，那么，只有狠心一把了。他端起药碗，强行往她口中灌去。她被呛得一阵咳嗽，他却不给她丝毫喘息的余地。

他看见她喉间滚动，听到她吞咽汤药的声音时，心底涌起一丝愉悦。

然而，就在这时，房门被人一脚踹开，越之之的师父惊慌地冲进来，大叫一声："之之！"

他望着此刻前襟湿透、一脸狼狈的徒儿，红着眼恶狠狠地盯着陆言，一字一句道："你当真还同十年前一样狠心！"

越之之听不懂他们的话，更不知为何本该重伤不醒的师父此刻会站在这里，她只看见陆言沉默着拔出锋利的匕首，一刀刺入师父的心口。

那么准，那么深，那么用力。

"不要！"她惊叫着，连人带椅子摔在地上。

但是，她毫不在意，她只望着师父胸口渐渐微弱的起伏，怕得要命。不知过了多久，她听见师父微弱的声音："之之，我爱你。"

那一瞬间，她泪眼模糊，一脸痴笑。

师父说，他爱她呢！刹那间，师父灿烂的笑容浮现在她的眼前，她开心极了。

可是，当她再度抬眼，师父死灰般的面容映入眼帘时，她所有的欢喜片刻间便化为极致的恨，深入眉眼。

她仰起头，狠狠地盯着陆言，说："我恨你！"

陆言没有说话，只是将她紧紧抱在怀里。

尘埃落定，一切仿佛又回到了最初。

越之之回了陆家，开始更加拼命地挣钱。

下人们只当她想赶紧还清因摔碎玉佩而欠下的巨债，却没有人知道，她挣这么多钱，只是希望有朝一日能请得起这世间最好的杀手，手刃仇人。

陆言回来的第二天，母亲便病了。又过了两个月，母亲就去世了。

他记得，那天是个难得的晴天，阳光从云层里钻出来，带走小院多年来的潮气。他一身白衣走进母亲的独门别院时，父亲就那么抱着母亲，不声不响。

他突然觉着父亲很可怜。

父亲却笑了："我有什么可怜的？我爱了她那么多年，付出了那么多，你看，直到死，她都是死在我怀里的，这世上还有比我更幸福的人吗？"

陆言眼前浮现出越之之熟悉的眉眼。

从头到尾，他都没有告诉越之之，十年前，他们就见过了。

她所谓的"预知未来"的能力是他给的。那时，他的眼泪落入了她口中，于是，她拥有了和他一样的灵力。只是，这种灵力并不是用来预知未来的。

传说，每一种灵族都有一种特殊的灵力。他是梦灵，他的特殊灵力是能通过语言把梦到的事情变成现实。

梦灵一族常常以双生子的形式孕育于母体中，强大的一方会在母体中吸收足够的养分，来到这个世界；而弱小的一方，便会死于腹中。

但是，陆言和陆梦这对兄弟，是特例。

他们都来到了这个世上。陆言是强大的一方，与其他梦灵无甚差别，拥有言梦成真的能力；而陆梦是弱小的一个，无法独立生存，必须依靠吞食负面情绪为生。

陆梦没有陆言言梦成真的能力，却有另外一种特殊的灵力，他能够控制陆言的梦境和语言。所以，他常常控制陆言去做一些噩梦，如矿难、火灾；然后，他控制陆言把这些梦境用语言表达出来，将它们变成现实；最后，他会在灾难发生时，将人们的绝望化为食粮吃掉。

陆言并不觉得自己比陆梦好过多少，尤其是在随母亲乞讨的日子里，他常常说一些不吉利却又每每成真的话，惹人讨厌。

有一次,一个小姑娘递给他一个包子。

他抬起头,望着这个只有五岁却面黄肌瘦的小姑娘,迅速收回了手。

他冷笑,这种伎俩早就对他不管用了。

上一次,有个小男孩也是这样,笑着递给他一个馒头,却又在他伸手去接的时候哇哇大哭,之后就传来施舍者的辱骂声和其他乞丐的大笑声。

不知从何时起,欺负他成了整条巷子里的人唯一的乐事。

所以,这一次他学聪明了。他盯着不过五岁的小姑娘,冷冷道:"我昨晚梦到你和巷子里的这些人都死了呢……"

那是他第一次这么痛快地说出一个噩梦。

然后,大地抖动,房屋坍塌。

他看见小姑娘惊恐的表情,以及整个镇子的无措,无数人推搡、跌倒、踩踏。直到一切恢复平静,他才再度走到小姑娘面前,低头瞧她。

小姑娘躺在地上,浑身是血,却在看见他的瞬间眼睛一亮,用力从身下抽出手,拼命举起,说:"小哥哥,这个包子是肉馅的,很好吃的。"

他眨眨眼,大颗大颗的眼泪落入她口中。

小姑娘抿了抿唇,说:"是苦的呢。"

那一瞬间,他突然害怕极了,拔腿逃离了那条鲜血遍布的小巷。

三天后,他去了天阙山,以自己珍贵的东西为代价与山神交换了一株梦枕草吃下去。

从此以后,他再也没有做过噩梦,也再也没见过陆梦。

他一直以为当年的小姑娘早就死了,直到不久前在巷子里邂逅越之之,认出那双眼睛,他才知道,那个小姑娘竟然活了下来,而且,救下她的师父就是本该饥饿而亡的陆梦。

于是,他看破了陆梦的计划。

陆梦之所以救下越之之,是因为他知道她拥有了陆言的灵力,他可以通过她继续吸食人类的负面情绪。

可在这个过程中,陆梦发现越之之人类之躯不足以承受陆言的灵力,唯一的方法便是再吞下陆言的灵心。

于是,陆梦一路设计,甚至假装被癔症病人刺成重伤,为的是骗取陆言的灵心。

这些,就是真相。

她那么善良,那么喜欢她的师父,他怎么敢告诉她?

他所能做的,不过是帮越之之脱离陆梦的束缚;他甚至还狠下心,帮她最爱慕的师父在没有饥饿痛苦的情形下离开人世。

他理解父亲,却不认同。

他说:"那般强势的占有才不是爱。爱一个人是将她看在眼里,放在心里。哪怕她爱着别人,你也能静静地祝福她,没有怨恨,没有忌妒。"

陆言再次光顾祈愿居时,老板娘正忙着招选奉茶侍女。

此时,距离越之之对他说出那句"我恨你"已有十年,而距离越之之嫁给白清水,也已五年有余。

白清水是七年前成为陆家挑夫的。

他很能干,和越之之也十分谈得来。两人一起跪在陆家家主面前请求结为夫妻时,陆言就站在屏风后面。

他们成亲后,陆言给了白清水一大笔钱,想两人离开陆家,去外面做个小生意,以后好好过日子。

后来,两人在城中开了一家包子铺,生意还不错。陆言托人买过,肉馅的,很香,很好吃。

再后来,越之之为白清水生了一个女儿,她有着灵巧的小嘴,十分讨人喜欢。

一年又一年,他一直在暗中看着她。他不会笑,总是一副平静的面容。他以为,只要她过得幸福,他就能淡然至极了。

直到二十年后的今天,他还是忍不住踏进了祈愿居。

他说:"我想用余生寿数换一个笑容。"

于是,老板娘信手一挥,再睁开眼,他们已在越之之家后院门口。

老板娘指指里面,说:"去吧,她就在里面。"

芙蓉花开的六月，香满庭院，越之之穿一身轻纱，正陪女儿在树下乘凉。

他痴痴望着她，一步步上前，仿佛每一步都耗尽了他一生的爱。

他唤她："之之。"

五岁的女儿听闻动静，率先回头，如兔子般跑到他跟前，仰头瞧了一会儿，而后说："哥哥，你长得真好看。"

陆言怔了怔，而后矮下身子，突然抱住眼前的小姑娘，失声痛哭。

他终于明白，当他深爱的姑娘爱上别人时，他根本不可能做到淡然、不怨恨、不忌妒。不过，还好，他马上就要死了。

"请问……"越之之走上前，却在和他四目相接的瞬间茫然无措，这般熟悉的面容，她却怎么也想不起来了。

她斟酌半天，问了一句："这位公子是遇到了难事吗？"

陆言摇摇头，流着泪看她："没有，我只是想买几个包子。"

她松了一口气，指指前屋忙着招呼客人的丈夫，笑着说："买包子的话，走前门吧。"

陆言没有说话，只望着她，微微笑了。

她呆了呆。她已经很久没见过这般美好的笑容了，不比师父的灿烂，却更温柔、更沉寂，令人愉悦，令人心安。

不知为何，那一瞬间，她恍然大悟，她对师父的感情其实不是爱情，而是一种超乎寻常的依恋。

她似乎还为这般荒谬的想法伤害过一个人呢。她该去找他道歉的。可是，他是谁呢？她想不起来了。

她当然想不起来。

这一生，除了祈愿居，陆言还和天阙山山神做过两次交易。

那是个擅长玩弄人心的山神。

第一次，是在他九岁那年，他向天阙山山神求了一株梦枕草，代价是这一生他都不会再笑；第二次，是在他十九岁那年，他又向天阙山山神求了一株梦枕草，代价是她会渐渐忘记他。

老板娘问他："感觉值吗？"

是呀，值吗？他的生命那么长，他明明可以等她的，不是吗？

其实，他不止一次下定决心，这一生安安静静地看着她，等下辈子，她没了师父，没了白清水，他再去找到她，和她重新遇见。

只是，他害怕了。他怕错过了今生，就再也遇不见她了。

他这一生，所有的交易、所有的记忆，似乎都同她有关。他不知道，若有一天她真的不在了，他该怎么活下去。

何况……

夕阳西下，他最后一次抬眼，望向那个他爱了一辈子的姑娘，喃喃道："之之，我答应你的事情，我做到了。"

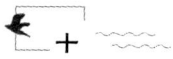

五十年后。

彼时，越之之已经老得走不动路。

阳光明媚的午后，她躺在藤椅上，一边晒着太阳，一边想起从来不做梦的她，昨夜似乎做了个好梦。

其实，她也分不清，那到底是梦，还是真实的记忆，只是朦朦胧胧看见了这样的一些画面——

脏乱不堪的小巷里，一个脏兮兮的小姑娘，一边递出去一个包子，一边笑嘻嘻道："小哥哥，我给你个大肉包，你笑一笑给我看吧。"

之后，画面陡转。

那是在一片狼藉的巷子口，她躺在血泊中，艰难地开口道："小哥哥，你长得那么好看，笑起来一定更好看。下辈子如果我们还能遇见，你就笑一笑给我看，好不好？"

…………

天光云影，树叶婆娑。

一旁听故事的小外孙好奇地凑过脑袋，问："咦？一开始不是个小姑娘吗？怎么后来又变成外婆您了呢？"

越之之愣了半晌，而后笑着摸摸小外孙的头，说："看来那真是梦呢。"

美人如宓

*叶 嘉

即使上天赋予他再次选择的机会,他依旧不愿意错过与她相遇的机会。

景祐五年,江陵王赵聿谌将太上皇赵孝渊的亲笔手谕昭告天下,证明昔年对赵孝渊暗行巫蛊阴术之人实乃当今皇帝赵聿阑。举国臣民闻之,哗然不已。

因赵聿阑不愿交出皇位,赵聿谌只能选择发兵北上,于是年兰秋攻入长安,将赵聿阑斩杀于马下。

随后,赵聿谌翻身下马,独自一人登上汉白玉阶,因为那长阶的尽头坐落着一座壮丽宏正的宫殿,它名唤"凤栖",乃赵氏王朝历代皇后的常居之所。

赵聿谌身披血甲踏入凤栖宫时,王宓正戴着皇后冠冕坐在绮窗边的软榻上点茶。那怡然自适的端雅模样与一旁跪地发抖的宫人形成了极为鲜明的对比。

赵聿谌执着长剑挑起鲛纱珠帐的那一刻,王宓抬起美眸望了过来,在那四目相对的一瞬间,他们都只瞧见漫漫岁月留下的细微痕迹,却丝毫也没有瞧出对方深藏心中的隐秘故事。

"不知王爷可否再予我片刻,让我点完这盏龙团?"

赵聿谌没有出声应答。他缓步行至榻前,与王宓相对而坐,像少年时那般,拿起银勺往摆在王宓面前的兔毫盏里徐徐添水。

王宓执着茶筅,默然望着眼前的一切,片刻之后便无声地接受了赵聿谌的帮助。

稀疏的白沫自汤中浮起之时,赵聿谌放下手中银勺,侧头望向绮窗之外。在那长阶之下,江陵军正在清理战场,将一块白布覆在赵聿阑的身上。

"方才你瞧见了吗?"

王宓闻言,原本飞速转动的茶筅顿时停了下来,她静默一瞬之后低声回道:"瞧见了。"

"心疼吗?"赵聿谌继而问道。

王宓低垂着眸子不愿回答,可赵聿谌非要逼她,伸出修长的手指将她的下颔缓缓挑起。当泛红的盈盈双眸撞入他的眼底之时,他便意识到自己方才问了一个极为愚蠢的问题。

"你瞧,我险些忘了,昔年你便在我与赵聿阑之间做过一次选择。五载夫妻,恩睦之情必然更胜往昔,亲眼瞧着心爱之人惨死刀下,怎会不伤心至极?"

王宓红着眼,望了赵聿谌许久之后,才刻意忽略他脸上那抹嘲弄之意,淡声道:"自古胜者为王,败者为寇,他认,我也认,王爷不必再用言语如此讥讽!"

"今日这盏茶,本为王爷而点,望以此作别你我相识二十余载的情分。可方才王爷的言行让我分了心，毁了这盏茶。即将为帝之人，不便再饮此等粗陋之物，所以，这盏茶还是由我自饮罢了。"

赵聿谌一言不发地望着她，始终没有干涉她。

王宓放下兔毫盏后便起身下榻，施施然向外走去，赵聿谌跟在她身后，听见她一边走一边道："王爷乃大度之人，不会介意让我再见陛下最后一面的。"

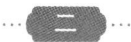

王宓拖着曳地的凤服缓缓走下九十九级高阶。赵聿谌站在高处望着她渐渐离去的背影，心间突起一阵钝痛，仿佛回到了那年的雪夜，她也是这样，一步一步地背对着他远去。

一盏茶的工夫后，江陵军将赵聿阑的尸体抬离。王宓缓缓站起身来，转身回望赵聿谌。距离太过遥远，赵聿谌瞧不清她的神色，便不由自主地走下来。可谁知就在他即将看清之时，王宓缓缓闭上双眸，如轻羽一般飘然倒地。

赵聿谌愕然不已地望着自她嘴角缓缓流出的殷红之色，这才意识到方才那盏茶原就不是为他准备的，之所以搅打不成并非因他分了她的心，而是因为她在盏中添加了可伤人命的毒物，致使茶汤变质。即使她明知他会看在旧日情面上放她一条生路，她也不愿意在赵聿阑身死之后再独活于这人世之间。

片刻之后，阴沉的暮色缓缓落下，赵聿谌抬眸望着远山天际，仿佛看见那些久远的记忆正朝着自己缓步而来。他想要拉住幼时的赵聿谌，阻止对方伸手去牵王宓的衣角。可当那时的王宓回身，他望着那双世间罕见的剪水秋眸，原本即将够着小赵聿谌的手便倏然停在了半空中。

直到这一刻，他才不得不坦荡承认，她是他这一生躲不开的劫数，即使上天赋予他再次选择的机会，他依旧不愿意错过与她相遇的机会。

承乐十六年菊月，久无子息的赵孝渊终于接受朝臣的进谏，于宗室中挑选子弟入宫培养，以备储君之选。几经筛选之后，时年九岁的江陵王长子赵聿谌及将满八岁的长沙王幼子赵聿阑于是年冰月一同入宫，分别被册封为清河郡公与颍川郡公。

赵聿谌一入宫，随行而来的仆从便尽数返回江陵。王皇后虽精心挑选了三十余位宫人伺候赵聿谌，可再细心的宫人也没有办法看顾得面面俱到。

一日薄暮时分，赵聿谌与几位宫婢在御花园的假山旁玩捉迷藏。赵聿谌一时玩心大起，趁着众人不注意的时候跑出了御花园，起初他还沉浸在成功的欢喜之中，可随着夜幕缓缓降临，最初的那抹欢欣之感便迅速被前所未有的恐慌取代。

他开始漫无目的地寻找归途，可深浓的夜色早已将他记忆中的模样尽数掩去，长久的奔跑也将他的体力消耗殆尽。他连呼唤的声音都发不出来，只能坐在长廊边默然等候宫人来寻。

那一日，他的运气实在不佳，停歇已久的大雪在他坐下不久之后便开始簌簌而下，他无处藏身，只能蜷缩着身子躲在墙角。此生第一次陷入窘迫之境。

就在他觉得自己身体里的最后一丝力气要被抽去之时，他看见一个身披雪领红氅的妙龄少女领着一众宫人快步朝他奔来，在那火把光芒的映照下，一双美眸倏然撞入他的眼底，如冬日暖阳一般，拂去了他心头上的寒凉。

内侍抱着赵聿谌快步而去，少女亦紧紧跟随在侧。直到众人抵达太医院时，他们才陡然发现，原来方才赵聿谌一直牵着少女的广袖，即使现下早已失去意识，那衣角依旧被他紧紧地攥在手里，无论如何都无法将其扯出……

翌日黄昏，赵聿谌终于退下高热，渐然转醒，只不过，令他没有料到的是，在他睁眼的那一刹那，他不仅看见了坐在榻边的王皇后，同时还窥见了昨夜新识的好看眉眼。赵聿谌这才知晓那少女的身份，原来她就是王皇后的亲侄女，现任琅琊节度使王通的嫡长女——王宓。

赵氏王朝立国百年，历位皇后皆出自琅琊王氏。王宓小小年纪便被择入宫中教养，若说不是备为储妃之选，怕也无人相信。

赵聿谌本无心帝位，他只想在这长安城里安分守己地长到加冠之年，待赵孝渊选定赵聿阑为嗣君之后，他便返回江陵，当一个逍遥自在的清贵王爷。

可王宓的出现就像一枚突落棋盘的棋子一般，将他的计划彻底打乱。那日，他望着王宓那渐然远去的端丽身影，忽然对皇位生出了前所未有的渴望。

待到承乐二十年时，赵聿谌在宫学中的表现已经让赵孝渊感到极为满意。王皇后自察觉出赵孝渊的心意之后，便开始明里暗里地制造机会让赵聿谌与王宓单独相处。

是年冰月到来之后，王宓在一个雪日里受寒病倒，病气消去七分之后，王皇后才允准旁人前来探疾。

赵聿谌踏入王宓所住宫殿的那一日，久违的阳光洒在了长安城上。王宓拥着一张白狐大氅，躺在庭院的美人榻上，闭目听书。

赵聿谌见状便想逗弄王宓，悄悄行至榻前，接过了宫婢手中的古籍。直到他的声音传至王宓耳畔之时，王宓才陡然睁眼，讶然不已地望着赵聿谌。

"郡公前来怎不命人通报一声，王宓实在失礼。"说着，王宓便准备起身下榻。

可她的手还没掀开狐氅，赵聿谌便伸手按了下来。

"无妨，你我自小一同长大，不必拘着这些俗礼。"

王宓的身子并未好全，手脚也着实没有什么力气，见他这般开口便不再坚持，随后缓缓靠在榻背上。

二人闲话片刻之后，赵聿谌突然对拿在手中的古籍生出了兴趣，翻了两页之后便朝王宓开口道："我瞧这本书写得颇有韵味，可借我翻看一二吗？"

王宓闻言弯唇一笑道："郡公喜欢的话自可拿去。"

"我可不想夺人所爱，今日得闲，我便在此将它看完。方才我见宫婢在为你读书，想必你也不曾看过，不如将这差事交给我，这样一来，既可饱我眼福，亦可饱你耳福。"

"王宓怕是受不起。"王宓微蹙着眉心急声应道。

"你躺好听书便是。"王宓闻言一怔，微微抬眸便撞进了赵聿谌的眼底，情窦初开的少男少女，岂会看不懂对方眼中的情意？

王宓垂下眸子静默一瞬之后，出声应道："恭敬不如从命。"

赵聿谌读到一半的时候，王宓喝下了一碗苦药；待他翻到最后一页时，王宓已经在药力的作用下陷入沉睡之中。

温暖的阳光洒在王宓那秀美绝伦的脸庞上，令赵聿谌情不自禁地往前靠去。在他确定暂时不会有人踏入这宫殿之后，他便悄然俯身在王宓的唇上落下蜻蜓点水般的一吻。淡淡的苦气沾染至他的唇上，可他却丝毫不觉，因为这一刻，他的心里眼里都像灌了鲜蜜一般甜润。

五

承乐二十一年冰月，赵孝渊在宫中为赵聿谌举办了极为盛大的生辰宴。当时，参宴的朝臣都觉得赵孝渊会借此机会宣布立储一事，每个人都在暗地里绞尽脑汁地编着待会儿要对赵聿谌说的吉语。

只不过，令众人没有料到的是，宴席过半，一内侍突然附至赵孝渊耳边低语。刹那之间，赵孝渊的脸色便发生了惊天动地的变化。随后，所有人都看见，赵孝渊向赵聿谌投去了难以置信的目光，在那长久的对视之中，赵聿谌如石化一般愣在了席间。

一盏茶的工夫后，歌舞散去，群臣离宫，偌大的殿宇之内，只留下了赵孝渊与赵聿谌二人。

赵孝渊立于高阶之下，将一个无意中在赵聿谌宫中发现的，扎满银针的人形布偶狠狠地摔在他的面前，冷声道："赵聿谌，所有人都知道朕有立你为储之心，难道你丝毫感觉不到吗？还是说你觉得这皇位太过诱人，已经迫不及待地想要取而代之了？朕实在想不明白，这么多年都忍过来了，为何要在这关键时刻行此旁门左道？"

赵聿谌苍白着脸，低首垂眸，一动不动地望着躺在地上的写着"赵孝渊"三个字的人形布偶，静默良久之后道："臣不想欺瞒陛下，臣多年来确实肖想帝位，但臣从未生出利用这样阴毒的手段来达成目的的心思，更何况，陛下待臣犹如生父一般，臣岂能、岂敢行此大逆不道、人神共愤之事？望陛下明察，此事绝非臣所为！"

赵聿谌的话令赵孝渊逐渐冷静下来，他抚着长须转身坐上御座，两人对面而视，一坐一跪长达半个时辰之久。

待到月上中天之时，赵孝渊终于开口道："既然如此，朕就给你一个月的时间，你自去查明真相。期限到时，无论此事是否由你所为，只要你证不了自己的清白，你便只能动身返回江陵，因为赵氏的储君不能沾染丝毫污点。若你最终离宫，朕会着人抹去你入宫后的一切痕迹，这数年的记忆你便只能当作幻梦一场，尽数忘却！"

承乐二十二年首阳里的一个雪夜，赵聿谌带着数名随从悄然离宫。宫门即将阖上的那一刻，他转身回望这座巍峨皇城，忽然觉得自己这些年过得像个跳梁小丑一般，可笑至极！

一盏茶后，赵聿谌敛了心神转过身来。就在他准备上马之时，迎面突然驶来一辆马车，朔风将车帘卷起，赵聿谌在昏暗烛光之下，万分意外地看见了王宓的那双美眸。

"其实你不必来送我，皇后娘娘若是知晓此事，必要因此斥责你。"

王宓闻言弯了弯唇角，将早先备好的干粮、衣物递给赵聿谌，温声道："无妨，我向陛下请了旨意。"

赵聿谌没想到赵孝渊竟然会让王宓来送他，愣怔许久才道："你是否如陛下一般对我失望透顶？"

王宓沉默一瞬，而后抬眸与赵聿谌对视道："我从不认为此事乃郡公所为，我相信，陛下同样不曾相信。"

此言一出，积压在赵聿谌心头月余的堵闷之感霍然消失。二人闲话片刻之后，就在王宓转身的一刹那，赵聿谌不知为何突然生出了无限勇气，他快步上前，将王宓揽入怀中，贴着她那通红的耳将心中埋藏多年的情意悉数道了出来。

"我虽不能让你登上后位，但在那江陵，我还有一个王妃之位可以许你。你可愿随我一同离开？"

赵聿谌知道自己此刻的行为极为自私，但他已经无法细细顾虑这些。自踏入这座皇城开始，他便没有一日是为自己而活，如今，他想不顾一切地为自己争取一次，哪怕希望如那云烟一般渺茫。

当夜，随侍在旁的人都不知王宓回了赵聿谌什么，只有赵聿谌一人听见。王宓背靠在他暖热的胸膛之上，轻声道："王宓能得郡公青眼相待实乃三生有幸，然王宓已心有所属，还望郡公见谅。"

赵聿谌闻言愣怔许久，而后翕动着唇，哑声问："不知何人有幸入你眼中？"

"郡公可还记得承乐十九年的季夏我曾因采莲而不慎落水一事？所有人都以为那日救我的乃一宫中护卫，其实那是娘娘为了维护我的名声放出的假消息，真正救我之人实乃颍川郡公。自那日起，我的心便已落到他的身上，再也无法接纳旁人了！"

赵聿谌竭尽全力地控制自己的情绪，用尽量平和的声音回道："赵聿阑即将为储，即使没有这份私情掺杂其中，你也不会答应随我离开，因为，你还要代替皇后娘娘守护王氏一族，对吗？"

"是的！这是身为王氏嫡女应尽的一份责任。"

赵聿谌感觉心口一凉，再抬眸时，王宓已经背对着他缓步朝前走入暗夜之中。

漫天大雪纷飞而过，迷了周遭人的眼，所以他们都没有瞧见，曾有一滴硕大的泪珠自赵聿谌的眼中滴落，随后悄无声息地没入寒凉刺骨的冬雪之中。

承乐二十五年莺时，赵孝渊宣布退位颐养天年，随后储君赵聿阑登基为帝，次年改元景祐。

景祐二年槐序，赵聿阑下令南巡，途经江陵地界时，因行宫里的马厩遭遇天雷走水，赵聿阑嫌晦气便转而驻跸在江陵王府之中。

一日，赵聿阑准备乔装过后上街探访民情，王宓原本是要一同随行的，可谁知她在更衣时突感眩晕，于是赵聿阑便让王宓留在王府休息，独自一人领着随从出了门。

午后，王宓觉得身子舒爽许多，便带了贴身女官往花园散心。可谁知，她刚刚入了园子，抬眼便见赵聿谌与数位幕僚坐在不远处的凉亭里品茶论道。

这并非王宓时隔多年之后再见赵聿谌，但此前凡所相遇之时，皆有赵聿阑陪护在侧，王宓自然不能细细打量赵聿谌。直到此时，王宓才能稍稍放松一些，正儿八经地观察一下故人的变化。令王宓感到欣慰的是，赵聿谌并未因那次的打击而陷入颓废之中，经过数年光阴的沉淀，他反而越发端然沉稳起来。

王宓无意上前打扰，本想瞧两眼便转身回屋，可谁知她的目光太过专注，很快便引起了赵聿谌的注意。当凉亭里的人全都看过来时，王宓只能装出气定神闲的模样施然走上前去。

"参见皇后娘娘。"

王宓轻声回道："王爷与诸位免礼平身。"

王宓一坐下，赵聿谌的那些幕僚以及王宓带出来的两个贴身女官便极为识相地快步退下。于是，周遭便一下子变得静谧下来，只余下风吹花落之声……

赵孝渊嗜茶如命，昔年赵聿谌为讨赵孝渊欢心，习得一手高超的点茶之道。王宓只瞧着那茶筅在赵聿谌的手中飞速转动，片刻之后，他便将一盏点好的茶汤递至王宓面前。

王宓犹豫一瞬，终究还是伸手接下了那只兔毫盏。赵聿谌见王宓只是浅浅地抿了一口，忍不住开口问道："皇后娘娘，这茶味可有不妥之处？"

王宓闻言，弯着唇角轻轻摇了摇头道："本宫近来眠浅，不敢多饮，否则夜里必然无法安稳入睡。"

赵聿谌不疑有他，随即点头应是。

为了缓解此刻的尴尬气氛，赵聿谌邀请王宓前去欣赏园中的罕见花木。因为赵聿谌在前方带路，所以他没有看见，王宓在起身的那一刻，蹙着秀眉，微微踉跄了一步。

一盏茶的工夫后，自湖上吹来一阵凉风，卷走了王宓手中的绣帕，赵聿谌连忙上前追逐捡拾。可谁知，当他回过身来时，他才发现王宓颇为痛苦地闭着双眸，一手捧心，一手扶着道旁的树干支撑摇摇欲坠的身子。

当王宓感觉到赵聿谌奔至身侧时，她再也坚持不住，苍白着双唇倏然倒入他的怀中，无论他如何呼唤都无法恢复半点神志。

直到贴身女官听见声响匆忙赶来之时，赵聿谌才知道，赵聿阑在景祐元年之时曾经遭遇一场暗杀，是王宓替赵聿阑挡下了致命一箭，就此伤了心头。

赵聿谌还得知，王宓之所以只敢轻抿一口盏中的茶汤，并非因那所谓的失眠，而是因为在她受伤之后，太医便留下医嘱，日常应该滴茶不沾，否则极易引发心悸之感。而她不忍心拒绝他亲手点的茶，以为饮一口无碍，这才诱发病症陷入昏迷之中。

赵聿谌心中懊悔不已，抱着王宓快步往她的卧房奔去，脑中不断回想着方才听来的那些话，一颗心仿佛被人置入火中炙烤一般。

赵聿谌在即将踏入屋门之时，与回府的赵聿阑撞了个正着。赵聿阑见状，原本挂在眉边的笑意倏然间消散殆尽，而后快步上前将王宓抱入自己的怀中往内室走去，一众太医随即鱼贯而入。雕花木门一合，便将赵聿谌彻底挡在了门外，直到翌日天明，才自屋内传出王宓转危为安的消息。

南巡队伍准备离开江陵地界的前夜，赵聿阑特地召了赵聿谌前来。

王宓因为服用大量安神药而陷入深眠之中，赵聿阑坐在榻边，执着她的素手，对着赵聿谌轻声道："朕知道你自小便喜欢宓儿，可你应该清楚，现在她已是朕的枕边人，无论你的心中有多么不甘，你都不能再靠近她半步，你听清了吗？"

言罢，赵聿阑便仿若在宣示主权一般，温柔地捧起王宓的手，在她的手背上落下深情一吻。那一刻，赵聿谌跪在青纱帐外，除了回一个"是"字，真是连眼皮都不敢往上抬起半分，因为他实在怕自己若是将那一幕刻入眼底，从此以后再也不会有良梦入眠！

赵聿阑因南巡一事耗费大量财力，不得不选择加重赋税盘剥，由此惹得天下民怨沸腾。

景祐四年冰月，太上皇赵孝渊因受不住长安的干冷天气，决定南下过冬。

浩浩荡荡的队伍路过江陵城外之时，赵孝渊派了心腹前往江陵王府。暮色落下之后，一身夜行衣的赵聿谌便悄然入了赵孝渊的大帐之中。

赵聿谌湿红着眸子跪在阶下，颤着手自怀中取出赵孝渊命人递来的亲笔信函，犹豫许久才开口问道："陛下可是在与臣玩笑？"

赵孝渊端坐在御座上，看着赵聿谌那张与自己有着三分相似的面容，定声道："天子一言九鼎，岂会随意与人玩笑？你没有看错，你并非江陵王亲子，朕……才是你的生身之父！"

原来，故去已久的江陵王妃曾与赵孝渊两情相悦，奈何赵孝渊当时一心扑在争夺皇位的筹谋之中。江陵王妃为赵孝渊的狠厉所惊，几经斟酌之下最终选择另嫁他人。赵孝渊登基后的第一个新年，诸王回京共贺新春，江陵王在席间被赵孝渊灌得烂醉如泥，不省人事，安置完江陵王之后，赵孝渊便以叙旧为名将江陵王妃请进了自己所在的宫室……

此夜过后，江陵王妃曾想过自尽，可计划尚未实施，便发现已经有孕，于是只能彻底放弃早前的所有筹谋。因为羞愧难当，郁结于心，江陵王妃在生下赵聿谌之后不久便因产褥之症过世，所有人都在感叹红颜薄命，自然也没有人怀疑赵聿谌的身世。

"朕这一生，一后九妃六嫔，共生有十六女，命中却只你一子，朝臣上书要朕自宗室中挑选贤人，朕本只想召你一人，直接将你收为养子，这样你便可以名正言顺地继承帝位。可那时，诸王皆对皇位虎视眈眈，手握重兵的长沙王以及赵聿阑的母家幽州节度使暗地里频频向朕施压，要求将赵聿阑一同召入宫中教养。当时，朕必须仰赖他们安定地方，根本没有任何拒绝的理由。

"你生性纯孝，朕知道昔年那人形布偶实乃赵聿阑构陷于你，可也是自那时起，朕突然发现，赵聿阑背后的势力远比朕预估的要强大许多，否则，你也不会花费那样多的日子，却连半点蛛丝马迹都查不出来。自那一日起，朕便不想急着让你继位，朕要以皇位为饵，让赵聿阑率先登基为帝，暴露出他身后的所有力量，然后一网打尽。

"南巡过后，赵聿阑已经大失人心，朕也利用这些年将那些明里暗里的势力一一清除，朝中不会再有半点阻力，带着朕的亲笔手谕与朕为你准备好的军队朝长安挺进，拿回原本就属于你的一切吧！"

赵聿谌一动不动地望着赵孝渊，父子俩第一次这样对望，眼睁睁地看着自己心中的泪水自对方的眸中缓缓落下。他们的确因为赵聿阑而错过许多年，可细细一想，他们又仿佛都在竭力弥补。

……八……

赵聿阑虽是废帝，但赵聿谌依旧为他与王宓寻了一块风水宝地妥当安葬。

简单的丧仪过后，赵聿谌便着手准备登基之事。可无论事务如何繁忙，他每日都要抽出时间前往长安城外的行宫，旁人都以为赵聿谌是去向常居在那里的太上皇赵孝渊请安，可实际上，他的主要目的是去照顾他爱慕多年的心上之人。

这一日，赵聿谌握着一只白玉瓶踏入房中，鲛纱帐帘一挽，便能见一貌美女子躺于床笫之间，气息尚未回稳。赵聿谌在榻边坐下，握着王宓那尚未彻底回暖的素手，渐渐陷入回忆之中。

赵聿谌喜欢王宓那是昔年阖宫上下皆知的事情，可王宓喜欢赵聿谌，却只有赵孝渊一人知晓。

巫蛊之事发生之后，赵孝渊开始纵横谋划，一笔一画之间便将倾心于赵聿谌的王宓纳入局中，让她成为棋盘上的一枚重要棋子。

赵孝渊要王宓成为赵聿阑的皇后，借着近身之机给赵聿阑下药，使他身体虚弱。因赵聿阑生性多疑，为了让他彻底对王宓放下戒心，赵孝渊精心安排了一场刺杀，成功地用那一箭打破他的心防。

没有任何人知道，昔年赵聿谌离京之夜，当王宓得知他的心意之时，她有多么想不顾一切地扑入他的怀中，最后她的理智控制住了她。她喜欢赵聿谌，便要为他护住属于他的一切，即使她要因此牺牲所有也在所不惜！

赵孝渊原本打算在除掉赵聿阑之后便让王宓向赵聿谌解释这些辛秘，但王宓因昔年挡箭一事，伤了根本，早已处于一丝两气的阶段。她知道，一旦赵聿谌得知她的早逝因他而起，那么他的后半生便会陷入无尽的悔恨之中，至死方休！那可是她爱了半生的人，她如何舍得让他承受这样的痛苦？所以，她宁可让赵聿谌一直误会她与赵聿阑情深似海，也不愿让他瞧出她的半点心意！

赵聿谌杀入宫中之时，她早已为自己备好了有毒的茶汤，可她却没有料到，其实当时赵聿谌已经知晓全部真相，暗中派人将那毒药换成了假死之药。让她在众目睽睽之下惨烈倒下，就是为了让世人相信，赵聿阑的皇后王宓已经殉葬，无论日后再出现与她多么相似的面容，旁人都不能肆无忌惮地再次提起王宓之名。

赵聿谌将玉瓶里倒出的药丸喂入王宓口中，而后轻轻托起她的身子，将她揽入怀中，温柔地轻语道："我知道你一生良善，也知道赵聿阑曾经确实真心待你，父皇让你对他下药，你的心里必定万分煎熬。我不愿让你再想起这段痛苦的记忆，也不想你再忆起你我之间长达数年的煎熬别离，就让我们将过去的那些一同忘记吧！"

七日之后，王宓自长久的昏睡中醒来，在她尚未回过神来之时，人便入了赵聿谌的怀中，王宓愕然望着近在咫尺的清俊男子，讷讷问："你是谁？"

良久之后，王宓听见对方喟叹道："我叫赵聿谌，我是……你的夫君啊！"

升龙诀

＊橘文泠

一

外方正是锣鼓喧天歌舞升平，白螺居内，细梦则在洒扫，心无旁骛。

"细梦，你这里借我躲躲！"忽然有人火急火燎地进来。她笑着屈膝一福："三殿下。"来者是南海龙王的三子，敖炎。

"三太子"这个名衔在四海水域向来就是个诅咒，比如东海龙王家的三太子，在某次斗殴中被陈塘关李靖的儿子哪吒揍死了。又比如西海龙王家的三太子，都洞房了新娘子红杏出墙跟个妖精跑了，他自己一时想不开，决定驮个和尚去西天取经。有了这些前车之鉴，南海上下对自家这位三太子可说是关怀备至，要什么给什么，不要的也一样给。自幼与他相交，细梦知道这种无微不至的关怀简直能把敖炎逼疯。

敖炎一拍桌子："昨天父王才说要我选个鲛女，今天我的钧澜殿就差点被挤破！"

"原来是为育珠。"她笑起来。敖炎即将成年，所有的龙族在成年后都需要龙珠来压制体内火炎之气，龙珠则是由鲛女与龙族交合，得其精气于体内孕育，最终滴泪而成。

"唉！"敖炎一叹，"细梦，为什么我就不能选你呢？"

她眉心微蹙。忽然外面一阵喧闹，"不是吧？这里都能找来？"敖炎惨叫，爬上桌子推开窗就跳了出去，"千万别说见过我——"说话间，他的声音就远去了。

她还沉浸在刚才那句话的冲击里。为什么我就不能选你呢？轻轻一叹，她扶着桌沿上前，摸索到了窗格，拉上，下栓。睁开眼，眼眶内是一片茫白。这层白翳是她天生就有的，用了各种方法都除不掉，覆在她的眼上，使她目盲、无泪。而既然身为鲛女，无泪，也就意味着她是一个废物。

敖炎永远也不可能选择她。

冥渊，南海的最深处，传说它的一头连接着幽暗的冥府。她跃下冥渊还能生还，是否天也助她？正在欣喜，忽然前方有人发问："你是谁，来这里做什么？"这低沉的男声，蕴含着一种无形的魄力。或许是传说中冥渊内的无名古神？她站起来朗声道："鲛女细梦，为目盲之故，求琼枝而来。"

琼枝自身有光，能明一切事物，这异草长于天下极暗之处，据说冥渊就是其中一地。

"地下东南，天高西北，天地尚无完体。岂能为你一己之缺，伤灵根仙种。"听话中之意，冥渊内果真有琼枝，但很显然对方不想给。

"那就对不住了！"她的身形跃起，扑向前方。即便力量微薄，她也要冒险一闯！

"找死……"带着嗤笑的话音未落，一阵大力猛地袭来，将她狠狠地压到石壁上。是龙气！这样强大的龙气她甚至在龙王的身上都不曾感应过！大手扼住她的咽喉，指节微微施压，那个龙族到了她身前："还想要琼枝吗？"

"要的……"她咬牙说道。

对方笑起来："那我只好杀了你。"

她不再回答了。对方却没有进一步的动作，只有颈间的触感时刻提醒她死亡近在咫尺。

"动手啊！"忍受不了这种等待，她忽然自暴自弃地大吼，"终生目不能视，我宁可死！"

还不如死了的好——永无止境的讥讽、嘲笑，所有人都说她是废物，没有人需要她，就连敖炎也渐渐疏远，总有一天他也会不再需要她。这样绝望的日子，她不想继续。

对方忽然松了手，那死死压制着她的龙气也慢慢敛起，使她得以安全地落到地面。"我可以给你琼枝，但你要答应我三个条件。"事情有了意想不到的转机。

"好。"她答应得毫不犹豫。

"第一个条件，就是告诉我你若复明，最想看见的是什么。"那人扶她起来，又仿佛忽然想起什么说，"对了，我叫玄珂。"

若能复明，最想看到的就是敖炎的脸。她这么对玄珂说，却惹来他放声大笑："你说与他青梅竹马，却不知道他的样子？"

"我看不见。"她压着怒气说道。

"就不能用摸的吗？"

"敖炎身份尊贵，我岂能……伸手到他脸上乱摸？"

"他到底是不是真的将你当作好友？"这话一下子就说中了她的痛处，毕竟她与敖炎身份悬殊——不要说什么不该有的妄想，即便是友人这层关系，说不定也只是她一厢情愿。

"啧啧，才说两句就要哭了，嗯？"忽然玄珂有些惊讶地说，"你……无泪？"

被发现了！比目盲更可怕的缺陷，她生平最不想别人知道的事。过度的惊慌使得她不由自主地侧过身去，躲避那其实看不到的目光。

而玄珂的敏锐远远超出她的想象："看来复明只是其次，你真正想要的是为那个敖炎育珠对不对？"他停顿片刻，加上一句，"你喜欢他？"

她死死咬住唇，不肯作声。

"你喜欢他。"玄珂替她回答了。其实,她也不知道自己是不是喜欢敖炎,只不过一直以来身边都只有一个敖炎,她想为他做点什么,至少证明自己不是毫无用处。

玄珂的声音再响起时已在远处了:"明天我带你去看琼枝。"

琼枝五百年一花,开花时方有效用,她运气算不错,再过一个月就是花期。长久的时间里,她默默地坐着,想着,始终难以成眠。

他带着她深入冥渊,他们走了很久,四周的空气越来越冷,他忽然说:"到了。琼枝就在你面前,你可以摸摸看。"她因为目盲,所以辨物基本靠手。但是,这次不用。

"我看得见。"她兴奋得声音都有些颤抖。是的,看得见,虽然只是一点微弱的白光,但却打破了她眼前长久以来仿佛静止的黑暗。她终于看到了希望!

玄珂不知为什么沉默了,许久后她才感到一点异样:"玄珂?"

"想不想知道我的样子?"他忽然这么说,同时拉起她的手贴上自己的脸。她吓了一跳,想要将手抽回,却被他死死拽住,只得顺他的心。指尖沿着他的面部轮廓慢慢游移,他有着一张线条深刻、比例恰到好处的脸,想必很是英武俊美——这是当然的,龙族的人形外表取决于本身的能力,他的龙气如此强盛,力量在龙族中定是数一数二。

只是为何要住在这冥渊里呢?她没问,只是侧过头去轻声说:"你生得很好看。"说着正要缩回手,又被玄珂一把握住了。

"我的第二个条件,是你为敖炎育得龙珠后就要回到这里,从此永世不出冥渊。"他慢慢地,一个字一个字地说。

这次细梦没有立刻回答,她怔住了。

"琼枝花期尚有一月,你可以三思之后再答复我。"他也不催促,"若愿应允,就与我立血契为凭。"以各自的鲜血加上法术后注入对方体内,只要其中一方完成了自己的责任,盟誓就无法终止,背约会启动法术,使背约者爆体而亡。

他想要她永远留于冥渊?

她回过神的时候,发现玄珂正拉着自己的手缓缓前行,于是想起来时的路上他也是这样小心翼翼,无论是喜怒无常还是霸道乖张,抛去这些表象后,玄珂其实可说是非常温柔。

为什么对我这么好?这句话她没有勇气问出来。

在琼枝开花前的最后一天,细梦答应了第二个条件。

玄珂那带着浓厚龙气的血液注入她体内,她感到力量瞬间盈满全身,不过这种感觉只维持了片刻就恢复如常。但确有什么不同了——她与玄珂,从此有了某种联系。

"明日琼枝花开,你即可复明,高兴吗?"完成法术后玄珂问道。

她点了点头。

"我想也是,"他却似乎不怎么高兴,"别忘了,你终要回这里来。"说完他就走了,这一个月来他每天都会去琼枝那里查看。他所做的这些总让她觉得,留在冥渊或许是自己能有的最好的选择。

她反复思量着这些,直到空气中传来异样的波动,她才惊觉玄珂已去得太久了。那是一种与玄珂迥然相异却强大的力量。她看不见,但是凭着灵敏的方向感,她慢慢向琼枝生长之地走去。越是走近,越是感到那股力量的铺天盖地之势。

"细梦!"忽然她听到了玄珂的喊声,正要加快脚步,只听他大喝:"别动!"猛烈的朔风夹卷着强烈的腥气扑面袭来,她几乎被掀翻在地。一把抓住身侧的岩石,"玄珂!"她惊恐地叫起来。

那种腥味……是修蛇!自上古生存至今的异兽,体形庞大,能一口吞下巨象。当年南海龙王曾与一条闯入南海的幼年修蛇鏖战,虽然杀死修蛇,但龙王也重伤三月方愈!突然,她发现视野里琼枝发出的那点白光不见了!

"不!"恍然明白为何修蛇会出现在冥渊,凡仙花异草大蛇必好,它们总是妄想吞食了这些集结天地灵气之物后脱胎换骨,成为不死的龙族。

琼枝是她最后的希望!她惊呼着向前跑去,忽然脚下一空，急速下坠。千钧一发之际，有人托住了她，跃回上方。除了玄珂再没有别人。

"琼枝……"她急得说不出话。

"被它吞了。"玄珂说完抽身欲离。

细梦一把抓住他："你受伤了！"她闻到了血的味道！

"放开！"玄珂猛地一挣，但力道却比之前小得多，推搡间她摸到了他手上的龙鳞，立刻意识到他正要化出本体去与修蛇相争——

"别去！"她死死抱着他的腰，惊恐地大叫，"那是修蛇！"

"放开！拿不到琼枝你永远都是个瞎子！敖炎不会要你的！"玄珂吼道，"还是你宁愿瞎一辈子，也不想回到这里？"

她哑口无言，惊觉玄珂甩开了自己的手，她赶紧向前一抓，万幸抓到了他的胳膊，立刻用尽全力抱住："别去！我不要！我瞎一辈子！我一辈子都留在这里！别去……你会死的，会死的！"她大声哭叫着，她恨自己为什么没有眼泪，为什么在这种时候无法表现得像其他人一样伤心。她不能让他去冒险，她不能容忍他可能因此而死。

玄珂沉默了，长久的时间过去后，细梦感觉他终于安定了下来。可她还是抱着他的手臂，不肯放松一丝一毫。他叹了口气，忽然一手抄到她膝弯将她抱了起来："回去了。"

低沉的声音，令她莫名安心。

然而走到半途细梦就感到一阵强烈的不适，体内气血凝滞仿佛要冻结了一般。"是蛇瘴！"玄珂惊而不慌，以龙气为她压制蛇瘴，到了洞府后将一个滚烫的石杯塞进她手里。"烈阳花的煎汁，能祛蛇瘴。"玄珂哄她饮下。

"渊中有烈阳花？"她觉得有些不可思议，此花迎光而生，冥渊之中如何生长？

"不独有烈阳花，"玄珂轻笑一声，不知为何笑声中有些苦涩的味道，"还有诸多奇景，细梦，真想与你一同赏看……"或许是药力发作，全身温暖之余，她觉得玄珂的声音似乎在渐渐消失，越来越轻，越来越远——

终至无声。

醒来时，她眼前一片光明。视野中有花朵正以无比美丽的姿态呈现给她——花大如掌，枝条疏朗。她熟悉那枝条的走向，是琼枝……

琼枝？

细梦猛地坐起身，感到有什么东西从身上掉落。是龙鳞，上头刻着琼枝的用法，还有八字别言——

既得琼枝，永离冥渊。

是玄珂！他从修蛇那里夺回了琼枝，还、还……她感到身周水波暗涌，跳起身向冥渊游弋而去，却最终被结界狠狠反弹了回来！是他封闭了冥渊！她惊诧地以法力回探自身，竟发现身上用于缔结血契的龙血也已被玄珂收回。

但是究竟是为什么？此时此刻，没有人能给她答案。而她唯一知道的是，自己再一次，不被任何人需要。

照龙鳞上所记的方法服下了琼枝，伴随着彻底复明而来的头痛比她预想的要强烈得多，她尖叫着昏死过去。醒来之时，细梦发现自己身处之地已非冥渊的边界，而是一间居室。

忽然珠帘一动，有人走了进来。这是她第一次真正"看"到其他人，所以她睁大了眼睛，死死盯住。进来的少女生得极美，五官精致秀气，她身上的衣裙也不知是什么颜色，让细梦有种火焰般灼热激烈的感觉。

少女也盯着她看了许久，忽然轻轻"呀"了一声，"你看得见？"

她点了点头，忽然想起当日曾对玄珂说，若得复明，她第一个想看见的是敖炎的样子。

可结果并未如愿，而且……如今她最想见的，已不是敖炎。

"该死的敖炎，还说你看不见！"少女抱怨道。她闻言大吃一惊："你认得三殿下？"

"是啊。"少女笑了笑。她忽然觉得有什么不对。

"我叫花药。"少女向她凑过来，"你叫细梦对吗……"

细梦猛地抓住她的手。

果然，花药身上有敖炎的龙气，但是除此之外，她本身没有丝毫力量。"你是凡人?"

"被你发现了。"花药偷笑了一下。

细梦并不喜欢凡人:"你是三殿下的友人?"

"这个怎么说呢?"花药抽回了手,装模作样思索了一下,"应该说是情人更合适。"

她睁大了眼睛:"可你是个凡人!"

"我知道。"

花药满不在乎的样子让她恼怒:"龙宫也好,水族也罢,决容不下你!"她如是说,却依然只换来花药嫣然一笑:"我不在乎。"

忽然间,她隐约明白了敖炎喜欢这个少女的理由。继而沉默不语。

"你不要紧吧?"见她异样,花药赶紧上前查看:"你都昏迷十天了,敖炎担心得要死……要不是出征他这会儿还在呢……"

"什么出征?"南海已多年不起兵戈,怎么忽然又有了战事?

花药想了想道:"说是要平什么……什么冥渊……喂,你去哪里?"

转眼细梦已经跑出了屋子,投入万顷碧波之中。出乎她的意料,花药所居之地离龙宫竟只有一步之遥。她见宫门外虾兵蟹将已整装待发,便抄小路进入敖炎的钧澜殿,只见他身披银甲,正在擦拭铁枪。

"三殿下。"敖炎比她曾在脑海中勾画的模样更威武英挺一些,她也感觉到他的龙气与之前不同了,蕴含了更多的强势与魄力。或许是成年的关系吧?她意识到自己错过了他的成年礼。在冥渊之下的日子,她其实很少想到敖炎……

"细梦?"敖炎猛地跳起来,"你能看见了?"对于她的复明,他显得惊诧而无欢喜,甚至还有一丝狐疑:"你怎么来了?"

"殿下可是要前往冥渊?"

敖炎点头:"近日冥渊结界异变,父王说定是渊底的孽障起了祸心,要我斩草除根一举除之。"

异变?莫非就是指玄珂扩大结界之事?"渊底是上古神龙,殿下不可轻动!"

她的抗议只换来敖炎的嗤笑。"上古神龙?细梦你病糊涂了吧?"他露出极端轻蔑的神色,"那只不过是条黑蛟,虽与父王同岁,却是个不成器的废物!"也难怪他如此不屑,蛟,有鳞无角,满千岁方能化龙。与他这等与生俱来的龙族自然不可同日而语。

"不可能!"她不假思索地反驳,玄珂身上的龙气明明就远胜龙王……

忽然敖炎身形一动到她面前,他一拂袖,她顿时只觉眼中一阵热辣,鼻子一酸,几乎要落下泪来。但是……依然无泪。

她惊慌地抬起头,正好对上敖炎冷冽的眼神:"见你晕倒在冥渊附近我就觉得有问题!是那孽障取了冥渊下的琼枝给你对不对?你虽复明却依然无泪,可知是为什么?琼枝须得龙血灌溉足月方能盛放,他不过是蛟,就算放干全身的血也抵不上一滴龙血的效果!这就是证据!铁证如山!"

细梦怔怔地看着他,一句话也说不出来。并非因为他言之凿凿在情在理使她无从反驳,而是这些话中传达出的信息令她震惊。须得龙血灌溉足月,那一个月中玄珂每日都去查看琼枝,就是去、是去……她不敢想下去了。而更重要的是,这一切都是在她应允回到冥渊之前的事,在那之前,他早已决定要给她琼枝!

五

正想奔出钧澜殿,细梦忽然发现前路被一道无形气墙挡住了,沿着气墙摸索过去——

她竟已身在一处看不见的气罩内。是敖炎的法术!

"放我出去!"她大怒。

"好让你去通风报信?"敖炎皱着眉,但随后又缓和下来,"细梦,父王答应我只要能杀了这孽障就将王位传于我,到那时我便可娶花药为妻。我也会替你出气,那些欺负过你的鲛人,我把他们都杀了,好不好?"

"好个屁!敖炎你到底放不放?"她狠狠捶打着气墙,气墙纹丝不动。

敖炎又皱起了眉头:"不放!"说完他提枪转身:"你只是被那孽障迷惑了,醒醒吧细梦!"

"敖炎你给我回来,回来!"她狂乱地大叫,但毫无用处。她只能眼睁睁地看着他走出钧澜殿。

纵以全身的法力凝聚于一点向气墙冲击，依然无济于事。如此试了十余次，她精疲力竭，一下子瘫倒在地。

"细梦？"忽然有人叫她的名字。竟是花药。

"你怎么了？"花药显然是不放心她那么跑出去，遍寻未果，就来敖炎这里搬救兵。可现在，她就是细梦的救兵。

"花药，把手给我！"她一下子来了精神。花药疑惑地伸出手来，她的手轻而易举地穿过了气墙。果然如她所料，花药有敖炎的龙气加护，气墙不会对她产生排斥！她一把抓住花药的手将她向后一推，"让开！"

就在花药的手抽离的瞬间气墙出现了空隙，同时细梦已化成一缕轻烟从空隙中钻了出去。"快走！"化回人身后她拉上花药就向外跑——

冥渊方向正传来隐隐的喊杀声。

当她们赶到时，事情似乎已经到了最坏的情形。满地是东倒西歪的虾兵蟹将，只剩下敖炎和龙族诸人还在支撑。但另一方的状况也并不好……

那是玄珂！虽然从未见过面，但细梦一看就知道是他。她看见他的脸上布满漆黑的纹路，显得十分狰狞。那是蛟独有的蛟纹。但是此刻激荡于四方，正在不断扩大结界，将海水隔绝于外的，也的确是无比强大的龙气不会错！这究竟是怎么回事？

忽然敖炎扔掉了长枪。细梦随后感觉到了他的龙气正源源不断散发出来。这两股巨大的力量压得她喘不过气，更让她恐惧的是龙族如此毫无顾忌地释放力量只意味着一件事——他们俩都在酝酿着给对方最后一击！

朔风平地而起，在两者身边形成强大的气旋。生死即在瞬间！

"敖炎！"所有水族都无法动弹的战场，身受龙气加护的花药却能行动自如，她惊叫着扑到敖炎身前——

玄珂陡然一惊，一拂袖，原本直扑敖炎的龙气生生偏离了一分！

"轰！"巨响震荡碧波，南海掀起滔天巨浪。冥渊的一侧，被玄珂的龙气击中而崩塌了。而敖炎的龙气，却尽数击中了玄珂。胜负已分。那道黑色身影重重落到地面。

"玄珂！"身上的压力一消失，细梦立刻飞奔而去。"玄珂！玄珂！"她将他抱进怀里，"你醒醒啊！醒醒！"

她看见黑色的血从他的眼中、耳中、口中不断涌出，那异样的腥臭味告诉她另一个事实——

玄珂身中蛇毒。一定是力战修蛇时……若非如此，敖炎岂是他的对手！

"玄珂……玄珂……"此时此刻，她说不出别的话。肝肠寸断，心痛如绞，不过如此！

"细……梦？"忽然玄珂睁了眼睛，他看着她，漆黑的眸子里倒映着她伤心欲绝的模样。"还是……无泪啊。"他惋惜地低语，"也是，我非真龙……只能……只能助你到此了……"

他伸出手来，似乎想抚摸她的脸："真不想……被你看见这副样子……"他的手只到半空，就无力落下了。

"玄珂——"细梦的惨呼声甚至震慑了那些意图上前来的龙族，令他们止步不前。她伏在他尸身上狂乱地哀嚎着，太强烈的痛苦让她甚至都没有发现，一滴金色的泪顺着她的脸颊滑下，滴落在玄珂苍白的唇间。泪水立刻就渗了进去。

淡淡的金色光晕逐渐笼罩了玄珂全身。

当细梦觉察到的时候，玄珂的尸体已经离开了地面。在上升的过程中尸身不断发生着变化，越来越大，现足见尾，至半空时玄珂已完全现出了他的原身。巨大的黑蛟，身披乌鳞，头上无角。这是他真正的样子？细梦怔怔地看着。

不，不是。他还在变化。

漆黑的鳞片开始不断剥落，纷纷洒洒，随风而舞，仿佛下着一场黑色的雪。随之露出的，是闪耀的金鳞。巨大的头颅上，金色的角亦如春日的枝杈般飞快地长出。

但这还不是一切——

在他的背上，有什么正缓缓拱起，然后张开，只见万道金光。那是一对金色的羽翼！

"应龙！是应龙！"有龙族惊恐地大喊。蛟千岁而成龙,龙则再需千年方能成应龙。都说龙有九似,而应龙背生双翼,再多一似。十相俱足,是龙中之精。此时此刻,最终呈现于半空的玄珂原身,正是一条通体金黄、背生双翼的应龙!已经三千年没有出现过这样的龙了。

天地至静。

忽然应龙猛地睁开双眼,长颈一扬,龙吟咆哮而出,震慑四海!龙族们顿时都化出了原身,匍匐于地以示敬意。只有敖炎没有,他还在那里,抱着被龙气波及已经死去的花药,脸上写满仇恨。

应龙转动了碧琉璃一般的眸子,随后吐出了小小的龙珠。那正是细梦的眼泪所化。

应龙体内五行之力俱全,不像其他龙族那样需要龙珠镇压火炎之气。但将蕴含强大力量的龙珠如此轻易给出,实在令人难以想象。龙珠缓缓坠落,最后停于花药的胸口,不见了。

花药立刻又有了呼吸。敖炎欣喜若狂,在与情人拥抱之后,他亦化出原身,五爪伏地,龙首亦贴地而垂。全心全意地敬伏。

只有细梦什么都没有做,她只是站在那里看着群龙俯首,看半空中那金色的身影。美丽,强大,压倒性的存在感。不需要任何赞颂之辞,它就是完美本身。

一个月后,龙王为敖炎与花药主持大婚。花药虽为凡人之躯,但如今她身负应龙之珠,足以压制敖炎本身的火炎之气。更何况敖炎又对她用情至深,龙王只好睁只眼闭只眼混过去算了。

而既然龙王都打混了,其他水族自然一切随顺。酒席上新郎新娘被闹得翻天覆地自不用说,就连细梦也被人频频劝酒。

都知道她现在是龙王面前的红人,应龙玄珂的那个!不赶紧巴结怎么行?

不过,到底"那个"是什么啊……

席到中途,细梦逃席而去。回到白螺居,她推开窗,看月光鱼游过,碧波中点点银光美不胜收。她一时兴起,跳出窗子落到珊瑚结成的平台上。

"细梦。"身后忽然传来玄珂的声音。她转过身看见他,下一刻扑过去紧紧抱住他的腰。

所有的幸运,都比不上他还活着这个事实更令她感到高兴。

"你回来了……"她轻声低喃。

有应龙诞生是三界大事,玄珂前往天地尽头拜见那些古神,他亦将背负部分维系天地微妙平衡的重责。

"我自请依旧看守冥渊。"他曾为躲避讥讽嘲笑隐居在那里,再回去,则是为了己身的责任——正如传闻所言,冥渊的一头连接着冥府,必须有看守者阻止阴灵擅自出来。

"那很好。"她表示赞同。

"可愿随我去?"

"好。"不需要任何契约和法术,只要他请求,她就会永远留在他身边;只要他开口,她就随他去天涯海角。虽然他从未说过为什么对她这样好,或许只是因为他们相似,都曾被当成异类、被所有人舍弃,但那些都不重要。她不在乎他对自己怀着怎样的情感,她只知道自己对他怀着怎样的情感。就连敖炎也不曾让她产生这样的执着——只有玄珂,她为他的温柔和悲悯所倾倒。

"细梦……我真高兴。"他抬起她的下巴,然后低下头轻轻吻了她的唇。温柔的声音犹如呢喃:"无边无际的烈阳花,比繁星还亮的萤蛾……我要给你看冥渊里谁也没见过的东西,细梦……我不会再让你流一滴眼泪……"

他还不知道她再也流不出眼泪了。鲛人能滴泪成珠是因为他们都多情,可总会有鲛人,命中注定受了苦痛,就会把感情藏得更深,就像好酒深埋地下,经年日久,浓烈非常。这些鲛人的感情最为珍贵,他们的泪凝结成珠是三界至宝,蕴含着不可估量的力量。而她已为他流了泪,她此生至大至深的痛苦已在那滴泪中流尽。

她所有的感情都已给了他。

曾是鲛女却无泪,原为黑蛟而难以成龙。细梦和玄珂就像这大千世界里的芸芸众生那样,生来就有着自身无法弥补的缺憾。可终有一日遇见了彼此,往日的哀伤与折磨就都成了浮云,又或者也许就是为了要相遇才受那样的苦。等遇见了,便成为一个完满的整体。

从此相守相望,永无忧患。